클라우드 시대에 맞는 인프라 엔지니어링 기초

인프라
엔지니어링
첫걸음

인프라 엔지니어링 첫걸음 클라우드 시대에 맞는 인프라 엔지니어링 기초

초판 1쇄 발행 2017년 8월 1일

지은이 데라오 에사쿠, 나카무라 도모나리, 하타노 아이, 요코타 마사토시, JPCERT CC
옮긴이 윤인성 / **펴낸이** 김태헌
펴낸곳 한빛미디어(주) / **주소** 서울시 마포구 양화로 7길 83 한빛미디어(주) IT출판부
전화 02-325-5544 / **팩스** 02-336-7124
등록 1999년 6월 24일 제10-1779호 / **ISBN** 978-89-6848-867-2 93000

총괄 전태호 / **책임편집** 김창수 / **기획 · 편집** 이중민 / **교정** 김희성
디자인 표지 최연희 내지 김연정 조판 김현미
영업 김형진, 김진불, 조유미 / **마케팅** 박상용, 송경석, 변지영 / **제작팀** 박성우, 김정우

이 책에 대한 의견이나 오탈자 및 잘못된 내용에 대한 수정 정보는 한빛미디어(주)의 홈페이지나 아래 이메일로
알려주십시오. 잘못된 책은 구입하신 서점에서 교환해 드립니다. 책값은 뒤표지에 표시되어 있습니다.

한빛미디어 홈페이지 www.hanbit.co.kr / **이메일** ask@hanbit.co.kr

지금 하지 않으면 할 수 없는 일이 있습니다.
책으로 펴내고 싶은 아이디어나 원고를 메일(writer@hanbit.co.kr)로 보내주세요.
한빛미디어(주)는 여러분의 소중한 경험과 지식을 기다리고 있습니다.

클라우드 시대에 맞는 인프라 엔지니어링 기초

인프라
엔지니어링
첫걸음

데라오 에사쿠, 나카무라 도모나리,
하타노 아이, 요코타 마사토시, JPCERT CC 지음
윤인성 옮김

H3 한빛미디어
Hanbit Media, Inc.

지은이 **데라오 에사쿠**

호스팅 회사 여러 곳에서 인프라 및 기술 지원 업무를 13년간 전담한 인프라 엔지니어다. 호스팅 회사 커뮤니티의 관리자도 맡고 있다. 후배를 가르치는 데 큰 보람을 느끼며, 각종 회의를 주관하고 협업자 사이에 원활한 커뮤니케이션이 이뤄지도록 도움을 주기도 한다. 현재는 사쿠라 인터넷에서 이밴절리스트로 활동 중이다.

주요 저서로는 『UNIX Network sendmail — 메일 서버 구축과 관리』(SB크리에이티브, 2002년), 공저로 『UNIX Network Apache — WWW 서버 구축과 관리』(SB크리에이티브, 2002년) 등이 있다.

지은이 **나카무라 도모나리**

Backlog 프로젝트 관리자 및 빌드 엔지니어. 전 직장에서 이슈 관리, 구성 관리 등의 인프라 환경 정비에 재미를 느낀 후 해당 분야의 역량을 더 높이고자 Backlog 서비스를 제공하는 NuLab으로 이직해 회사의 서비스 전반을 책임지고 있다. 칼럼 투고 등을 통해서 NuLab 활동을 널리 소개하는 중이다. 젠킨스(Jenkins) 전문가로서 젠킨스 사용자 콘퍼런스를 비롯한 커뮤니티 활동에 열심이다.

지은이 **하타노 아이**

법학부 출신의 경력 4년 차 인프라 엔지니어다. 신입 때는 웹 사이트의 기획 · 운영 업무를 맡은 후 서버 래킹(racking), 구축, 운용을 하는 비전공자 출신 인프라 엔지니어가 되었다. 현재 운용 설계 및 체제 구축, 부하 테스트, 문제점 개선 제안 등 클라이언트를 상대하는 인프라 운용 및 고객 지원 엔지니어로 일하고 있다. 신입 여성 엔지니어 교육에 관심이 많다.

지은이 **요코타 마사토시**

현재 사쿠라 인터넷에서 이밴절리스트로 활동 중이다. 대학 졸업 후 리서치 회사에 근무한 경험이 있다. 주로 P2P나 소셜 미디어, 클라우드 컴퓨팅에 관한 칼럼 투고와 강연 등의 활동을 하고 있다.

주요 저서로는 『당장 사용할 수 있는 간단한 mini facebook 기본 & 응용』(기술평론사, 2010년), 『트위터 업무 기술』(슈와 시스템, 2010년), 공저로는 『Amazon EC2/S3 클라우드 입문』(슈와 시스템, 2008) 등이 있다.

지은이 **JPCERT CC**

일본의 인터넷 기반 컴퓨터 보안 사고 보고를 받은 후, 기술 관점에서 원인 분석과 재발 방지 대책을 검토하고 조언하는 회사다. 이 책에서는 보안 사고 대책 관련 내용을 전하는 데 힘을 보탰다. 사고 대응 그룹의 고바야시 히로시, 소에다 히로시, 정보 관리 대책 그룹의 구보 마사키, 도다 요조, 조기 사고 경보 그룹의 아오키 쇼, 호라다 신이치, 마츠다 와타루가 각각 집필했다.

옮긴이 **윤인성**

출근하는 게 싫어서 집필과 번역을 시작했다. 일본어는 픽시브에서 웹 코믹을 읽다가 배웠다고 전해진다. 직업 특성상 집에서 나갈 이유가 별로 없다는 것에 굉장히 만족하는 성격이기도 하다. 홍차와 커피를 좋아하며 요리, 음악, 그림, 스컬핑 등이 취미다.

『모던 웹을 위한 JavaScript+jQuery 입문』, 『모던 웹을 위한 Node.js 프로그래밍』, 『모던 웹 디자인을 위한 HTML5+CSS3 입문』 등을 저술하였으며, 『TopCoder 알고리즘 트레이닝』, 『Nature of Code』(이상 한빛미디어), 『소셜 코딩으로 이끄는 GitHub 실천 기술』(제이펍) 등을 번역했다.

옮긴이의 말

이 책은 원래 '인프라 업무를 3년 정도 한 엔지니어'를 대상으로 만들어졌습니다. 하지만 책을 번역하면서 좀 더 많은 사람이 볼 수 있으면 좋겠다고 생각해서 **'인프라를 운영해야 하는 상황인데 인프라를 하나도 모르는 개발자'**까지 읽을 수 있게 많은 설명을 추가해 번역했습니다. 인프라 엔지니어가 참고할 내용은 이 책의 서문에서 자세하게 설명하므로, 옮긴이의 말에서는 인프라를 하나도 모르는 개발자에게 도움이 되는 내용을 소개하겠습니다.

최근 클라우드 덕분에 인프라 구축의 진입 장벽이 크게 낮아지면서 개발자가 클라우드 인프라까지 운영해야 하는 상황이 생기고 있습니다. 옮긴이도 개발자 입장에서 클라우드를 활용해 봤던 적이 있습니다. 최근 다들 클라우드가 좋다고 하고, 외주 개발 프로젝트를 담당할 때도 클라우드를 사용해 달라고 부탁을 받았습니다. 그런데 아마존 웹 서비스AWS를 사용해 보니 인프라를 사용한다는 느낌은 받았지만, 조금 깊이 들어갔을 때 기존 인프라 개념과는 다른 부분이 많아 '제대로 인프라를 사용하는 것이 맞나?'라는 생각마저 들었습니다.

그리고 클라우드를 이용하는 비용이 생각보다 많이 나와서 친구들에게 투정하니 "베어메탈을 쓰면 되잖아?"라는 등 전혀 생각하지 못했던 개념도 듣게 되었습니다. 외주 개발 검토 단계에서 베어메탈이라는 개념을 알았다면, 외주 개발을 주었던 곳에서 "클라우드 사용해 주세요"라고 했을 때 다른 제안을 했을 것이라는 생각도 들었습니다.

아마 개발자 중에 클라우드를 접했던 분이라면 '인프라를 공부해야 좀 더 제대로 클라우드를 활용할 수 있겠구나', '어떤 선택지가 있는지 더 알고 싶다' 등 옮긴이와 같은 생각을 했던 적이 있을 것입니다. 이 책은 앞과 같은 생각을 한, 인프라 엔지니어가 아닌 개발자에게도 큰 도움이 될 수 있을 것으로 생각합니다. 물론 인프라 엔지니어에게는 당연히 도움이 될 것입니다.

마지막으로 책의 출간을 담당해 주신 이중민 님과 검토에 참여해 주신 수많은 분들께 감사의 말씀을 드립니다.

2017년 8월

옮긴이 윤인성

지은이의 말

처음에는 4개월 정도면 이 책이 출간될 것으로 생각했는데, 기획에서 출간까지 10개월이 걸렸습니다. 함께 집필해 주신 이 책의 다른 저자분께 감사의 말씀 드립니다.

이 책은 최근 인프라 엔지니어를 둘러싼 환경이 큰 변화의 시기를 맞이했다는 생각에서 출발했습니다. 처음 생각했던 것과 100% 일치하는 방향으로 구성되지는 않았지만, 인프라 엔지니어에게 다양한 메시지를 전달할 수 있는 책이 되었다고 생각합니다.

이 책에는 단순한 기술만이 아니라, 인프라 엔지니어로서 일할 때 필요한 모든 지식을 담고 싶었습니다. 그래서 혼자 쓸 수 없었고, 책을 함께 써 줄 사람들을 찾기 시작했습니다.

i-mode[1]를 개발한 팀의 총책임자 에노키 케이치씨의 강연에서 "i-mode 개발에 성공한 것은 제가 대단해서가 아니라 우수한 개발자들이 모였기 때문입니다"라는 말을 들은 적이 있습니다. 사실 정확히 이렇게 말하지는 않았지만 이와 같은 의미였습니다.

그래서 이 책을 성공적으로 집필할 저자들을 모았습니다. 서문에서 소개하지만 각각의 저자는 자신의 전문 분야와 관련된 내용을 집필해 주었습니다. 저자들이 전달하고 싶은 의미를 꼭 이해해 주면 좋겠습니다.

마지막으로 이 책을 집필할 계기를 준 편집 담당자 오치 다카코 씨께 감사의 말씀 드립니다. 글이 잘 안 써진다는 이유로 마감을 많이 어겨 죄송합니다. 그런데도 끝까지 함께 해 주셔서 감사합니다.

이 책을 독자분들의 손에 전달할 수 있게 되어 굉장히 기쁩니다.

2016년 6월

저자 대표 데라오 에사쿠

---

1 역자주_ NTT 도코모에서 만든 휴대전화용 무선 인터넷 규격입니다.

서문

먼저 이 책을 집필한 목적과 구성, 읽는 방법 등을 소개하겠습니다. 주로 인프라 엔지니어의 역할과 인프라 엔지니어에게 어떤 기술이 필요한지 살펴볼 것입니다. 서문을 통해 자신이 하고 있거나 혹은 앞으로 할 일의 역할이 무엇인지 한번 생각해 봅시다.

이 책을 읽는 방법

이 책은 인프라 운용 관리를 담당한 지 2~3년 정도 되는 독자를 주요 대상으로, 현재의 인프라 환경과 엔지니어로서 필요한 지식을 설명합니다.

필자는 인프라와 관련된 일을 한 지 14년 정도 되었습니다. 지금까지 많은 경험을 했지만, 시대의 전환점을 맞이하면서 지금까지 축적해 온 지식과 기술이 조금씩 오래된 것으로 취급되고 있습니다. 물론 이러한 기본 지식이 여전히 도움 되는 것은 틀림없지만, 새로운 시대의 스타일에 맞게 인프라 관련 최신 기술과 개념을 익힐 필요가 있습니다.

이 책에서는 새로운 스타일의 인프라를 구현할 수 있게, 기존의 인프라 지식뿐만 아니라 새로운 인프라 기술의 흐름과 발상도 설명합니다. 그래서 현재 실무에서 종사하는 인프라 엔지니어에게도 고집부려 책을 집필해 달라고 부탁했습니다. 이 책의 저자로 참여한 인프라 엔지니어들은 실무에 있는 인프라 엔지니어만이 알 수 있는 경험과 지식을 갖고 있기 때문입니다. 마지막에는 인프라 엔지니어의 사내 지위를 높이고, 앞으로의 경력 관리를 위해 도움이 될 만한 내용도 소개했습니다.

이 책의 대상

이전에 언급했던 것처럼 이 책은 아직 경험이 많지 않은 엔지니어를 대상으로 합니다. 기초 기술을 간단하게 설명하지만 아주 자세히 언급하지는 않습니다.[2] 인프라와 관련된 기술은 최신 동향을 포함해 숲을 보는 느낌으로 봐야 합니다. 따라서 필요한 경우에는 별도의 전문 서적을

---

2 역자주_ 역주를 자세하게 넣었으니 인프라를 잘 모른다고 해도 겁내지 마세요.

추가로 참고하기 바랍니다. 그리고 인프라 엔지니어를 오랜 시간 동안 했던 사람이 이 책을 읽으면 전반적인 인프라 기술을 다시 살펴볼 기회가 될 것입니다.

이 책의 대상 독자에게는 다양한 배경이 있을 것입니다. 일단 간단하게 다음과 같이 세 가지로 분류해 보겠습니다.

- 기업의 직원으로서 자체 서비스 인프라를 담당하는 사람
- 다른 기업에서 인프라 아웃소싱을 받는 사람(MSP 또는 SI 종사자 등)
- 인프라 서비스를 제공하는 기업 직원

이 책은 '기업의 직원으로서 자체 서비스 인프라를 담당하는 사람'과 '다른 기업에서 인프라 아웃소싱을 받는 사람'을 주요 대상으로 합니다. 하지만 '인프라 서비스를 제공하는 기업 직원'도 자사의 서비스를 사용자 관점에서 바라볼 기회가 될 것입니다.

다음으로는 몇 가지 용어를 정의하겠습니다. 인프라는 '인프라스트럭처Infrastructure'의 줄임말로 도로, 통신, 공공시설처럼 사회생활의 기반이 되는 전반적인 것을 의미하는 말입니다. 하지만 이 책에서는 시스템을 가동시키는 기반이 되는 시설, 설비, 기재, 배선, OS, 미들웨어처럼 IT 인프라를 지칭하는 용어로 사용합니다. 참고로 인프라 사용자는 자체 서비스인 경우, 아웃소싱 하는 경우, 인프라 서비스를 제공하는 경우에 따라 조금씩 분류가 다를 수 있습니다. 이 책에서는 인프라 사용자를 '사용자', '클라이언트'라고 표현합니다. 독자의 입장과 역할에 따라 적절하게 바꿔서 읽어 주세요.

이 책의 구성

이 책의 집필은 실무에 종사하는 '기업의 직원으로서 자체 서비스 인프라를 담당하는 사람', '다른 기업의 인프라 아웃소싱을 받는 사람'들에게 부탁했습니다. 여기에서는 이 책의 저자들이 어떤 장을 집필했는지와 함께 이 책의 구성을 설명하겠습니다.

이 책의 구성은 다음과 같습니다.

- **1장** 인프라 기술의 기초
- **2장** 인프라의 변천과 특징
- **3장** 시스템 테스트부터 구축까지
- **4장** 운용 체제 구축, 장애 대응, 예방 운용
- **5장** 인프라 엔지니어를 위한 보안 입문
- **6장** 데브옵스 시대에 요구하는 기술
- **7장** 인프라 엔지니어의 경력 관리

데라오 에사쿠

| 서문과 1장 |

서문과 1장은 데라오 에사쿠 씨가 썼습니다. 서문에서는 이 책을 읽는 방법과 인프라 엔지니어의 역할을 등을 다룹니다. 1장에서는 '인프라 기술의 기초'로 서버, 네트워크, 보안 등을 다룹니다. 클라우드 서비스를 사용하면 제어판에서 작업 대부분을 할 수 있게 됩니다. 따라서 클라우드 서비스 내부에서 어떤 일이 일어나는지 몰라도 괜찮습니다. **백그라운드에서 무슨 일이 일어나는지와 관련한 기초 지식이 있다**면 다양한 기술을 깊이 이해할 수 있습니다.

요코타 마사토시

| 2장 |

2장에서는 현재 사용하는 인프라 서비스를 설명합니다.

아직도 물리 서버를 운용하는 곳이 많으며, 인프라 담당자는 눈에 보이는 것 이상의 부담(개인 시간과 수면 시간 등의 희생)이 있습니다.

하지만 이제 인프라를 구성할 수 있는 선택지가 다양해졌습니다. 또한 다양한 인프라 서비스를 활용함에 따라 이러한 부담을 서비스 제공자가 안게 되었습니다. 인프라 엔지니어가 인프라 서비스를 선택할 때 고려하는 **서비스 종류, 특징, 포인트**를 설명합니다.

하타노 아이

| 3장과 4장 |

3장과 4장에서는 인프라 엔지니어의 구체적인 일을 설명합니다. 이 책의 대상 독자인 3년 정도 경력의 엔지니어라면, 대부분 체계를 잡지 못한 상태로 지금까지 달려온 경우가 많을 것입니다. 이 장에서는 **인프라 설계, 구축, 운용에 이르기까지 어떤 접근 방법**이 있는지 잠시 생각해 보는 시간을 갖도록 하겠습니다.

3장은 클라라 온라인에서 실제로 인프라 설계와 구축을 담당한 이시가와 다카시 씨의 도움을 받아, 데라오 씨가 집필했습니다. 4장의 집필은 클라라 온라인에서 운용을 담당한 하타노 아이 씨께 부탁했습니다. 하타노 아이 씨는 클라라 온라인에 입사할 때까지 운용 업무를 본격적으로 해 본 적이 없습니다. 하지만 입사하고 3년도 안 돼서 운용까지 맡게 되었습니다. 하타노 아이 씨는 개선 제안을 잘 해주시는 분이므로 개선 부분의 사례 연구 등을 집필해 주셨습니다.

JPCERT CC® **| 5장 |**

JPCERT CC

5장은 보안 관련 내용을 다룹니다. 아마 지금까지 일하면서 인프라에 문제를 일으키는 공격을 받아 본 사람이 꽤 있을 것입니다. 하지만 어떻게 대응하고, 누구와 협력해서 어디에 보고하면 되는지 등은 잘 알지 못하는 경우가 많을 것입니다. 이 장은 JPCERT 코디네이션 센터에서 보안 분석하시는 분들이 집필해 주셨습니다. 보안 사고에 어떻게 대응해야 하는지 사전에 정해 두면, 실제로 대응할 때 굉장히 부드럽게 일을 처리할 수 있습니다. 이러한 부분을 5장에서 전달할 것입니다.

나카무라 도모나리

| 6장 |

6장에서는 애플리케이션 엔지니어 시점에서 인프라를 해설합니다. 이 책에서 위치를 잡기 가장 힘든 부분이었지만, 필자가 어떻게라도 넣고 싶었던 부분입니다.

NuLab의 나카무라 도모나리 씨에게 '코드로서의 인프라Infrastructure as Code', '시스템 개발의 관례', '데브옵스를 지탱하는 관례 도구' 등의 집필을 부탁했습니다. 나카무라 도모나리 씨는 4장에서 다루는 Backlog라는 웹 서비스의 리더입니다. 개발도 하고, 인프라도 관리하며 서비스를 운용하는 나카무라 도모나리 씨이므로 애플리케이션 엔지니어 관점에서 인프라를 잘 풀어냈습니다. 이러한 관점을 이해하는 것이 인프라 엔지니어의 성장에 굉장히 중요하다고 생각합니다. 클라우드가 등장한 이후로 **가장 변화가 많은 애플리케이션 개발과 인프라 관리의 관계를 배우고, 인프라 엔지니어로서 어떻게 대응**해야 하는지 생각해 보도록 하겠습니다.

데라오 에사쿠

| 7장 |

이 책의 마지막 장은 데라오 씨가 집필했습니다. 20대에는 일하면서 눈치채지 못했던 것들과 쌓아야 하는 기술에 관한 필자 나름의 생각을 풀어냅니다. **인프라 엔지니어의 경력 관리는 사람의 일생 중에 어떤 곳에 위치하는가**를 '역할', '필요한 힘', '경력 관리'와 함께 설명합니다.

인프라 엔지니어의 일은 무엇보다도 성과를 보여 주어야 하며 사내에서 비용을 다루는 경우가 많습니다. 아무 문제도 일어나지 않게 하는 것이 성과이므로 개발 엔지니어, 디자이너, 디렉터 등과 비교했을 때 평가하기가 어렵습니다. 이익을 내는 기반이 되지만, 인프라를 얕보는 사람이 많은 것은 조금 슬픈 일입니다.

끝으로 1~7장 중 원하는 부분부터 읽어도 상관은 없지만, 숲을 보는 느낌으로 1장부터 읽는 것을 추천합니다.

이 책에서 다루는 인프라의 범위

이 책에서 다루는 인프라의 범위를 확인해 봅시다. '인프라'라고 하면 크게 서버 계열의 인프라를 생각하는 사람과 오피스 계열의 인프라를 생각하는 사람으로 나뉩니다. 이때 오피스 계열의 인프라처럼 정보 시스템 부서가 관할하는 부분은 이 책의 주요 대상이 아닙니다.

인프라를 다루는 대상도 온프레미스, IaaS, PaaS, SaaS 등으로 서비스 제공 수준에 따라 분류할 수 있습니다. 이 책에서는 온프레미스, IaaS, PaaS를 대상으로 합니다. 인프라 엔지니어가 SaaS를 다루는 경우도 있지만, 대부분 서비스 제공 측에서 관리해 주므로 이 책에서는 다루지 않습니다.

그림 0-1 이 책의 대상이 되는 인프라

인프라 엔지니어의 역할과 업무의 목적

인프라 엔지니어의 역할을 생각해 보기 전에 인프라의 역할을 생각해 봅시다. 인프라를 잘 구축한다는 것은 무엇을 의미할까요? 대량의 트래픽에 견딜 수 있는 인프라를 구축해도 활용하지 않는다면 의미가 없습니다. 또한 시스템을 계속 새로 도입할 때도 중지되어서는 안 되는 중요 시스템(미션 크리티컬 시스템)에는 문제가 쉽게 일어날 만한 인프라를 도입하지 않도록 주의해야 합니다.

인프라는 프로젝트 또는 사업(비즈니스)의 목적을 달성하기 위한 '수단'입니다. 따라서 프로젝트와 사업의 큰 그림을 잘못 파악하면 불필요한 스펙만 추구하거나, 극단적으로 안전한 구성을 하는 등 목적 달성과 관련 없는 일을 하게 됩니다.

인프라 관리하기

인프라 엔지니어의 역할은 **인프라(=프로젝트가 성공할 수 있게 하는 수단)를 제공하는 것**입니다. 또한 인프라 사용자를 위해 인프라 전문가로서 프로젝트에 참여하고, 인프라 설계부터 폐기까지 모든 과정을 관리하는 것이 바로 인프라 엔지니어의 역할입니다.

프로젝트를 시간 순서로 생각해 보면 의견 수렴, 설계, 구축, 운용, 마이그레이션, 서비스 종료 등의 단계로 나뉩니다. 인프라 엔지니어는 [그림 0-2]처럼 모든 단계에 관여합니다.

그림 0-2 인프라 엔지니어의 역할

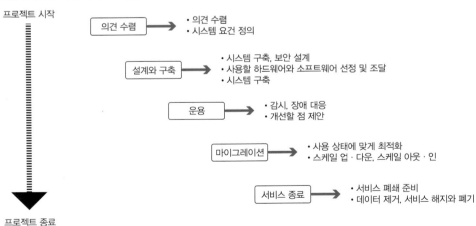

단, 여기에서 언급하는 것은 어디까지나 인프라 엔지니어의 일 중 일부입니다.

인프라 엔지니어는 프로젝트 또는 사업에서 인프라의 스페셜리스트specialist이자 익스퍼트expert인 사람입니다. 인프라를 다루는 선택지를 늘릴 수 있는 익스퍼트라면 많은 것을 알아야 하며, 새로운 기술도 알아 두어야 합니다. 이는 최신 기술을 자주 사용하는 접근 방법이 반드시 최적이라는 뜻은 아닙니다. 다양한 선택지를 만들고 그중에서 현재 업무에 맞는 것을 선택해야 합니다. 이러한 기술과 노하우를 이 책을 통해 전달할 수 있도록 해 보겠습니다.

> **NOTE_ 스페셜리스트, 익스퍼트, 제너럴리스트**
>
> 상사와 면담을 할 때 '전문성을 높이고 싶은지', '제너럴리스트[3]가 되고 싶은지' 등의 경력 관리 방향을 질문받아 본 적이 있나요? 사실 엔지니어가 대답하기 어려운 질문 중 하나입니다. 다음과 같은 생각을 할 수도 있을 것입니다.
>
> > **"나는 이 기술이 좋아서 일하는데, 이 기술만 알면 되는 것일까? 제너럴리스트처럼 폭넓은 지식과 경험을 익혀야 하는 것일까?"**
>
> 젊을 때는 전문성을 높여야 한다고 생각하고, 전문성을 높일 수 있는 스페셜리스트와 익스퍼트 사이를 비교하게 됩니다. 일단 간단히 설명하면, 스페셜리스트는 특정 분야에 지식과 경험이 풍부한 사람을 말합니다. 공부하면 쉽게 될 수 있습니다. 반면 익스퍼트는 특정 분야뿐만 아니라, 주변의 분야까지도 폭넓게 아는 사람을 말합니다. 당연히 스페셜리스트보다 더 노력해야 얻을 수 있는 자리입니다.
>
> 기술자로 살아간다면 익스퍼트를 추구해야 한다고 말하는 사람이 많습니다. 하지만 회사로서는 사업 전체를 보는 제너럴리스트가 필요한 것도 사실입니다. 40대, 50대까지 엔지니어로 일하고 있다면, 불안감 때문에 제너럴리스트를 추구하는 사람도 많을 것입니다.
>
> 최종적으로는 익스퍼트와 스페셜리스트 모두를 추구해야 하는 것 아니냐는 말도 있습니다. 굉장히 어렵지만, 목표로 삼을 가치는 있다고 생각합니다.

---

3 역자주_ 제너럴리스트에 관한 설명이 없어 간단히 설명합니다. 다양한 분야를 어느 정도 잘 이해하고 있는 사람을 의미합니다.

CONTENTS

CHAPTER 1 인프라 기술의 기초

CHAPTER 2 인프라의 변천과 특징

CONTENTS

CHAPTER **4** 운용 체제 구축, 장애 대응, 예방 운용

CONTENTS

CHAPTER 5 인프라 엔지니어를 위한 보안 입문

CHAPTER 6 데브옵스 시대에 요구하는 기술

CONTENTS

CHAPTER 7 인프라 엔지니어의 경력 관리

1

인프라 기술의 기초

이번 장에서는 인터넷, 서버, OS 등 기본적인 내용을 다룹니다. 최근에는 인프라 운영과 관련된 대부분의 작업을 제어판에서 설정할 수 있게 되어, 물리적인 서버를 직접 접할 기회가 줄어들고 있습니다. 하지만 인프라의 기반이 되는 네트워크 구조는 인프라 서비스와 물리 서버에서 모두 필요하며, 아마 10년 후에도 필요한 필수 지식일 것입니다.

1.1 네트워크와 프로토콜

현대 인프라를 생각할 때 네트워크는 반드시 필요한 요소입니다. 이러한 네트워크는 네트워크 케이블과 스위치, 라우터, 방화벽, VPN 장비, 로드밸런서 등의 장비로 구성됩니다. [그림 1-1]은 간단한 서버 구축 네트워크의 예입니다.

그림 1-1 네트워크 구축 예

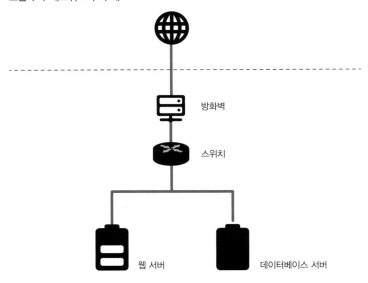

이러한 네트워크와 네트워크를 서로 연결하면 거대한 네트워크를 구성할 수 있습니다. 이때 서로 다른 하드웨어가 섞여 있는 네트워크가 통신하려면 통신과 관련된 규칙이 필요합니다. 그래서 등장한 것이 **OSI 참조 모델**입니다.

1.1.1 OSI 참조 모델과 TCP/IP 계층 모델

OSI 참조 모델은 통신 기능을 7개의 계층으로 나누어 정의하고, 상호 연결하는 데이터 통신 구조를 모델로 나타낸 것입니다. 이러한 계층을 기반으로 통신할 수 있습니다.

사용자 요청은 애플리케이션 계층에서 차례대로 내려와 물리 계층에 도달합니다. 그리고 네트워크 케이블 등을 타고 밖으로 나옵니다. 이러한 요청은 다시 다른 곳의 물리 계층으로 들어가고, 차례대로 위로 전달되어 애플리케이션 계층에 데이터를 출력합니다. 이처럼 각 계층에 부여된 역할을 서로 연계해서 통신할 수 있는 것입니다.

그림 1-2 OSI 참조 모델과 통신의 흐름

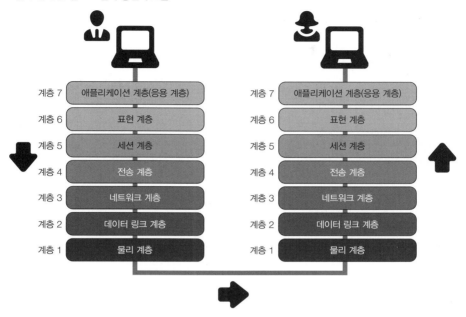

각각의 계층은 독립적입니다. 어떤 계층에 변경이 발생해도 다른 계층에 영향을 미치지 않게 설계되어 있습니다. 따라서 정해진 사양에 따라 만들어졌다면, OS나 제조 업체 등이 달라도 서로 통신할 수 있습니다.

인터넷의 기반이 되는 **TCP/IP 네트워크**가 OSI 참조 모델과 완전히 일치하는 것은 아닙니다. TCP/IP 각각의 기능을 OSI 참조 모델과 비교하면 [그림 1-3]과 같은 계층 구조로 나타낼 수 있습니다.

그림 1-3 TCP/IP 계층 모델

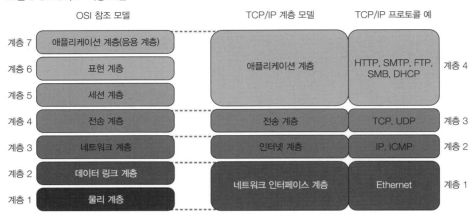

IP 네트워크에서의 애플리케이션 계층은 OSI 참조 모델의 상위 계층(애플리케이션 계층, 표현 계층, 세션 계층) 역할을 합니다. 그리고 애플리케이션마다 정해진 프로토콜(HTTP, SMTP, FTP, SMB, DHCP 등)이 있습니다. 참고로 요즘에는 애플리케이션 계층이 OS, 미들웨어, 프레임워크, 라이브러리, 프런트 애플리케이션 등 몇 가지 계층으로 더 세분화되었으며 복잡해졌습니다.

네트워크 장비와 관련된 설명을 보면, 계층 구조 각각의 계층을 **레이어**^{Layer}라고 표현하는 경우도 있습니다. 예를 들어 네트워크 계층에서 통신을 제어하는 네트워크 장비는 **레이어3 스위치**, 애플리케이션 계층에서 동작하는 로드밸런서는 **레이어7 로드밸런서**라고 합니다. 레이어를 'L'이라는 약자로 줄여서 'L3 스위치', 'L7 로드밸런서'라고 하기도 합니다.[1]

1.2 프로토콜의 역할

인터넷에서 기본이 되는 것은 인터넷 계층(OSI 참조 모델에서 네트워크 계층에 대응하는 계층)의 IP 프로토콜입니다. IP 프로토콜에는 크게 2가지 기능이 있습니다. 첫 번째는 데이터에 **IP 주소 정보를 추가하는 것**, 두 번째는 **IP 주소를 기반으로 데이터를 전송할 때 어떤 곳을 경유하는지 등의 경로를 제어하는 것**(라우팅)입니다.

---

1 역자주_ 이후에 계속 언급되는 내용이므로 꼭 기억하고 넘어가기 바랍니다.

IP 주소에는 기존에 사용하던 버전 4(IPv4)와 새로운 대안으로 제시되는 버전 6(IPv6)가 있습니다. 이 책에서 IP라고 하면, 모두 IPv4라고 생각해 주세요.

그림 1-4 IP 주소를 기반으로 데이터가 전송되는 과정

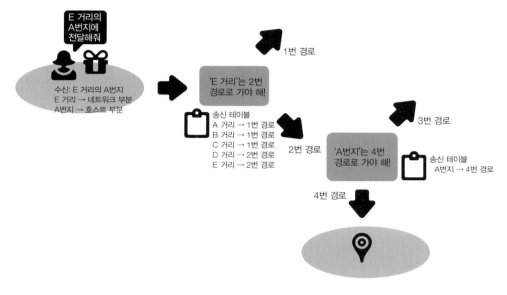

1.2.1 IP 주소와 넷마스크

IP 프로토콜 기반의 네트워크에서는 '서버 장비 또는 네트워크 장비(**호스트**)'를 주소로 식별합니다. 이러한 주소를 **IP 주소**라고 부릅니다.

IP 주소

IP 주소는 호스트마다 하나씩 있으며 반드시 '유일'해야 합니다. 따라서 인터넷에서 사용되는 주소(**전역 주소**)는 유일성이 있어 호스트를 식별할 수 있으며, 인터넷에 연결된 호스트 전체를 대상으로 관리합니다. IP 주소는 32비트로 구성된 비트 패턴입니다. 하지만 사람이 이를 한꺼번에 인식하기는 어려우므로 8비트씩 나누어 10진수로 표기합니다.

그림 1-5 IP 주소

192 . 168 . 1 . 2

11000000 . 10101000 . 00000001 . 00000010

8비트　　　　8비트　　　　8비트　　　　8비트

IP 주소는 네트워크 부분과 호스트 부분으로 나뉩니다. 네트워크 부분에서는 어떤 네트워크에 속하는지 식별하며, 호스트 부분에서는 해당 네트워크의 어떤 호스트인지 식별합니다. 같은 네트워크에 속한 호스트는 모두 같은 네트워크 주소를 갖습니다.

그림 1-6 네트워크 주소

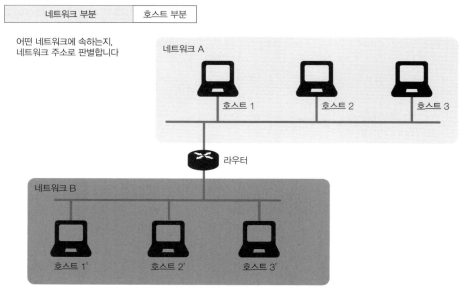

IP 주소 중에는 호스트에 할당할 수 없는 주소가 2개 있는데, 하나는 **네트워크 주소**, 다른 하나는 **브로드캐스트 주소**(네트워크 전체를 대상으로 하는 통신에 사용되는 특별한 주소)입니다. 네트워크 주소는 호스트 부분의 비트를 '0'으로 표현하며, 브로드캐스트 주소는 네트워크 부분과 호스트 부분의 비트를 모두 '1'로 표현합니다.

표 1-1 네트워크에서 사용할 수 있는 IP 주소의 예[2]

주소	설명
192.168.1.0	네트워크 주소
192.168.1.1~254	호스트에서 사용할 수 있는 주소
192.168.1.255	브로드캐스트 주소

넷마스크

32비트의 IP 주소 중 네트워크 부분과 호스트 부분을 어떻게 구분할 수 있을까요? 그것을 알아보기 위해 네트워크 부분의 비트를 '1', 호스트 부분의 비트를 '0'으로 표현하는 패턴을 만들었습니다. 이러한 비트 패턴을 **넷마스크**netmask라고 합니다.

그림 1-7 넷마스크

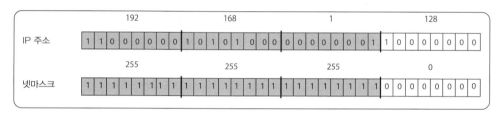

넷마스크의 비트에서 1 부분만 골라낸다

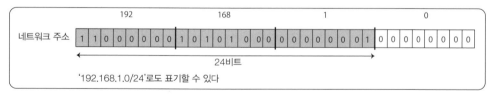

보통 넷마스크는 10진수 또는 16진수로 표기합니다(16진수로 표기할 경우, 앞에 '0x'라는 접두사를 붙입니다). 추가로 IP 주소에 넷마스크의 1비트 길이(**접두사 길이**Prefix Length)를 붙여서 표현하는 경우도 있습니다. 이러한 경우 표기는 네트워크 주소 뒤에 '/'와 서브넷 마스크 비트

---

2 역자주_ 예를 든 것이므로 반드시 이러한 값을 갖는 것은 아닙니다. 쉽게 설명해서 네트워크 주소는 사용할 수 있는 주소 중 가장 작은 값이고, 브로드캐스트 주소는 사용할 수 있는 주소 중 가장 큰 값이라고 기억하면 좋습니다. 네트워크 부분과 호스트 부분은 나중에 설명할 것이므로 지금 쉽게 이해할 수 없겠지만 '클래스' 부분을 살펴보았다는 것을 전제로 설명하면, 클래스 A의 경우 네트워크 주소는 XXX.0.0.0이고, 브로드캐스트 주소는 XXX.255.255.255입니다.

수를 추가해서 '192.168.0.0/16'과 같이 표기합니다. 이것을 **CIDR 표기**라고 합니다(CIDR은 다음 절에서 설명하겠습니다).

1.2.2 서브넷으로 네트워크 분할하기

방금 설명했던 것처럼 네트워크 부분을 알 수 있게 하는 것을 넷마스크라고 합니다. 넷마스크를 사용하면 하나의 네트워크를 분할해서 표현할 수 있습니다. 그룹으로 분할하면 접속하는 호스트 수에 따라 네트워크를 나눌 수 있으므로, IP 주소를 낭비 없이 사용할 수 있습니다. 이렇게 분할된 그룹을 **서브넷**이라고 하며, 서브넷을 만드는 넷마스크를 **서브넷 마스크**라고 합니다.

이처럼 1비트 단위로 네트워크를 분할하는 방법을 **CIDR**Classless Inter-Domain Routing이라고 합니다.

표 1-2 서브넷 마스크로 사용할 수 있는 IP 주소

CIDR	시작 주소	끝 주소	포함된 주소 수
192.168.0.0/0	0.0.0.0	255.255.255.255	4,294,967,296
192.168.0.0/1	128.0.0.0	255.255.255.255	2,147,483,648
192.168.0.0/8	192.0.0.0	192.255.255.255	16,777,216
192.168.0.0/16	192.168.0.0	192.168.255.255	65,536
192.168.0.0/17	192.168.0.0	192.168.127.255	32,768
192.168.0.0/18	192.168.0.0	192.168.63.255	16,384
192.168.0.0/19	192.168.0.0	192.168.31.255	8,192
192.168.0.0/20	192.168.0.0	192.168.15.255	4,096
192.168.0.0/21	192.168.0.0	192.168.7.255	2,048
192.168.0.0/22	192.168.0.0	192.168.3.255	1,024
192.168.0.0/23	192.168.0.0	192.168.1.255	512
192.168.0.0/24	192.168.0.0	192.168.0.255	256
192.168.0.0/25	192.168.0.0	192.168.0.127	128
192.168.0.0/26	192.168.0.0	192.168.0.63	64
192.168.0.0/27	192.168.0.0	192.168.0.31	32
192.168.0.0/28	192.168.0.0	192.168.0.15	16
192.168.0.0/29	192.168.0.0	192.168.0.7	8
192.168.0.0/30	192.168.0.0	192.168.0.3	4

CIDR	시작 주소	끝 주소	포함된 주소 수
192.168.0.0/31	네트워크 부분으로 사용할 수 없다(호스트가 0)[3]		2
192.168.0.0/32	단일 호스트 지정		1

예전에는 **클래스**라는 개념을 많이 사용했습니다. 클래스에는 A~E가 있는데, 클래스 A~C는 일반적인 용도의 IP 주소, 클래스 D는 멀티캐스트 전용(이후에 설명합니다), 클래스 E는 테스트 목적으로 사용하도록 여유를 두었습니다.

그런데 클래스는 실제로 사용할 때 굉장히 복잡합니다. 클래스 C보다 조금 더 큰 네트워크를 만들기 위해 클래스 B를 사용하면, 쓸데없이 IP 주소를 많이 할당하게 됩니다. 그리고 클래스 B보다 조금 더 큰 네트워크를 만들기 위해 클래스 A를 사용할 때도 역시 쓸데없이 IP 주소를 많이 할당하게 됩니다. 이는 과거에 IP 주소가 고갈될 것을 예상하지 못했기 때문입니다. 현재는 네트워크 크기를 더 세밀하게 나누는 CIDR을 많이 사용합니다.

그림 1-8 클래스풀과 클래스리스 비교

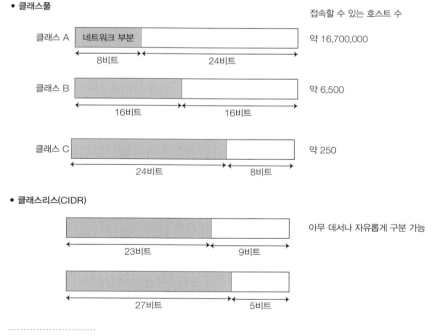

- 클래스풀

접속할 수 있는 호스트 수

클래스 A 네트워크 부분 / 8비트 / 24비트 / 약 16,700,000

클래스 B / 16비트 / 16비트 / 약 6,500

클래스 C / 24비트 / 8비트 / 약 250

- 클래스리스(CIDR)

아무 데서나 자유롭게 구분 가능

23비트 / 9비트

27비트 / 5비트

---

3 역자주_ 포함된 주소가 2개인데도 네트워크로 사용할 수 없는 이유는 네트워크 주소와 브로드캐스트 주소가 이 부분을 차지하기 때문입니다.

이처럼 IP 주소를 기반으로 소속된 네트워크나 네트워크 내부에서의 식별을 진행합니다. 또한 라우팅도 IP 주소를 기반으로 하는데, 라우팅에 대해 이야기하기 전에 잠시 '특별한 IP 주소'를 살펴보겠습니다.

1.2.3 특별한 IP 주소

사설 주소

인터넷에서는 전역 주소를 사용하는 반면, 방화벽 안쪽 등에서 직접 인터넷에 연결되지 않은 네트워크들은 사설Private 주소를 사용합니다. 일반적으로 192.168.0.0/16과 10.0.0.0/8 형식이 사용됩니다.

멀티캐스트 주소

컴퓨터 통신은 1 대 1로 이루어지는 경우와 1 대 다로 이루어지는 경우가 있습니다. 이때 1 대 1로 이루어지는 통신을 **유니캐스트**Unicast, 1 대 다로 이루어지는 통신을 **멀티캐스트**Multicast라고 합니다. 멀티캐스트 통신을 사용하면, 1개의 데이터를 지정한 모든 그룹의 호스트로 전송할 수 있습니다. 대량의 데이터를 전송하는 스트리밍 서비스 등에서 사용합니다. 이전에 설명했던 브로드캐스트도 멀티캐스트의 일종입니다.

멀티캐스트를 사용할 때는 데이터를 전송하고 싶은 호스트를 그룹화하게 되는데, 이때 사용하는 것이 **멀티캐스트 주소**입니다. 클래스 D의 IP 주소를 사용합니다.

루프백 주소

127.0.0.0/8 형식의 네트워크 주소는 **루프백(같은 호스트 상에서의 통신)**에 사용됩니다. 호스트 주소로 보통 '127.0.0.1'을 사용하며, 'localhost'라는 이름으로도 접속할 수 있습니다. 루프백 주소 127.0.0.1은 자기 자신을 나타내는 가상 IP 주소입니다.

예약된 IP 주소

이외에 특별한 용도로 사용하려고 예약된 IP 주소도 있습니다. 이러한 주소는 전역 환경에서 사용할 수 없습니다.

표 1-3 예약된 IP 주소

주소 범위	용도
0.0.0.0~0.255.255.255	디폴트 라우트(자기 자신 등)
10.0.0.0~10.255.255.255	사설 주소 전용(클래스 A)
127.0.0.0~127.255.255.255	루프백 주소(같은 호스트상에서만 통신 가능)
169.254.0.0~169.254.255.255	링크 로컬 주소(자신이 소속된 네트워크 세그먼트만 통신 가능)
172.16.0.0~172.31.255.255	사설 주소 전용(클래스 B×16)
192.88.99.0~192.88.99.255	6 to 4 방식의 IPv6와 IPv4 변환 전용
192.168.0.0~192.168.255.255	사설 주소 전용(클래스 C×256)
248.0.0.0~255.255.255.255	테스트용

1.2.4 라우팅

인터넷과 같은 대규모 네트워크에서는 네트워크끼리 연결되므로 분기점을 여러 개 지납니다. 따라서 어떤 한 지점에서 다른 한 지점으로 가는 경로가 여러 개일 수 있습니다. 이때 최종 목적지까지 어떤 경로로 가야 가장 빨리 도착할 수 있는지 **라우팅 테이블**(경로 제어 테이블)을 참조해서 데이터를 전달하게 됩니다. 라우팅 테이블에는 라우터 또는 호스트 관련 정보가 저장되어 있습니다.

예를 들어 /24의 작은 네트워크를 생각해 봅시다. 같은 네트워크 내부일 경우 스위치로 PC 등을 연결하면 통신할 수 있습니다. 하지만 대부분의 경우 통신하고 싶은 상대는 자신이 소속된 네트워크 내부에 없습니다. 따라서 다른 네트워크와 통신해야 합니다. 이때 '다른 네트워크와 통신하는 것'을 **라우팅**Routing이라고 합니다.

그림 1-9 인터넷의 네트워크 라우팅 예

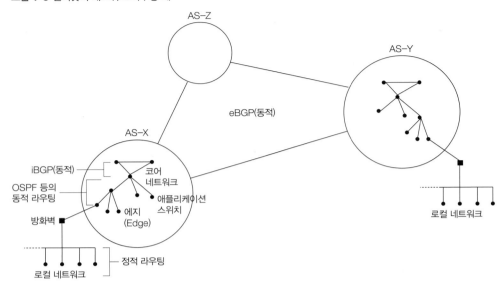

네트워크 내부의 말단(**에지**^{Edge})에 가까운 네트워크나 조금 큰 기업의 사내 네트워크 등은 **정적** (**스태틱**^{Static})으로 라우팅할 수 있습니다.

하지만 ISP^{Internet Service Provider}(인터넷 서비스 제공 업체) 등이 관리하는 큰 네트워크에는 하나 하나 정적 라우팅을 결정할 수 없습니다. 그래서 OSPF⁴ 등의 **동적 라우팅**이 사용되었습니다. 동 적 라우팅은 라우팅 프로토콜에 따라 계산된 값에서 가장 가까운 것을 찾아 라우팅하는 방식을 의미합니다.

> **NOTE_ 정적 라우팅과 동적 라우팅(옮긴이 추가)**
>
> 정적 라우팅은 "네가 여기서 저기로 갈 때 이런 길을 사용하면 된다"라고 정해진 답을 주는 것입니다. 역자인 저는 집에서 일을 하는데, 침실을 나와 왼쪽으로 몇 걸음 걸으면 곧바로 작업실이 있습니다. 집 이라는 작은 공간은 집이 부서지지 않는 한 크게 바뀌지 않습니다. 따라서 언제나 '침실에서 일어나서 왼쪽으로 가면 작업실'이라는 **정적인 규칙**을 사용할 수 있습니다.
>
> 조금 범위를 넓혀 역자가 사는 동네를 이야기해 보겠습니다. 역자는 서울 마곡 지구에 있는 아파트에 삽 니다. 이곳은 예전에 논이었는데, 평야에 아파트를 짓다 보니 건설 속도가 굉장히 빨랐습니다. 자고 일 어나면 있던 논길이 사라지기도 하고 새로운 길이 생기기도 했습니다.

---

4 OSPF(Open Shortest path First)는 패킷 송신 대상을 동적으로 결정하는 라우팅 프로토콜의 일종입니다.

이렇게 길이 바뀌다 보니, 친구들이 집에 놀러 올 때 어떤 정해진 규칙에 따라 집까지 오는 길을 설명해 줄 수 없었습니다. 그래서 그냥 "내비게이션이나 스마트폰 지도 앱 보고 찾아와"라고 말하는 것이 일반 적이었습니다. 내비게이션이나 지도 앱은 항상 '최단 거리'를 찾아주니까요. 이처럼 상황에 따라서 바뀔 수 있는 규칙을 **동적인 규칙**이라고 합니다.

정적인 규칙은 종이 한 장만 있어도 쉽게 구현할 수 있습니다. 단, 길이 바뀌었을 때 길을 잃어버리는 것 처럼 예외 상황이 발생할 때 대처할 수 없습니다. 반면 동적인 규칙은 만드는 데 시간이 걸리는 내비게 이션 장비 등이 필요하지만, 길이 바뀌는 등의 예외 상황에 대처할 수 있습니다.

그럼 이제 네트워크를 생각해볼까요? 회사 내부에서는 회사의 네트워크망을 전부 새로 만들지 않는 한 언제나 같은 규칙으로 원하는 곳에 갈 수 있습니다. 따라서 정적인 규칙을 따르는 정적 라우팅이 가능합니 다. 하지만 회사에서 다른 회사로 가는 네트워크의 길은 계속 바뀝니다. 따라서 같은 규칙으로 갈 수 없고, 내비게이션으로 그때그때 가는 길을 살펴봐야 하는 동적인 규칙을 따르는 **동적 라우팅**을 해야 합니다.

그럼 더 큰 네트워크에서는 어떨까요? 인터넷의 경우 BGP^{Border Gateway Protocol}[5]가 라우팅에 사용 됩니다. BGP는 **AS 번호**라는 것을 사용하는데요. 이는 ISP 등의 통신 사업자에게 할당된 네트 워크 번호입니다. 이러한 AS 번호 단위로 네트워크가 가까운 곳에 있는지, 먼 곳에 있는지를 판단합니다. 참고로 AS 번호에는 굉장히 많은 네트워크가 포함됩니다.

1.2.5 IPv4와 IPv6

IP 프로토콜에는 몇 가지 버전이 있으며, 현재 인터넷에는 **IPv4**와 **IPv6**가 운용되고 있습니다. 그런데 IPv4에는 다음과 같은 문제가 있습니다.

- IP 주소 고갈
- 경로 제어 정보 증가
- IP 헤더의 오버헤드

이러한 문제를 해결하기 위해 표준으로 나온 것이 IPv6입니다.

IPv4는 IP 주소 공간이 32비트입니다. 반면에 IPv6는 주소 공간을 128비트로 확장했습니다. 추가로 IX[6]를 중심으로 경로 제어 정보가 집약된 주소 공간을 할당하고, IP 헤더도 빨리 처리 할 수 있게 단순한 형식이 되었습니다.

----

5 AS 내부에서 사용하는 BGP를 iBGP(Internal BGP)라고 하며, AS끼리 사용하는 BGP를 eBGP(External BGP)라고 합니다.

6 인터넷 익스체인지(Internet Exchange point)의 약어로, ISP 또는 데이터 센터끼리 상호 연결하는 지점을 의미합니다.

1994년에 IETF[7]는 2008년 즈음 IPv4의 IP 주소가 모두 고갈될 것이라고 예상했는데, 실제로는 어떨까요? 점점 고갈되고는 있지만 아직 많이 남아 있습니다. 호스팅 클라우드 사업자나 그보다 더 큰 사업자도 많은 IP 주소가 필요하지 않습니다. ISP라면 수백만에서 수천만 단위의 IP가 필요하겠지만, ISP 내부 네트워크에서는 부분적으로 IPv6를 활용하므로, 실제 서버에 사용하는 IPv4 주소가 부족해지지 않은 것입니다.

다만 IoT[8] 장치가 보급되면 지금까지와는 차원이 다를 정도로 많은 장치에 IP 주소가 필요해집니다. 따라서 그때가 되면 IPv6가 많이 보급될 것으로 생각합니다.

1.3 포트와 프로토콜

네트워크가 물리적으로 연결되어 있어도 컴퓨터끼리 통신할 수 있는지 없는지는 또 다른 문제입니다. 컴퓨터끼리 통신하려면 '프로토콜Protocol'이 필요합니다. 프로토콜은 데이터 통신 절차를 정해놓은 것을 의미합니다.

데이터 통신은 패킷이라는 단위로 분할되어 이루어집니다. 송신 측은 데이터를 패킷으로 분할해서 전송하고 수신 측은 송신된 패킷을 원래대로 되돌려 데이터를 읽어 들입니다. 따라서 "패킷을 어디서부터 어디까지 보낼까"라던가 "해당 패킷은 전체에서 몇 번째에 해당하는가"와 같이 패킷을 다루는 절차를 상세히 정해야 합니다. 이러한 것이 바로 프로토콜입니다.

예를 들어 트랜스포트 계층의 프로토콜에는 TCP와 UDP 등이 있습니다. 또한 애플리케이션 계층의 파일 공유에 사용하는 프로토콜도 따로 있습니다. 윈도우라면 SMB^Server Message Block, 리눅스라면 NFC^Network File System처럼 사용하는 기능 또는 운영 체제에 따라서 다를 수 있지만, 네트워크에서는 프로토콜에 따라 서로 통신을 제어합니다.

그리고 컴퓨터에서 통신에 사용하는 프로그램을 식별하는 번호가 **포트 번호**입니다. 포트는 $1\sim2^{16}$(65535)까지 사용할 수 있습니다. 이때 0~1023은 시스템이 사용하는 포트고, 사용자가 임의로 사용할 수 있는 포트는 1024~65535입니다.

----

7 IETF(Internet Engineering Task Force)는 인터넷에서 사용되는 기술 표준화를 진행하는 기관입니다(https://www.ietf.org).
8 Internet of Things의 약어로, 컴퓨터나 스마트폰 장치뿐 아니라 가전 제품 등의 다양한 장치가 인터넷과 연결되어 서로 정보를 교환하고 제어할 수 있게 되는 개념을 말합니다.

특정 유명 서비스 또는 프로토콜이 사용하려고 예약한, 0번부터 1023번까지의 포트를 '잘 알려진 포트Well Known Port'라고 합니다.

표 1-4 '잘 알려진 포트'의 예

포트 번호	프로토콜 이름	포트 번호	프로토콜 이름
TCP/20	FTP(데이터)	TCP/110	POP3
TCP/21	FTP(제어)	TCP/119	NNTP
TCP/22	SSH	UDP/123	NTP
TCP/23	Telnet	UDP/137~138	NetBIOS
TCP/25	SMTP	TCP/139	NetBIOS
UDP/53	DNS	TCP/143	IMAP
UDP/67	DHCP(서버)	TCP/443	HTTPS
UDP/68	DHCP(클라이언트)	TCP/445	다이렉트 호스팅 SMB 서비스
TCP/80	HTTP	TCP/587	Submission(메일 송신)

NOTE_ TCP와 UDP

TCP와 UDP는 다음과 같은 특징을 갖고 있습니다.

표 1-5 TCP와 UDP

TCP	UDP
통신 신뢰성이 높음	통신 신뢰성이 낮음
연결형 프로토콜	비연결형 프로토콜
창 제어, 재전송 제어, 혼잡 제어 등을 수행	처리가 가볍고 지연이 적음

TCP는 재전송 제어 등을 수행하므로 품질이 높습니다. 따라서 일반적으로 TCP 프로토콜을 사용하는 경우가 많습니다. UDP는 재전송 제어와 같이 신뢰성을 확보할 수 있는 기능이 따로 포함되어 있지 않습니다.

품질이 낮은 UDP보다 TCP가 더 좋다고 생각할 수 있지만, 반드시 그런 것만은 아닙니다.

연결형 프로토콜은 교섭Negotiation에 시간이 걸리고, RTT[10]가 커지면 통신 속도가 저하되는 등의 문제가 있습니다. UDP는 처리가 가볍고 지연이 적으므로 DNS, 음성 통화, 실시간 게임 통신, 고속 파일 전송 등에 많이 사용됩니다.

---

9 라운드 트립 딜레이 타임(Round-Trip Delay Time)의 약어입니다. 통신 상대에게 신호를 발신하고 응답이 돌아올 때까지 걸리는 시간을 의미합니다.

1.4 도메인 이름과 DNS

IP 네트워크는 IP 주소로 통신이 이루어지지만, 사람이 애플리케이션에 IP 주소를 사용할 경우 기억하기 어렵고 다루기도 힘듭니다. 그래서 호스트에 호스트 이름을 붙여 사용하기 쉽게 만들었습니다. 다만 컴퓨터는 호스트 이름을 문자열 그대로 다룰 수 없습니다. 따라서 호스트 이름과 IP 주소를 변환하는 과정이 필요합니다.

호스트 이름을 IP 주소로 변환하는(또는 반대로 IP 주소를 호스트 이름으로 변환하는) 것을 **이름 분석**Name Resolution이라고 하며, 이름 주소 해석을 실행하는 서비스를 **네임 서비스**라고 합니다. 현재 인터넷은 네임 서비스로 **DNS**Domain Name System를 사용합니다. DNS는 광대한 인터넷 정보를 분산해서 관리합니다.

1.4.1 도메인 이름

DNS는 인터넷 전체의 이름 공간(**도메인**)을 계층화하고, 차례대로 권한을 위임해서 분산 관리합니다. 도메인 이름은 트리 구조의 도메인 계층을 오른쪽부터 점으로 구분해서 표기합니다. 점으로 구분되는 부분을 **레이블**이라고 하며, 한 레이블의 길이는 63자 이하로 제한됩니다. 그리고 도메인 전체의 이름 길이는 마침표를 포함해 253자 이하로 제한됩니다.

그림 1-10 도메인 이름의 예

그림 1-11 도메인 이름의 계층 구조

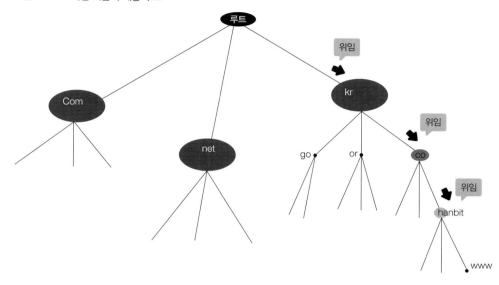

도메인 이름은 IP 주소와 마찬가지로 인터넷상에서 유일해야 합니다. '(도메인 내부에서) 유일한 호스트 이름+유일한 도메인 이름'을 사용해 호스트를 찾는 구조입니다. 도메인 이름까지 포함된 호스트 표기 전체를 **FQDN**Fully Qualified Domain Name이라고 합니다.

1.4.2 도메인 이름의 종류

최상위 레벨 도메인Top Level Domain, TLD**10**은 크게 gTLDgeneric TLD와 국가별로 존재하는 최상위 도메인 ccTLDcountry code TLD로 구분되었습니다. 하지만 2012년에 이루어진 TLD 개방을 계기로 gTLD의 종류가 계속해서 추가되어, 현재는 800개가 넘는 최상위 도메인이 있습니다.

gTLD 관리는 ICANNInternet Corporation for Assigned Names and Numbers**11**에서 인정한 레지스트리가, ccTLD 관리 운용은 각 국가의 레지스트리가 담당합니다. 그리고 대부분의 TLD에는 '레지스트리-레지스트라 모델registry-registrar model'이 도입되어 있습니다. **레지스트리**는 도메인 자원 관리 업무를, **레지스트라**는 도메인 이름 판매 및 등록 업무를 진행합니다.

---

10 역자주_ 탑 레벨 도메인이라고 부르는 경우도 많습니다.

11 역자주_ 일반적으로 '아이칸'이라고 발음합니다.

qTLD

gTLD는 '.com', '.net', '.org'처럼 누구든지 등록할 수 있는 것과 '.edu', '.gov'처럼 특정 업계만 사용할 수 있는 것 등, 몇 가지로 구분되어 있습니다. 그런데 바로 앞에서 언급했던 것처럼, 2012년부터 일정 규칙만 맞추면 TLD를 추가할 수 있게 되어 TLD가 늘어나고 있습니다.

'.london' 또는 '.NYC뉴욕 시티' 등의 지리적인 이름, '.gmo'나 '.CANNON' 등의 회사/기관 이름, '.shop', '.pink', '.red' 등의 일반 명사와 같이 새로운 TLD가 많아지고 있습니다. '.cloud'라는 클라우드 서비스에 사용되는 도메인 이름도 2016년 3월부터 등록할 수 있게 되었습니다.

표 1-6 새로운 gTLD의 예

지리적인 이름		일반 명사	
도메인	설명	도메인	설명
tokyo	일본 도쿄	shop	상점
london	영국 런던	music	음악
nyc	미국 뉴욕	sport	스포츠
paris	프랑스 파리	eco	환경 보호
africa	아프리카	web	웹
moscow	러시아 모스크바	cloud	클라우드

ccTLD

ccTLD는 국가 또는 지역에 할당된 도메인이며, 각각의 정책에 따라 운용되고 있습니다. 한국의 ccTLD는 '.kr'로 한국 인터넷 진흥원KISA에서 관리합니다. kr 도메인은 크게 구분해서 범용 kr 도메인, 속성 도메인, 지역 도메인이 있습니다.

표 1-7 kr 도메인의 예[12]

도메인	영역
kr	제한 없음
co.kr	영리
ne.kr	네트워크
or.kr	비영리

---

12 출처: 위키백과, https://ko.wikipedia.org/wiki/.kr

도메인	영역
re.kr	연구
go.kr	정부 기관
mil.kr	국방 조직
ac.kr	대학/대학원
hs.kr	고등학교
ms.kr	중학교
es.kr	초등학교
kg.kr	유치원
seoul.kr	서울특별시
busan.kr	부산광역시

참고로 'example.kr' 형태로 사용하는 도메인도 있습니다. 이러한 도메인의 경우 한국어를 사용해서 주소를 만들 수도 있습니다.

NOTE_ 독자 도메인

초기에는 외우기 쉬운 독자 도메인[14]을 많이 사용했습니다. 하지만 검색 엔진이 발달하면서 독자 도메인의 의미가 거의 없어졌습니다. 실제로 사용하는 사람은 도메인 이름에 그다지 신경 쓰지 않습니다.

하지만, 그래도 독자 도메인이 필요한 경우가 있기는 합니다.

필자는 얼마 전에 블로그를 만들기 위해 블로그 서비스를 사용하려고 했습니다. CDN$^{Contents\ Delivery}$ ^{Network}을 사용하려고 했는데, 해당 블로그 서비스는 공용 도메인을 사용했고 CDN은 독자 도메인이 필요했습니다. 그래서 결국 다른 블로그를 유료 결제해서 독자 도메인을 할당받았습니다.

독자 도메인이 아니면 할 수 없는 일이 아직 있는 것입니다. 이러한 현상은 엔터프라이즈 관련 기술을 테스트할 때 많이 나타납니다.

물론 법인이라면 회사 이름, 상품 등과 관련된 도메인을 확보해서 사용해야 할 것입니다. 참고로 도메인 이름은 연 단위로 사용할 권리를 구입합니다.

---

13 역자주_ 독자적으로 사용할 수 있는 도메인을 의미합니다. 가장 간단하게 구분할 수 있는 방법은 '내가 해당 도메인 이름으로 메일 서버 등을 만들어서 활용할 수 있는가'입니다. 예를 들어 네이버에서 블로그를 만들면 http://blog.naver.com/〈아이디〉 또는 http://〈아이디〉.blog.me 등의 도메인이 발급됩니다. 이때 해당 도메인을 사용하는 메일 서비스는 우리 마음대로 설정해서 사용할 수 없습니다. 따라서 이러한 도메인은 독자 도메인이 아닙니다. 이것은 여러 명이 특정한 목적을 위해 공유하는 도메인으로 '공용 도메인'이라고 합니다.

1.4.3 DNS의 구조

DNS 시스템은 **존(영역)**의 정보를 관리하는 **권한이 있는 네임 서버**^{Authoritative DNS Server}와 네임 서버에 질의를 보내는 **리졸버**^{Resolver}(DNS 클라이언트)로 구성됩니다.

예를 들어 사용자가 웹 브라우저를 사용해 'ㅇㅇㅇㅇㅇ'이라는 사이트에 접근하고 싶을 때, 호스트는 OS나 애플리케이션에 있는 리졸버를 사용해 리졸버에 등록된 네임 서버에게 IP 주소를 질의합니다. 리졸버는 자신이 아는 정보라면 곧바로 찾아주고,[14] 모르는 경우는 **루트 네임 서버**에 질의합니다. 루트 네임 서버는 도메인 이름의 이름 공간 최상위에 위치한 네임 서버로, 최상위 레벨 도메인을 관리하는 모든 네임 서버를 알기 때문입니다. 즉, 최상위 레벨 도메인에서 순서대로 질의를 반복해 호스트에게 IP 주소를 찾아 주는 것입니다.

그림 1-12 DNS 질의

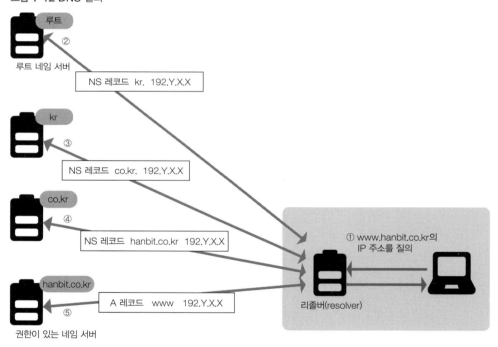

----

14 역자주_ 이후에 언급하지만 리졸버는 한 번 찾은 주소를 저장합니다. 따라서 이전에 찾았던 주소를 다시 찾으면 곧바로 알려줍니다.

호스트 이름으로 IP 주소를 찾는 것을 **정방향 조회**, IP 주소로 호스트 이름을 찾는 것을 **역방향 조회**라고 합니다. 일반적으로 사용자가 애플리케이션을 사용해 인터넷에 접근할 때는 정방향 조회를 사용합니다. 역방향 조회는 호스트 이름을 확인하는 특수한 경우에 사용됩니다.

리졸버는 질의한 결과를 캐시에 저장해서, 다음에 또 다시 같은 요청이 들어왔을 때 곧바로 대답할 수 있게 합니다. 이렇게 캐시에 저장하면 DNS 시스템 전체의 부하를 줄일 수 있습니다.

리소스 레코드

네임 서버는 존의 정보를 **레코드**라는 형태로 저장합니다. 레코드에는 호스트 이름 또는 IP 주소처럼 도메인과 관련된 여러 가지 정보가 포함됩니다. 이를 **리소스 레코드**라고 합니다.

리소스 레코드는 추가로 구분됩니다. 네임 서버 정보는 NS 레코드, 메일 서버 정보는 MX 레코드, 호스트 이름을 기반으로 하는 IP 주소 매핑 정보는 A 레코드, IP 주소를 기반으로 하는 호스트 이름 매핑 정보는 PTR 레코드라고 합니다.

표 1-8 리소스 레코드 종류

레코드 종류	의미
SOA	존(도메인)의 각종 정보 기록
NS	네임 서버 지정
MX	메일 서버 지정
A	호스트 이름과 IP 주소 매핑
CNAME	호스트 이름과 다른 호스트 이름 매핑
TXT	텍스트 기록. SPF 레코드 등에 이용한다
PTR	IP 주소와 호스트 이름 매핑

리소스 레코드의 TTL^{Time to Live} 필드에는 캐시에 저장되는 기한(TTL 값)이 몇 초 정도로 설정되어 있습니다. 이 기한을 넘기면 네임 서버가 저장했던 캐시는 파기됩니다. 이렇게 캐시를 사용하므로 DNS 시스템 전체의 부하를 줄이고, 정보를 지속해서 업데이트할 수 있는 것입니다.

DNS를 이름 분석Name Resolution이나 인증 용도만으로 사용하는 것이 아니라, 도메인 이름을 기반으로 다양한 서비스와 연계해서 사용하는 것이 최근 흐름입니다.

예를 들어, SPF[16] 정보를 설정하거나 41페이지의 칼럼에서 설명했던 것처럼 CDN을 사용할 때는 DNS 설정을 스스로 바꿀 수 있어야 합니다. 참고로 CDN이란 'A라는 도메인 이름으로 접속이 들어왔을 때, B라는 도메인 이름으로 요청을 전달한다'와 같이 요청 받는 수신지를 바꾸는 것입니다. 이렇게 하려면 도메인 이름과 권한이 필요합니다. IP 주소를 사용해도 요청을 주고 받을 수는 있지만, 수신지를 바꿔서 전달할 수는 없습니다. 따라서 CDN도 도메인과 연계되는 서비스라고 할 수 있습니다.

추가로 이후에 설명하는 전역 서버 로드밸런서GSLB도 마찬가지입니다. 전역 서버 로드밸런서는 감시 시스템과 연계해서, 감시하는 대상 서버와의 통신이 없어야만 DNS 리소스 레코드에서 해당 서버의 레코드를 제거합니다. 따라서 해당 서버에 접속할 수 없게 만들어 버립니다. TTL을 30초 정도로 짧게 두면, 해당 서버로의 접근을 확실하게 막을 수 있습니다.

인프라 서비스 등을 제공하는 큰 회사라도 DDoS 공격 때문에 네트워크에 연결할 수 없는 상황이 많이 발생합니다. 이러한 상황에 대처할 때도 도메인 이름과 DNS가 사용됩니다.

1.5 웹 서비스의 인프라 구성

지금까지 네트워크, 인터넷의 기초에 대해 다루었는데, 기초라는 것은 시대가 바뀌어도 크게 변하지 않으므로 꼭 기억해 주시기 바랍니다.

이번 절에서는 웹 서비스를 예로 들며, 웹 서비스를 제공하려고 할 때 인프라를 구성하는 방법과 인프라 요소를 간단히 살펴보겠습니다.

---

15 Sender Policy Framework의 약어로, 메일을 보낸 도메인이 사칭된 것이 아닌지 등을 검사하는 기능입니다.

그림 1-13 웹 서비스의 구성

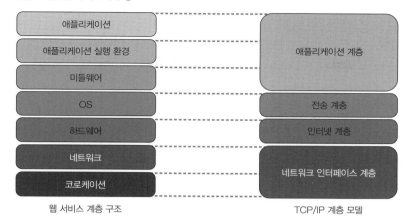

웹 서비스 계층 구조	TCP/IP 계층 모델
애플리케이션	
애플리케이션 실행 환경	애플리케이션 계층
미들웨어	
OS	전송 계층
하드웨어	인터넷 계층
네트워크	
코로케이션	네트워크 인터페이스 계층

1.5.1 설치 위치

가장 아래에 있는 계층은 '서버 또는 네트워크 장비를 배치하는 장소'입니다. 데이터 센터, 사무실 등을 의미하는데, 최근에는 클라우드에 서버를 배치하는 경우도 많습니다. 설비를 설치하는 장소를 **계층 0**이라고 하는 경우도 있습니다.

이전에는 사무실에 설비를 설치하는 경우가 많았는데, 추천하지 않는 방법입니다. 일단 가장 중요한 이유는 **하드웨어를 지키는 것**이 어렵기 때문입니다. 서버에 강력한 보안 시스템을 구축한다고 해도 자연 재해 등이 닥칠 수 있고, 서버 전체를 도둑맞을 수 있으며 부서질 수도 있습니다. 이러한 부분을 사무실 내부에서 대처하기란 쉬운 일이 아닙니다.

데이터 센터라면 내진 설계, 누수 방지, 화재 대책 등이 세워져 있습니다. 또한 입퇴실 관리도 이루어집니다. 최근에는 생체 인증, 복수 요소 인증, 담당자 2명 이상이 함께 있어야 작업할 수 있는 등 다양한 인증 방식이 도입되고 있습니다.

데이터 센터를 오고 가야 한다면 지리적인 위치도 고려해야 합니다. 일반적으로 가까운 곳에 있는 데이터 센터를 선택합니다. 반대로 클라우드처럼 데이터 센터에 가지 않고도 사용할 수 있는 서비스라면 2가지를 고려해야 합니다. 2장에서도 설명하겠지만, **BCP**[16]**와 응답 시간**입니다.

---

16 Business Continuity Planning의 약어로 기업에 자연 재해, 화재, 테러 공격 등과 같은 긴급 사태가 일어나도 사업을 중단하지 않을 수 있게 하거나 빠른 시간 안에 복구할 수 있도록 하는 계획을 의미합니다.

예를 들어 서울에 대규모 정전 등이 발생해도, 부산에 서버가 있으면 서비스를 지속할 수 있습니다. 이처럼 주요 업무 장소와 서버 위치를 떨어뜨려 놓거나, 여러 위치에 분산하는 설계는 자주 사용됩니다. 그런데 위치가 멀어지면 응답 시간이 늦어질 수 있습니다.[17] 따라서 어느 정도의 응답 시간이 필요한지도 생각해서 선택해야 합니다.

1.5.2 네트워크

데이터 센터 환경에서는 데이터 센터에서 제공하는 중계Transit[18] 회선이나 회사 내부의 회선 사업자가 제공하는 회선을 사용하는 경우가 많습니다. 가장 간단한 것은 데이터 센터에서 제공하는 중계 회선을 사용하는 것입니다. 추가로 클라우드 환경에서는 선택의 여지 없이, 클라우드 사업자가 제공하는 회선을 사용해야 합니다.

사무실과 닫힌 네트워크Closed Network를 연결하는 경우에는 전용선을 사용하는 경우가 많습니다.

1.5.3 하드웨어

네트워크와 조합하는 하드웨어로는 스위치, 라우터, 방화벽 등의 장비가 있습니다. 그리고 서버로 사용할 머신, 저장소가 필요한 경우도 있습니다.

네트워크 장비

우선 네트워크 장비로 준비해야 하는 것은 라우터와 스위치(L2/L3)입니다. 최근에는 라우터와 L3 스위치의 경계가 거의 없어져서, 하드웨어가 아닌 역할에 따라 구별하는 경우가 많습니다. **네트워크를 분배하는 것이 스위치고, 네트워크를 라우트하는 것이 라우터입니다.**[19] 스위치에는 L2 스

---

17 역자주_ 사실 우리나라는 국토가 넓지 않으므로 크게 고려하지 않아도 됩니다. 하지만 아마존 웹 서비스 등의 클라우드 서비스 중에서는 일부 기능을 한국에서 사용할 수 없는 경우가 있습니다. 예를 들어 2017년 2월 1일을 기준으로 Amazon Machine Learning 등의 서비스는 한국에서 지원되지 않습니다(https://goo.gl/4rh7ub). 지원되지 않는 서비스를 사용하려면 미국 또는 일본의 센터를 이용해야 하는데, 이러한 때는 응답 시간을 고려해야 할 것입니다.

18 ISP와 사용자 사이의 트래픽을 중계하는 인터넷 접속 서비스입니다. 트랜싯은 일반적으로 트래픽 양에 따라 과금되므로, 트래픽 양이 증가하면 비용이 늘어납니다. 참고로 ISP끼리의 상호 접속을 '피어링(Piering)'이라고 하는데, 피어링은 과금하지 않는 것이 일반적입니다.

19 역자주_ 장비 자체는 같지만 그걸 어디에 어떻게 사용하는지로 구별한다는 의미입니다. 보습 크림을 손에 바르면 핸드크림이 되고, 발에 바르면 풋크림이 되는 것과 비슷한 형태라고 생각하면 됩니다.

위치, L3 스위치가 있는데요. L2 스위치는 같은 세그먼트 내부의 것들을 연결하고, L3 스위치는 각각의 네트워크를 연결합니다.[20]

네트워크 장비 중에는 보안에 특화된 IDS^{Intrusion Detection System}(침입 탐지 시스템), IPS^{Intrusion Prevention System}(침입 방지 시스템), 성능을 강화하는 로드 밸런서 등도 있습니다. 추가로 L3/L4 레벨에서는 대처할 수 없는 공격도 많기 때문에, L7 레벨에서 대처하는 웹 애플리케이션 방화벽 WAF라는 것도 있습니다.[21] WAF는 프로토콜 통신 등을 확인하면서 공격 여부를 판단해 대처합니다. 사실 모든 공격을 해결할 수 있는 것은 아니지만, 없는 것보다는 안심할 수 있습니다.

이처럼 특정 기능에 특화된 장비를 많이 도입하고 싶은 경우가 있지만, 네트워크 구성이 복잡해지거나 비용이 오르는 문제가 있습니다. 그래서 최근에는 UTM^{Unified Threat Management}이라고 불리는 방화벽, IDS/IPS, 안티 바이러스, 안티 스팸 메일, 웹 필터링 등을 하나의 하드웨어로 통합한 장비도 사용되고 있습니다.

물리 네트워크와 논리 네트워크 분리

물리 네트워크 장비를 사용하면, 물리적이라는 특성 때문에 제약이 있을 수 있습니다. 예를 들어 랙 단위의 서버 수용률, 서비스 전달 속도, 보수 관리 비용 등이 대표적인 예입니다. 이러한 제약을 해결하는 방법 중 하나가 바로 **SDN**^{Software Defined Network}입니다. SDN은 하드웨어에 의존하지 않고 구성 변경, 자원 추가 등을 소프트웨어로 할 수 있게 해 줍니다.

SDN이 발달함에 따라 네트워크 자체가 소프트웨어로 관리되면서, 물리 네트워크와 논리 네트워크를 완전히 분리할 수 있게 되었습니다. 그래서 요구가 있을 때 하드웨어를 설치하고 네트워크를 구축한다는 기존의 흐름을 완전히 바꿔 놓았습니다.

예를 들어 클라우드는 미리 대량의 자원을 확보하고, 소프트웨어를 활용해 가상 스위치를 만들거나 가상 서버를 만들어 사용합니다. 물론 네트워크 성능 최적화와 사설 영역의 물리적인 분리 등을 조금 희생한다는 단점도 있습니다.[22]

---

20 역자주_ L2 스위치는 OSI 7 계층의 계층 2를 이해하고 처리하는 것, L3 스위치는 OSI 7 계층의 계층 3을 이해하고 처리하는 것이라고 생각하면 됩니다. 따라서 L2 스위치는 MAC 주소를 기반으로 패킷을 처리하고, L3 스위치는 IP를 기반으로 패킷을 처리합니다.

21 데이터 링크 계층(2계층)의 MAC 주소 또는 네트워크 계층(계층 3)의 IP 주소를 사용해서 라우팅하는 L2 스위치, L3 스위치와 반대로 HTTP 또는 FTP 등의 애플리케이션 계층 수준에서 프로토콜을 인식하고 패킷 내용을 기반으로 라우팅하는 것을 L7 스위치라고 합니다.

22 역자주_ 가상 ○○은 ○○을 소프트웨어로 구현한 것을 의미합니다. 소프트웨어로 구현하면 물리적인 장비 등을 직접 옮기거나 하지 않아도 되므로 굉장히 편리합니다. 다만 가상적으로 물리 장비를 시뮬레이트해야 하므로 전체 성능이 약간 저하됩니다.

이러한 장단점을 종합적으로 판단해서 물리 네트워크를 사용할지, 클라우드를 사용할지 등을 판단하는 것이 좋습니다.

서버 장비

서버 장비와 관련된 규격은 거의 일반화되어, 최근에는 x86 64비트 머신을 사용하는 경우가 많습니다. 예전에는 솔라리스^{Solaris} 또는 x86 32비트, 64비트 등의 선택 사항이 있었는데요. 최근에는 x86 64비트 머신을 선택하고 어떤 CPU를 넣을지, 어떤 메모리를 넣을지 선택하는 정도입니다. 추가로 SSD를 사용하거나, SSD 중 어떤 종류를 사용할지 선택하게 되는데, 이러한 부분들은 기술이 발전함에 따라 또 달라질 것입니다.

저장소

저장소에는 DAS$^{Direct-Attached Storage}$, NAS$^{Network Attached Storage}$ 등이 있습니다. 서버가 어느 정도 늘어나면 이러한 저장소를 사용하는 경우가 많습니다.

DAS는 서버에 연결하는 거대한 디스크 배열입니다. 디스크 수십 개가 탑재된 본체를 SCSI 등으로 연결해서 거대한 디스크로 만든 것입니다.

DAS는 단순하게 서버에 연결하는 거대한 하드디스크지만, NAS는 사용법이 조금 더 다양합니다. 서버의 HA$^{High Availability}$(고장 대책)로 NAS를 사용하는 것이 최근 트렌드입니다. 나중에 자세히 설명하겠지만, 호스트 서버의 디스크를 NAS 영역에 두면 호스트 서버에 문제가 생겼을 때 다른 호스트로 해당 영역을 마운트해서 서버를 빠르게 복구할 수 있습니다.

1.5.4 OS 선택

하드웨어와 애플리케이션의 중간 다리 역할을 하는 것이 OS입니다. 오픈소스 또는 상용 OS 등으로 구분하며 BSD 계열(NetBSD, OpenBSD, FreeBSD), 리눅스, macOS, 윈도우 등이 있습니다. 회사 내부의 업무와 관련된 것은 윈도우를, 인터넷 서비스 등은 리눅스를 사용하는 경우가 많습니다. macOS를 서버로 사용하는 경우는 별로 없습니다.

리눅스

인터넷 서버는 리눅스를 사용하는 경우가 많습니다. 리눅스 중에서도 상용 제품인 레드햇 기업용 리눅스Red Hat Enterprise Linux, RHEL, 그리고 이를 기반에 둔 CentOS가 많이 사용됩니다. CentOS의 경우 레드햇에서 CentOS 커뮤니티를 공식 지원합니다. 그래서 최근에는 CentOS가 강세를 보이고 있습니다.

RHEL, CentOS 등의 RHEL 계열 OS가 많이 사용되는 데는 이유가 있습니다. 첫 번째는 OS의 지원 기간 때문입니다. 시간이 지날수록 지원이 줄기는 하지만, 치명적인 문제를 해결하는 보안 업데이트를 10년 동안 지원합니다. 서버는 오랜 시간 운용되는 경우가 많으므로, 긴 지원 기간은 OS 선택의 중요한 요소입니다.

또 하나의 큰 이유는, RHEL 계열 배포판의 경우 OS 지원 기간 동안 제공되는 소프트웨어 버전이 크게 변하지 않는다는 것입니다. 오픈 소스 소프트웨어 세계에서는 최신 버전만 지원하는 것이 일반적입니다. 하지만 새로운 기능이 추가되거나, 오래된 기능을 제거하고 동작 사양이 변경된 최신 버전으로 업데이트되면, 지금까지 잘 동작하던 시스템이 동작하지 않을 수도 있습니다. 그래서 오랜 시간 동안 안정된 시스템을 가동하기가 어렵습니다. 하지만 RHEL 계열의 배포판은 별도의 패치를 제공해서, 소프트웨어 버전을 크게 바꾸지 않고도 보안 문제 등을 해결해 줍니다.

물론 이러한 부분이 단점이 될 수도 있습니다. 예를 들어 새로운 애플리케이션을 개발할 때는 새로운 버전의 언어와 라이브러리가 필요한 경우가 많습니다. 따라서 개발자는 OS에서 제공하는 것들이 너무 오래되었다고 느낄 수 있습니다.

그리고 배포판 내부에 포함된 패키지 버전에도 특징이 있습니다. RHEL 계열의 OS는 안정성을 지향하기 위해 보수적인 패키지 버전을 선택합니다. 반면에 데비안Debian이나 우분투Ubuntu 등은 비교적 새로운 패키지 버전을 채용하는 경우가 많습니다.

최근에는 애플리케이션을 개발할 때 OS에서 제공하는 라이브러리나 언어를 무시하고, 홈 디렉터리 내부에 필요한 라이브러리 등을 따로 설치해서 사용하는 경우가 많습니다. 이러한 때는 보안 등을 따로 신경 써야 합니다. 운용할 때 이러한 부담 등을 생각하면서 OS를 선택하도록 합시다.

표 1-9 몇 가지 리눅스 배포판의 업데이트 기한 예

OS	유지 보수 업데이트
CentOS/RHEL 5.x	2017년 3월 31일
CentOS/RHEL 6.x	2020년 11월 30일
CentOS/RHEL 7.x	2024년 6월 30일
Ubuntu 12.04 LTS	2017년 4월
Ubuntu 14.04 LTS	2019년 4월
Ubuntu 16.04 LTS	2021년 4월

BSD 계열

BSD로는 NetBSD, OpenBSD, FreeBSD가 많이 사용되며, 그중에서도 FreeBSD가 상당히 많이 사용됩니다. NetBSD, OpenBSD가 조금 엄격한 느낌이라면, FreeBSD는 유연한 느낌입니다. 어쨌거나 BSD는 원칙을 지킨다는 모토로 운용하므로 딱딱한 시스템이 만들어지는 경우가 많습니다.

잘 들지만 정해진 대로만 썰어야 하는 칼을 BSD라고 한다면, 범용적이고 일반적인 칼이 리눅스, 가볍고 익숙한 느낌으로 여러 가지를 할 수 있는 것이 윈도우라고 생각하면 됩니다.

BSD 계열은 지원 기한을 명확하게 명시하지 않은 OS가 많습니다. 다만 FreeBSD의 경우는 2015년에 지원을 5년으로 연장한다고 발표했습니다. RHEL도 처음에는 지원 기한이 미정이었지만, 점점 5년, 10년으로 지원 기한을 연장했습니다. 이와 같이 FreeBSD도 조금씩 기업용 OS 시장을 의식하기 시작했다고 볼 수 있겠습니다.

윈도우

판매, 재무, 생산, 유통, 급여, 인사 등의 기업용 시스템은 윈도우 서버를 사용하는 경우가 많습니다. 특히 파일 서버, 애플리케이션 등은 거의 윈도우를 사용합니다. 하지만 한국에서는 인터넷 서버 등으로 윈도우를 사용하는 경우가 거의 없습니다. 미국이나 유럽에서는 윈도우 서버 점유율이 꽤 높고, 인터넷 계열에서도 윈도우 서버를 사용하는 경우가 많습니다.

윈도우의 좋은 점은 보안과 관련된 것들이 굉장히 엄격하다는 것입니다. 예를 들어 리눅스의 권한 설정은 사용자, 그룹, 권한Permission의 3가지밖에 없습니다. 이러한 3가지 요소만으로는 윈하는 권한을 설정할 수 없는 경우가 많습니다. 실제로 리눅스에서는 권한 등을 루트와 일반 사용자 정도로만 나눠서 사용하는 경우가 많습니다.

윈도우는 특정 디스크를 사용할 수 있는 사용자, 원격 데스크톱Remote Desktop을 사용할 수 있는 사용자 등을 구분할 수 있으며, 폴더 접근 권한 등을 하나하나 세부적으로 제한할 수 있습니다. 물론 이와 비슷한 기능을 지원하는 리눅스도 있습니다. 바로 SELinux 등과 같은 보안 OS입니다. 보안 OS는 기존의 OS에 보안과 관련된 기능을 추가해서 권한 제어를 더 세부적으로 할 수 있게 만든 것인데요. 실제로는 관리가 너무 복잡해서 많이 보급되지 못하고 있습니다.

표 1-10 윈도우의 업데이트 기한

OS	유지 보수 업데이트
Windows Server 2008 /R2	2020년 1월 14일
Windows Server 2012 /R2	2023년 1월 10일

윈도우 서버 등과 같은 비즈니스 전용 OS 지원은 발매 시점으로부터 일반 지원Mainstream Support 5년+추가 지원Extended Support 5년=10년입니다. 따라서 엔터프라이즈에서 사용하기 적합한 지원 기한이라고 할 수 있습니다.

1.5.5 미들웨어와 애플리케이션 실행 환경

OS와 애플리케이션 사이에는 미들웨어와 실행 환경이 있습니다. 어디까지를 미들웨어라고 하고, 어디까지를 실행 환경이라고 해야 하는지는 사람에 따라 다를 수 있다고 생각합니다.

예를 들어 아파치Apache를 미들웨어라고 하면 하부 계층에 있다고 할 수 있고 아파치 위에 있는 톰캣Tomcat도 미들웨어라고 할 수 있습니다. 추가로 유니티Unity 등의 게임 엔진, 루비 온 레일즈Ruby on Rails 프레임워크, CMS 등은 애플리케이션 실행 환경으로 중간 계층이라고 할 수 있습니다. 이러한 부분은 제공하는 서비스의 종류, 개발 팀의 의도 등에 따라 다를 수 있습니다.

지금까지 네트워크 및 인프라와 관련된 기초 지식을 설명했습니다. 이 책을 읽으면서 꼭 알아야 하는 내용만 간단하게 설명했으므로, 더 자세한 내용을 알고 싶다면 각각의 내용과 관련된 전문 서적을 추가로 읽기 바랍니다.

다음에는 다양한 인프라 서비스를 살펴보겠습니다.

NOTE_ 미들웨어 트렌드

웹 애플리케이션 개발의 기반으로 오랜 시간 'LAMP'라는 오픈 소스 소프트웨어 조합이 사용되었습니다. LAMP는 OS로 리눅스, 웹 서버로 아파치, 데이터베이스로 MySQL, 프로그래밍 언어로 PHP/펄Perl/파이썬Python을 사용하는 웹 애플리케이션 개발 환경을 의미합니다. 즉, 리눅스의 'L', 아파치의 'A', MySQL의 'M', PHP/펄/파이썬의 'P'를 조합한 약어입니다.

LAMP를 구성하는 각각의 소프트웨어는 인기가 많고 많은 사용자를 보유하고 있어, 오래 전부터 웹 애플리케이션 개발 기반으로 사용되었습니다. 워드프레스WordPress 등의 CMS, 전자 상거래EC 사이트 구축 도구 등도 LAMP를 사용하는 경우가 많습니다.

최근에는 개발 기반으로 LAMP가 아닌 다른 것을 사용하는 경우가 늘고 있습니다.

엔진엑스

예를 들어, 웹 서버에서는 아파치 대신 '엔진엑스NGINX'라는 웹 서버를 사용하는 경우가 많아지고 있습니다. 엔진엑스는 2002년에 러시아의 이고르 시쇼브Igor Sysoev가 개발한 웹 서버입니다. 대량 접근을 효율적으로 처리할 수 있는 특징 때문에, 접근하는 사용자 수가 많은 웹 사이트에서 사용할 때가 많습니다.

러시아에서 개발되었으므로 처음에는 영어나 한국어 자료가 부족했는데, 최근 'NGINX Inc.'가 설립되어 영어로 된 문서들이 많이 나왔습니다. 한국에서도 최근 관련 문서들이 많아지고 있는 추세입니다.

NoSQL

또한 데이터베이스 서버도 MySQL 이외의 소프트웨어가 점점 더 많이 사용되고 있습니다. 2010년 즈음부터 'NoSQL'이라고 불리는 관계형 데이터베이스 관리 시스템RDBMS 이외의 데이터베이스 소프트웨어가 등장해서 인기를 끌고 있습니다.

NoSQL의 인기가 높아진 배경에는, 웹 애플리케이션의 트래픽이 증가하면서 기존의 RDBMS로는 이를 다 처리하기 어려운 경우가 많아졌기 때문입니다. NoSQL로 분류되는 데이터베이스는 RDBMS처럼 범용성을 갖고 있지는 않지만, 특정 조건에서 대량의 데이터를 매우 빨리 처리할 수 있습니다. 따라서 RDBMS에서 한계가 발생하는 부분만 NoSQL로 교체해서 사용하는 경우가 많습니다.

NoSQL 중에서도 특히 인기가 많은 것은 '몽고DBMongoDB'라는 데이터베이스 소프트웨어입니다. MongoDB는 NoSQL의 특징을 갖고 있어 대량의 데이터를 처리할 수 있으면서도, RDBMS처럼 검색이 가능하기 때문입니다. 이외에도 아파치 카산드라Apache Cassandra, 바쇼Basho의 리악Riak, 아파치 카우치DBApache CoubhDB 등의 데이터베이스가 유명합니다.

이처럼 기존에는 대부분의 개발 기반이 LAMP로 구성되었지만, 지금은 웹 애플리케이션이 더 빠르게 대량의 접근을 처리할 수 있도록 LAMP 이외의 미들웨어가 사용되고 있는 추세입니다. 앞으로 웹 애플리케이션의 규모가 더 커지면, 또 다른 미들웨어가 사용될 것입니다.

인프라의 변천과 특징

"회사의 웹 사이트를 만들고 싶다", "소셜 게임에 특화된 사이트를 만들고 싶다", "사내 전용 파일 서버를 만들고 싶다"와 같이 인프라 엔지니어에게는 다양한 서비스에 사용할 서버 구축 관련 상담이 들어옵니다. 인프라 엔지니어의 역할은 이러한 요구를 실현하는 것입니다. 따라서 목적에 맞게 서버와 네트워크 장비를 선정해야 합니다. 이번 장에서는 인프라의 변천을 살펴보면서, 현 시점에서 사용할 수 있는 인프라 서비스에 대해 설명하겠습니다.

2.1 인프라 서비스 이전의 인프라 구축

클라우드 퍼스트 Cloud First라는 말처럼, 최근에는 웹 서비스를 구축할 때 기존 인프라의 대안으로 클라우드를 먼저 고려하는 경우가 많습니다. 클라우드 서비스를 사용하면 별도로 하드웨어를 구매할 필요가 없고, VPS 또는 클라우드 서비스의 제어판에서 클릭 몇 번만으로 인프라를 구축할 수 있기 때문입니다.

하지만 이러한 서비스가 등장하기 전에는 서버 장비를 스스로 구입해서 설치하고 관리해야 했습니다. 이번 장에서는 VPS나 클라우드 등 현 시점의 인프라 서비스를 설명할 텐데, 그 내용을 살펴보기 전에 우선 인프라 서비스를 쉽게 사용할 수 없었던 때 어떻게 서버를 준비하고 사용했는지부터 살펴보겠습니다.

2.1.1 인프라 서비스가 등장하기 전

지금도 직접 서버 장비를 준비하고 운용하는 형태가 있지만, 웹 서비스는 대부분 VPS와 클라우드 등의 인프라 서비스를 사용해 구축합니다. 그러다 보면 인프라 엔지니어들 입장에서는 내가 실제로 무엇을 다루고 있는지 헷갈릴 만큼 물리적인 감각이 옅어집니다. 그런데 VPS나 클라우드 중 어떤 서비스를 사용하더라도 물리 서버는 어딘가에 존재합니다. 직접 물리 서버를 접할 기회가 없더라도, 인프라 구축은 물리 서버로부터 시작됩니다. 지금부터 기존의 서버 운용에 대해 간단히 살펴보겠습니다.

'물리' 서버 준비하기

서비스를 만드는 데 가장 먼저 필요한 것이 바로 서버입니다. 현재는 인프라 서비스를 사용해 클릭 한 번으로 서버를 만들 수 있지만, 이러한 인프라 서비스가 없었을 때는 스스로 장비를 구매해서 사용했습니다.

서버 구매는 서버를 판매하는 사업자의 웹 페이지에서 원하는 성능의 서버를 찾아, 원하는 수를 입력하고 구매 버튼을 누르면 됩니다. 단, 문제는 구매하는 서버가 어디까지나 '물리 서버'라는 것입니다.

클라우드는 언제든지 서버의 메모리 또는 CPU 성능 등을 변경할 수 있으므로, 사용하는 서버의 성능이 예상보다 낮거나 높으면 곧바로 성능을 변경할 수 있습니다. 하지만 물리 서버는 한

번 설치한 CPU 또는 메모리 등을 교환하는 데 시간이 걸리므로, 쉽게 서버의 성능을 변경할 수 없습니다.

추가로 서버 납품에는 시간이 걸립니다. 이후에 설명하겠지만, 클라우드 서비스는 몇 분 안에 바로 서버를 만들 수 있으므로 당장 서버의 성능을 올려야 한다면 서버 수를 늘려 시스템 전체의 성능을 향상시킬 수 있습니다. 하지만 물리 서버는 주문부터 납품까지 몇 주에서 몇 개월이 걸리는 경우도 있습니다. 따라서 시스템 부하를 해결하고자 서버를 주문했다고 해도, 곧바로 문제를 해결하기는 힘듭니다.

서버를 쉽게 추가할 수 없으므로, 서버를 주문할 때는 항상 성능에 신경 써야 합니다. 일반적으로 CPU나 메모리 등이 부족하지 않도록 높은 성능의 서버를 선택합니다. 그렇지 않으면 예상보다 높은 부하가 걸렸을 때 처리할 수 없기 때문입니다. 따라서 낭비라고 생각되더라도 여유 있게 높은 성능의 서버를 구매해야 합니다.

회사 시설에서 서버를 운용할 때의 위험성

서버를 직접 구매하면 운용도 직접 해야 합니다. VPS나 클라우드의 경우 OS보다 위쪽 계층은 자체적으로 유지 보수하지만, 그 아래 영역에서 발생하는 서버 장비 고장 등은 해당 서비스의 사업자가 유지 보수합니다. 그러나 서버를 직접 구매해서 사용하면 물리 장비까지 스스로 유지 보수해야 합니다.

추가로 서버를 설치하는 장소도 문제입니다. 과거에 회사 건물 내부에 서버를 설치했던 때는 정전 등의 위험이 있었습니다. 그래서 에어컨 등의 사용량에 주의하는 것도 관리 포인트의 하나였습니다.[1] 또한 법적인 정밀 점검 등의 이유로 정전되는 경우도 있습니다. 정전이 발생했을 때 서비스를 제공하려면 여러 가지 준비가 필요합니다. 그래서 이러한 위험 때문에 서버를 데이터 센터에 맡기는 경우가 많습니다.

이처럼 과거의 인프라 엔지니어는 서버와 네트워크를 구축할 때 장비를 구매하고 설정하며 운용하는 일까지 모두 담당했습니다. 참고로 하드웨어를 스스로 준비하고 운용하는 형태를 **온프레미스**On Premise라고 합니다.

---

1 역자주_ 에어컨을 설명하는 것이 뜬금없을 수 있는데요. 서버 장비에서는 아주 많은 열이 발생하며, 이러한 열을 식히려면 에어컨을 많이 틀어야 합니다. 발열과 전기 소모량의 균형을 맞춰야 서버를 제대로 운용할 수 있다는 의미입니다.

2.1.2 온프레미스로 시스템 구축하기

이번 절에서는 온프레미스로 시스템을 구축할 때의 특징에 대해 살펴보겠습니다.

자신이 좋아하는 장비 선택하기

온프레미스로 시스템과 서비스를 구축할 때의 장점은 사용할 서버 또는 네트워크 장비를 원하
는 대로 선택할 수 있다는 점입니다. 이는 보통의 인프라 서비스에서 취급하지 않는 하드웨어
를 이용할 때 온프레미스로 시스템을 구성해야 한다는 뜻이기도 합니다. 또한 서비스에 필요한
장비가 없다면 모두 구매해야 합니다.

온프레미스 운용에서 필요한 것

서버 조달부터 직접 해야 하므로, 서비스를 시작하기 전에 많은 비용이 필요합니다. 이때 서비
스가 어느 정도의 부하를 견뎌야 하는지 등을 측정해서 필요한 서버의 성능과 수를 산출해야
합니다. 서버가 납품되면 하나하나 스스로 설치하고, 네트워크 장비도 모두 설정해야 합니다.
따라서 서버와 네트워크 등을 설정하고 운용하는 지식이 필요합니다.

그리고 앞에서 언급했던 것처럼 서버나 네트워크 장비 등을 설치할 공간이 필요합니다. 또한
365일 24시간 가동하기 위한 전원 및 서버를 냉각시킬 수 있는 에어컨도 필요합니다. 설치가
제대로 이루어져도 운용하는 동안 여러 가지 문제가 발생할 수 있습니다. 예를 들어 서버 장비
가 파손되거나, 일반적인 사무실의 경우 정전이 발생할 수 있습니다. 최근에는 정전 발생 빈도

가 줄었지만, 1년에 한 번 정도는 법적인 정밀 검사 때문에 발생할 수 있습니다. 그래서 정전이 발생해도 서버를 작동시킬 수 있는 대책이 필요합니다.

또한 서비스가 성공하면, 사용자 증가 등에 대응하기 위해 서버를 추가해야 합니다. 하지만 온 프레미스로 구축했다면, 장비를 준비하는 시간이 오래 걸리므로 서버 구축과 확장 등을 빠르게 실행할 수 없습니다.

이처럼 온프레미스로 인프라를 구축하면 원하는 장비를 선택할 수 있다는 장점이 있지만 장비 조달이나 설치, 운용 등에 비용이 들어간다는 단점도 있습니다.

2.1.3 인프라 서비스의 등장과 장점

2000년대에 들어서면서 **인터넷을 통해 서버나 네트워크 장비 등을 제공해 주는 인프라 서비스**가 등장했습니다. 이러한 인프라 서비스 덕분에 서버나 네트워크 장비 등을 직접 조달하지 않고, 인터넷을 통해 사용할 수 있게 되었습니다.

서버나 네트워크의 유연한 사용

인프라 서비스의 사용 요금은 인프라 서비스 제공 업체, 사용하는 기능, 규모, 사용 시간 등에 따라 다릅니다. 사용 시간에 따른 요금을 예로 들면 월 단위로 과금하는 것도 있고, 시간 단위로 과금하는 것도 있으며, 분 단위로 과금하는 것도 있습니다. 시간 단위로 과금하는 경우라면 서버에 부하가 많이 걸릴 때만 서버 수를 늘리고, 부하가 적을 때는 서버 수를 줄일 수 있습니다.

또한 서버나 네트워크 장비 등의 하드웨어를 스스로 관리하지 않아도 된다는 장점이 있습니다. 이러한 장비들은 언제든지 고장 날 수 있습니다. 서버라면 하드디스크나 전원에 손상이 발생할 수도 있습니다. 온프레미스로 인프라를 구축했다면, 하드웨어가 고장 났을 때 직접 고쳐야 합니다. 하지만 인프라 서비스를 사용하면 고장과 관련된 대처를 인프라 서비스 제공 업체에 위임할 수 있습니다. 또한 인프라 서비스가 제공하는 서버나 네트워크 장비 등은 데이터 센터에서 관리하므로, 정전이 발생할 가능성도 매우 낮습니다.

이처럼 인프라 서비스를 사용하면 서버를 유연하게 사용할 수 있습니다. 또한 물리적인 관리를 인프라 서비스 사업자에게 맡기고, 서비스 개발과 제공에만 집중할 수 있습니다.

2.1.4 인프라 서비스의 종류

인프라 서비스에도 다양한 종류가 있습니다. 그리고 종류에 따라서 비용과 용도 등이 달라집니다. 예를 들어 블로그 또는 CMS를 사용하는 경우 '렌탈 서버'라는 서비스를 많이 사용합니다. 그리고 루트 권한을 사용할 수 있는 소규모 서버를 사용할 때는 'VPS' 서비스를 많이 활용합니다.

전자상거래[EC] 사이트[2]나 소셜 게임 등을 만들 때 '클라우드', 'IaaS'라고 불리는 서비스를 사용하면, 짧은 시간 동안 서버와 네트워크 환경을 구축할 수 있으며 손쉽게 규모를 확장하거나 축소할 수 있습니다. 물리 서버를 통째로 빌리는 '전용 서버' 등을 사용하는 경우도 있습니다. 이처럼 '인프라 서비스'라고 해도 여러 가지 종류가 있으므로, 서비스에 따라 구분해야 합니다.

표 2-1 다양한 인프라 서비스

인프라 서비스	1대의 비용/월	루트 권한	스케일 업	요금 체계
렌탈 서버	수천 원	없음	불가능	월 단위가 기본
VPS	수천 원~수만 원	있음	불가능	월 단위가 기본
클라우드(IaaS)	수만 원~수십만 원	있음	가능	시간 단위가 기본
전용 서버	십만 원 이상	있음	불가능	월 단위가 기본

다음에는 서비스를 제공할 때 어떤 인프라 서비스를 사용해야 하는지 알아보겠습니다. 다만 렌탈 서버는 소비적인 용도로 사용하는 경우가 많으며, 거의 사라져 가는 서비스이므로 소개하지 않겠습니다.[3]

2.2 VPS를 사용한 시스템 만들기

2.2.1 VPS의 특징

VPS^{Virtual Private Network}는 1대의 물리 서버를 여러 대의 가상 서버로 분할하여, 각각을 제공하는

---

2 역자주_ EC는 Electronic Commerce의 약자입니다.

3 역자주_ 그래도 렌탈 서버에 대해 간단히 소개하자면, 호스팅 서버나 공용 서버라고도 하며, 1대의 서버를 여러 사용자가 공용으로 사용하는 형태를 의미합니다. 낮은 자유도, 보안 문제, 다른 사용자로부터의 영향 등으로 인해 현재는 간단한 개인 블로그가 아닌 이상 거의 사용하지 않습니다.

서비스입니다. 사용자는 분할된 서버를 자신의 전용 서버로 사용할 수 있습니다.

VPS를 제공하는 사업자에 따라서 다르지만, 보통 본인이 좋아하는 OS를 선택할 수 있으며 유닉스Unix 계열의 OS 관리자 권한인 루트 권한 등을 사용할 수 있습니다. 루트 권한이 있으면 다양한 소프트웨어를 설치하고 설정할 수 있습니다. 따라서 본인이 사용하고 싶은 웹 서버를 설치하거나, 원하는 프로그래밍 언어를 사용할 수 있습니다. 추가로 VPS 제공자에 따라서는 윈도우를 사용할 수 있는 경우도 있습니다.[4]

그림 2-1 물리 서버와 VPS

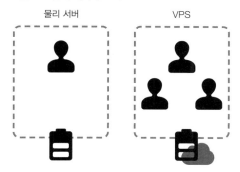

물리 서버는 1대를 1명이 모두 사용하는 반면, VPS는 1대의
서버를 분할해서 여러 명의 사용자가 사용할 수 있습니다

또한 VPS는 여러 대의 서버가 사용된 네트워크 구성을 만들 수 있고, 이후에 소개하는 **클라우드**와 마찬가지로 대규모 시스템을 조합할 수도 있습니다. 예를 들어 일본 사쿠라 인터넷의 '사쿠라 VPS'는 여러 대의 서버를 연결할 수 있습니다.[5] 처음에는 서버 1대만으로 운용하고, 이후의 부하 등에 따라 시스템 규모(서버 수)를 변경할 수 있습니다.

온프레미스로 구축한 인프라에서 서버 수를 늘리려면, 서버를 주문하고 납품하는 데까지 최소 1~2주를 기다린 후에야 서버를 설치하고 네트워크를 연결할 수 있습니다. 하지만 VPS를 사용하면 클릭 한 번으로 몇 분 만에 서버를 추가할 수 있으므로 서버 조달이 굉장히 간단해집니다.

---

4 역자주_ VPS는 이전에 언급한 렌탈 서버의 발전 형태라고 볼 수 있습니다. 렌탈 서버는 VPS에서 지원하는 작업을 할 수 없습니다. 즉, 자유로운 OS 선택이 불가능하고, 루트 권한이 없으므로 원하는 것들을 설치할 수 없습니다.

5 역자주_ 국내는 외국과 비교했을 때 인프라 관련 시장이 작습니다. 그렇다고 미국이나 유럽에 위치한 인프라 서비스를 사용하기에는 거리가 멀어서 속도가 느린 경우가 많습니다(아마존, 마이크로소프트처럼 한국 내부에 리전이 있는 경우는 제외합니다). 그래서 VPS를 사용할 때는 일본에 위치한 인프라 서비스를 사용하는 경우도 있습니다. 한국어로 제공되는 코노하(https://www.conoha.jp/ko/) 등을 참고하기 바랍니다. VPS가 무엇이고 어떻게 제공되는 서비스인지 확인할 수 있습니다.

이처럼 VPS는 직접 서버를 배치하고 설치하는 것과 마찬가지로 서버를 사용할 수 있습니다. 참고로 신청하고 몇 분 지나지 않아 사용할 수 있으며, 사용 요금도 매우 저렴합니다. 그럼 이어서 VPS를 어떠한 경우에 사용하는지 좀 더 자세히 알아봅시다.

2.2.2 VPS를 실현하는 가상화 기술

VPS를 사용하면 '자기 자신만의 전용 서버'를 사용할 수 있습니다. 하지만 'Virtual Private Server'이므로, 어디까지나 '가상' 전용 서버를 할당받는 것뿐입니다. 그렇다면 어떻게 해야 '자신만의 전용 서버로 사용할 수 있는 가상 서버'를 만들 수 있을까요?

가상화란?

VPS는 물리 서버 1대에서 여러 대의 '가상 서버'를 동작시키는 **가상화**란 기술을 사용합니다. 가상화 기술로 인해 실제 서버처럼 동작하도록 만들어진 여러 대의 서버는 **가상 머신**Virtual Machine, VM 이라고 하며, VPS 제공자는 이러한 가상 머신을 사용자에게 대여합니다.

그림 2-2 가상화란?

1대의 물리 서버 내부에 '가상 머신'을 여러 대 만들 수 있습니다

가상화 기술에는 여러 가지 방식이 있으며, VPS 제공 업체마다 사용하는 방식이 다릅니다. **KVM**이라는 완전 가상화 방식[6]을 채택한 곳도 있고, **Xen**이라는 반 가상화 방식[7]을 채택한 곳도 있으며, **OpenVZ** 또는 **LXC**라는 컨테이너[8]를 채택한 곳도 있습니다. 중요한 것은 '물리 서버 1대에서 여러 대의 가상 서버를 만든다'는 것입니다.

....

6 Intel VT 또는 AMD-V라는 CPU 가상화 기능을 사용해 가상화 환경을 제공하는 것입니다. 자세한 내용은 2.2.5를 참고하세요.

7 가상화 소프트웨어 위에서 동작할 수 있게 수정한 OS를 게스트 OS로 동작시키는 것입니다. 자세한 내용은 2.2.5를 참고하세요.

8 컨테이너라는 전용 영역에서 필요한 애플리케이션을 동작시키는 것입니다. 자세한 내용은 2.2.5를 참고하세요.

다만 서버 1대에서 여러 대의 서버를 만들 수 있다고 해도 무한하게 만들 수 있는 것은 아닙니다. 가상화 기술로 만들어지는 가상 머신은 물리 서버의 CPU, 메모리, 디스크 등의 자원을 사용합니다. 따라서 대량의 가상 머신을 만들려면 그만큼의 서버 자원이 필요합니다.

이러한 특징 때문에, 일반적으로 VPS를 제공하는 물리 서버는 메모리 또는 디스크가 대량으로 탑재된 서버를 사용합니다. 메모리, 디스크가 클수록 더 많은 가상 서버를 만들 수 있으며, 가상 서버 1대에 더 많은 메모리, 디스크를 할당할 수 있습니다.

VPS의 등장 덕분에 1대의 물리적인 서버를 가상화해서 '여러 대의 실제와 같은 서버'로 대여할 수 있게 되었고, 저렴한 가격으로 많은 사용자에게 인프라를 제공할 수 있게 되었습니다.

표 2-2 주요 가상화 도구

도구	방식	개요	URL
KVM(Kernel-based Virtual Machine)	완전 가상화	리눅스(Linux) 커널에서 제공하는 Intel VT 또는 AMD-V를 사용한 가상화	http://www.linux-kvm.org/page/Main_Page
Xen	완전 가상화, 반 가상화	IA-32, x64, IA-64, ARM 아키텍처에 대응하는 가상화 소프트웨어	http://www.xenproject.org/
OpenVZ	컨테이너 형태	RHEL 전용 서버 가상화 소프트웨어로, 여러 개의 독립된 리눅스 인스턴스를 물리 서버 1대에서 만들 수 있게 함	http://openvz.org/Main_Page
LXC	컨테이너 형태	개별 프로세스와 네트워크 공간을 만드는 가상 환경	https://linuxcontainers.org/

2.2.3 VPS를 사용해 여러 대 구성

VPS 제공 업체 중 서버를 서로 연결해서 여러 대의 서버로 시스템을 구성할 수 있게 해주는 곳도 있습니다.

물리 서버로 여러 대의 서버를 연결하려면[9], 스위치 등의 네트워크 장비를 구매하고 설정해야 합니다. 하지만 일부 VPS는 서비스로 가상 네트워크 장비를 제공하고, 이들을 사용해 가상 서버에 연결할 수 있는 기능을 제공합니다.

---

9 역자주_ 온프레미스에서의 상황을 나타냅니다.

예를 들어 가상 네트워크 장비를 사용해 서버를 글로벌 네트워크(인터넷)에 연결할 수 있습니다. 또한 글로벌 네트워크와 연결되어 있지 않은 격리된 로컬 네트워크를 만들 수도 있습니다.

그림 2-3 VPS로 로컬 네트워크 만들기

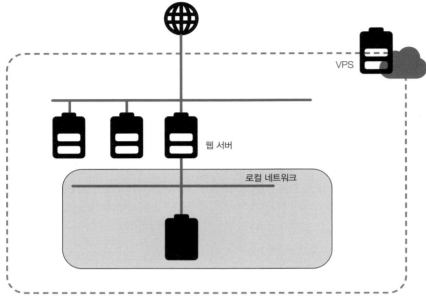

가상 네트워크 장비를 사용하면 글로벌 네트워크와 연결되어 있지 않은 격리된 로컬 네트워크를 만들 수 있습니다

그럼 구체적으로 어떠한 것들을 할 수 있는지 살펴봅시다.

일반적인 여러 대 서버 구성[10]

보통 웹 페이지를 전송하는 웹 서버 또는 로드밸런서 등은 글로벌 네트워크에, 데이터베이스 서버는 보안 문제 때문에 로컬 네트워크에 연결한다는 구성은 아주 일반적이므로 모두 알고 있을 것이라고 생각합니다. VPS도 가상 네트워크 장비를 사용하면 다음과 같이 구성할 수 있습니다.

---

10 역자주_ 처음 인프라를 공부한다면 '여러 대 서버 구성'이라는 의미를 한 단어처럼 생각하고 이해하기 바랍니다. 조금 쉽게 읽을 수 있을 것입니다.

그림 2-4 일반적인 서버 구성

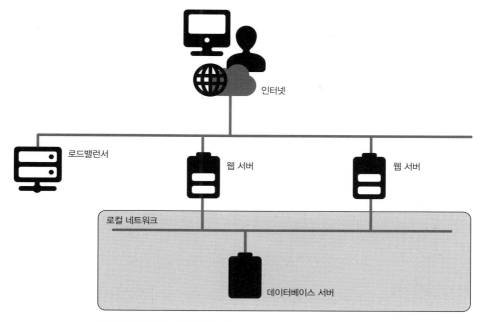

인터넷과 연결된 글로벌 네트워크에는 로드밸런서와 웹 서버를 배치하고, 로컬 네트워크에는
데이터베이스 서버를 배치하는 일반적인 서버 구성

1대의 서버에서 여러 대 서버 구성으로 확장하기

VPS는 운용 도중 시스템 전체 능력을 향상시켜야 한다는 요구에도 유연하게 대응할 수 있습니다. 예를 들어 1대의 서버에서 웹 서버, 애플리케이션 서버, 데이터베이스 서버 3개를 동작시키는 서비스를 시작했고, 서비스의 인기가 좋아 사용자의 접근이 많아졌다고 합시다. 단순하게 서버 성능을 올려서 사용하는 방법도 있지만, 1대의 서버에 집약된 기능을 여러 대의 서버에 분할해서 시스템 전체 능력을 향상시키는 방법도 간단히 실행할 수 있습니다.

데이터베이스 부분만 따로 빼서 새로운 서버로 만들면, 원래 서버(웹 서버+애플리케이션 서버)와 데이터베이스 서버를 연결해 여러 대로 구성된 시스템을 만들 수 있습니다. 로컬 네트워크를 생성하고 인터넷에 직접 연결된 서버에 웹 서버와 애플리케이션 서버를 넣은 후, 데이터베이스 서버를 로컬 네트워크에 연결하면 데이터베이스 서버가 글로벌 네트워크와 직접 연결되지 않으므로 보안을 유지하는 데 좋습니다.

그림 2-5 1대의 서버를 여러 대 서버 구성으로 확장하기

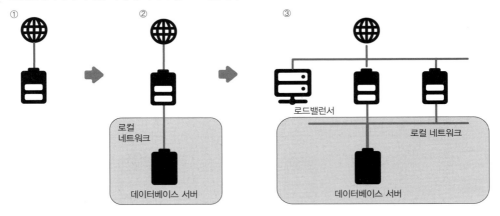

① 서버 1대로 운용 시작. ② 사용자 접근이 늘어서 웹 서버와 데이터베이스 서버 분리.
③ 추가로 접근이 더 늘어서 로드밸런서를 설치해 부하 분산

시스템 더 확장하기

서비스의 인기가 좋아 사용자 접근이 늘어날 경우, 웹 서버와 애플리케이션 서버도 나누면 됩니다. 그리고 로드밸런서를 배치해 웹 서버를 글로벌 네트워크와 연결하고, 애플리케이션 서버는 로컬 네트워크에 배치합니다. 이렇게 설정하면 서버 대수를 늘려 원하는 만큼 확장할 수 있습니다.

서버 1대만으로는 시스템 확장에 한계가 있습니다. 하지만 VPS의 로컬 네트워크 기능을 사용하면, 여러 대의 서버로 시스템 하나를 구성할 수 있습니다. 따라서 시스템을 유연하게 확장할 수 있습니다.

그림 2-6 3계층으로 구성된 네트워크

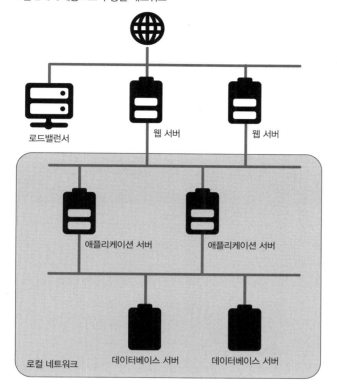

2.2.4 VPS의 용도와 주의점

그렇다면 VPS는 어떤 용도로 사용할 수 있을까요? 일단 자신들이 개발한 서비스의 개발 기반으로 사용할 수 있습니다. 루트 권한을 사용할 수 있으므로 원하는 OS와 미들웨어 등을 설치해서 원하는 환경으로 구성할 수 있습니다. 그리고 서버를 여러 대 사용할 수 있다는 것은 시스템 확장이 쉽다는 것을 의미합니다.

또한 테스트 환경으로 사용하는 것도 생각할 수 있습니다. 실제 서비스 실행 환경과는 별도로 테스트 환경, 개발 환경을 구성하고 싶을 때가 있습니다. 하지만 테스트 환경과 개발 환경에 큰 비용을 들일 수 없는 경우가 대부분입니다. VPS는 1대의 서버를 한 달 동안 사용하는 비용이 수천 원부터입니다. 이 정도 비용이라면 회사 내부에 있는 개발자에게 1대씩 배포해도 그렇게 큰 비용이 아니며, 개발자가 개인적으로 돈을 지불하고 사용해도 큰 부담이 되지 않을 정도입니다.

VPS를 사용할 때 주의점

VPS를 사용할 때의 주의점을 살펴봅시다. 일단 VPS는 **서버 관리를 자신이 해야 합니다.** 하드웨어는 VPS를 제공하는 사업자가 관리해 주지만, OS 위쪽 계층(미들웨어, 애플리케이션)은 스스로 관리해야 합니다. 즉, VPS를 사용할 경우 OS와 미들웨어 등은 자유롭게 설치할 수 있지만, 해당 부분을 스스로 관리해야 한다는 뜻입니다. VPS는 인터넷에 연결되어 있는 서버이므로, 제대로 관리하지 않으면 문제가 발생할 수 있습니다.

표 2-3 각각의 인프라 서비스에서 관리해야 하는 부분

인프라 서비스	전원과 CPU 등 물리적인 부분	네트워크 등 물리적인 부분	OS 관리	웹 서버 등의 미들웨어
렌탈 서버	–	–	–	–
VPS	–	–	○	○
클라우드(IaaS)	–	–	○	○
온프레미스	○	○	○	○

대부분의 VPS는 사용하는 서버의 성능을 높이거나 낮추는 플랜 변경이 불가능합니다. 즉, 접근이 많아졌을 때 서버의 성능을 높이고, 접근이 적어졌을 때 서버의 성능을 낮출 수 없다는 의미입니다. 로컬 네트워크 기능을 제공하는 VPS라면 접근이 많아졌을 때 서버 수를 늘려 대처할 수 있습니다. 하지만 단순하게 서버 1대마다의 성능은 변경할 수 없기 때문에, 시스템을 설계할 때 이러한 부분을 고려해야 합니다.

참고로 요금 체계도 생각해야 합니다. VPS를 제공하는 사업자에 따라서는 시간 과금 등을 채택하는 플랜도 있지만, VPS 플랜 대부분은 월정액 과금을 채택하고 있습니다. 초기 비용을 따로 받는 경우도 있습니다. 예를 들어 월정액 과금을 이용할 때 서버를 1개월 단위로 사용한다면 문제 없지만, 캠페인 등으로 며칠만 사용하는 경우나 배치 처리 등으로 몇 시간만 사용하는 경우라면 비용이 낭비될 수 있습니다. 모든 VPS가 그런 것은 아니지만, 이와 같은 이유로 경우에 따라 뒤에서 설명하는 **클라우드(=IaaS)**를 선호하는 인프라 엔지니어도 있습니다.

즉, VPS는 저렴한 가격으로 자유롭게 사용할 수 있는 서버를 빌릴 수 있지만 서버를 스스로 관리해야 하며, 서버 플랜 변경이 유연하지 않다고 정리할 수 있습니다. 따라서 이러한 점을 주의해서 사용해야 합니다.

2.2.5 하이퍼바이저 기반의 가상화와 컨테이너 기반의 가상화

지금까지 VPS의 여러 가지 특징을 살펴보았습니다. 그럼 VPS 사업자는 어떻게 VPS를 구축할까요? 앞에서도 언급했던 것처럼, 가상화 기술을 사용해 1대의 물리 서버에서 여러 대의 가상화 서버를 생성합니다.

KVM 방식 가상화의 특징

'가상화'에는 다양한 방식이 있습니다. 그리고 VPS 사업자에 따라 사용하는 방식이 다릅니다. VPS 가상화 방식으로 많이 사용되는 것이 'KVM^{Kernel-based Virtual Machine}'입니다. KVM은 리눅스 커널^{Linux Kernel} 자체를 하이퍼바이저(가상화를 실현하는 제어 프로그램) 기반으로 동작시키는 방식입니다.

KVM은 일반적으로 **하이퍼바이저 기반 가상화**라는 방식을 사용합니다. 하이퍼바이저 기반의 가상화는 OS뿐 아니라 하드웨어도 에뮬레이트합니다. 따라서 호스트 OS와 CPU 아키텍처가 달라도 작동하게 할 수 있습니다.

하지만 하드웨어를 소프트웨어적으로 에뮬레이트하므로 오버헤드가 크게 걸립니다. 따라서 같은 서버라도 물리 서버를 사용하는 경우와 가상 서버를 사용하는 경우의 성능이 다를 수 있습니다. 가상 서버를 사용하는 경우의 성능이 나쁘게 나올 수도 있습니다.

가상화 기술 자체는 KVM이 등장하기 전부터 있었습니다. 하지만 이처럼 오버헤드 문제 때문에 거의 사용하지 않았습니다. 그런데 어느 순간부터 가상화 기술이 많은 곳에 보급되어 사용되기 시작했습니다. 여러 VPS 사업자가 당시 최신 기술이었던 KVM 등을 사용해서 VPS 서비스를 제공하기 시작했습니다.

가상화가 많이 보급된 가장 큰 원인으로 하드웨어의 발전을 들 수 있습니다. 하드웨어 자체가 빨라진 것도 있지만, KVM이 등장하기 직전 Intel VT 또는 AMD-V 등의 가상화 지원 기능을 가진 CPU가 등장한 것도 한몫을 했습니다. 이러한 가상화 지원 기능을 통해, 이전에 하드웨어를 소프트웨어로 에뮬레이트하던 것을 CPU가 담당함에 따라 오버헤드를 크게 줄일 수 있게 되었습니다. 그래서 1대의 물리 서버에서 가상 서버를 여러 대 실행할 수 있어 가상화를 저렴한 가격에 제공할 수 있게 된 것입니다.

그림 2-7 하이퍼바이저 기반의 가상화

호스트 서버 위에 있는 '하이퍼바이저'가 가상 서버를 제어합니다

단, 모든 VPS 사업자가 KVM을 사용하는 것은 아닙니다. KVM이 아니라 'OpenVZ' 또는 'LXC' 등 컨테이너 형태의 가상화 기술을 사용하는 VPS 사업자도 있습니다. 다음에는 컨테이너 기반 가상화 기술에 대해 살펴보겠습니다.

컨테이너 기반 가상화의 특징

컨테이너 기반 가상화의 특징은 물리 서버를 그대로 에뮬레이트하는 것이 아니라, OS의 커널 부분을 컨테이너들끼리 공유해서 사용한다는 점입니다.

이러한 특징 덕분에 컨테이너 기반 가상화는 하이퍼바이저 기반과 다르게 물리 서버를 모두 에뮬레이트할 필요가 없습니다. 그리고 컨테이너의 오버헤드도 굉장히 작습니다. 오버헤드가 작으므로 1대의 물리 서버에서 더 많은 컨테이너를 제공할 수 있습니다.

그림 2-8 컨테이너 기반의 가상화

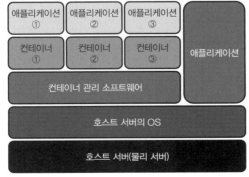

OS의 커널 부분을 가상 서버끼리 공유합니다

오버헤드가 적다는 것이 컨테이너 기반 가상화의 장점입니다. 하지만 하이퍼바이저 기반 가상화와 비교했을 때 단점도 있습니다. 일단 컨테이너 기반 가상화를 **사용할 수 있는 OS가 한정적**입니다. 하이퍼바이저 형식의 가상화는 물리 머신을 CPU별로 에뮬레이트하므로 다른 OS도 실행시킬 수 있습니다. 예를 들어 KVM은 호스트 OS로 리눅스를 사용하고, 그 위에서 실행시킬 가상 머신의 OS로 BSD, 윈도우 등 원하는 것을 사용할 수 있습니다. 하지만 컨테이너 방식 가상화는 호스트 OS와 같은 OS만 사용할 수 있습니다. OpenVZ와 LXC는 모두 리눅스 커널 기반이므로 컨테이너로 리눅스만 사용할 수 있습니다.

그리고 컨테이너 기반 가상화의 컨테이너는 호스트 OS의 커널을 사용합니다. 따라서 커널과 관련된 조작을 할 수 없습니다. 예를 들어 가상 서버의 커널 버전을 올리는 등의 조작은 할 수 없다는 뜻입니다. 컨테이너 방식에서는 일부 소프트웨어를 사용할 수 없는 경우도 있습니다. 따라서 사용하고 싶은 소프트웨어가 컨테이너에서 작동하지 않는다면, 사용하려는 VPS가 어떤 가상화 방식을 채택하고 있는지 미리 확인해야 합니다.

이외에도 VPS 사업자가 호스트 OS로 윈도우를 제공하는 경우, 마이크로소프트가 제공하는 'Hyper-V'라는 가상화 시스템을 사용하기도 합니다.

NOTE_ VPS 사업자는 어떻게 VPS를 만들까?

지금까지 설명한 것처럼 가상화 기술을 사용해서 1대의 호스트 서버를 분할할 수 있습니다. VPS 사업자는 이렇게 분할한 서버를 사용자에게 제공합니다. 가상화 기술에는 앞서 설명한 것처럼 매우 다양한 방식이 있는데, 초기 VPS 사용자는 OpenVZ 등의 컨테이너 기반 가상화를 사용했습니다.

컨테이너 기반 가상화를 채택한 배경

예전 서버는 CPU 성능이 낮아서 1대의 호스트 서버로 사용할 수 있는 가상 서버의 수가 적었습니다. 또한 CPU 능력이 낮았기 때문에 오버헤드가 부담되었습니다. 따라서 컨테이너 기반 가상화를 사용하는 것이 당연했습니다.

하지만 2009년 무렵부터 호스트 서버에 많은 메모리 용량을 넣을 수 있게 되었습니다. 그리고 Intel-VT와 같은 가상화 지원 기술이 등장하면서 가상 서버를 실행하는 호스트 서버의 성능도 향상되었습니다. 이때부터 KVM 등의 하이퍼바이저 기반 가상화를 원활히 사용할 수 있게 되었습니다. 그래서 최근에는 OpenVZ와 같은 컨테이너 기반이 아니라, KVM과 같은 하이퍼바이저 기반 가상화 방식을 채택하는 경우가 많아지고 있습니다.

VPS는 호스트 서버의 메모리 용량이 많거나 CPU 성능이 높을수록, 1대의 호스트 서버로 더 많은 가상 서버를 만들어서 더 많은 사용자에게 서비스를 제공할 수 있습니다. 따라서 VPS 제공을 목적으로 하는 호스트 서버는 CPU 성능이 높고 메모리 용량이 큰 고성능 서버를 사용합니다.

오버 커밋

1대의 호스트 서버를 나눠 여러 대의 가상 서버를 제공할 때 **오버 커밋**이라는 기술을 사용하면 가상 서버를 더 많이 만들 수 있습니다. 오버 커밋이란, 가상화 환경에서 CPU 또는 메모리 용량을 실제보다 크게 할당하는 것입니다.

CPU를 예로 들겠습니다. 8코어의 CPU 2개를 넣은 서버가 있다고 합시다. 이 서버를 사용해서 가상 서버를 만든다면 8×2로 최대 16개의 코어를 할당할 수 있을 것입니다. 이때 '하이퍼 스레딩^{Hyper-Threading}'이라는 기술을 사용하면 1코어에서 2개의 명령을 받을 수 있습니다. 이를 활용하면 가상으로 1코어를 2코어처럼 보이게 할 수 있습니다.

단, 가상으로 2코어를 만든다고 성능이 2배가 되는 것은 아닙니다. 실제로 테스트해 보면 1.2배 정도 성능이 향상됩니다. 어쨌든 하이퍼 스레딩을 사용하면 가상 서버에 할당하는 코어 수를 늘릴 수 있습니다. 이를 오버 커밋이라고 합니다.

어떻게 오버 커밋이 가능한 것일까요? 가상 서버의 가상 CPU에 할당되는 코어는 물리 서버의 코어가 그대로 할당되는 것이 아닙니다. 간단하게 말하면, 물리 CPU가 사용할 수 있는 계산 리소스를 나눠 가상 서버의 가상 CPU에 제공하는 것입니다. 이때 각각의 가상 서버는 자신에게 할당된 가상 CPU를 모두 활용하지 않는 경우가 많습니다. CPU를 사용하지 않을 때는 계산 리소스를 덜 받아도 됩니다. 즉, 이러한 눈속임으로 1대의 호스트 서버에서 물리 코어보다 몇 배는 많은 가상 코어를 만들 수 있는 것입니다.

오버 커밋의 균형

호스트 서버에 있는 모든 가상 서버가 CPU를 사용하면, 1개의 가상 서버에 할당된 가상 CPU의 성능이 낮아집니다. VPS 사업자는 CPU 자원을 최대한 공평하게 할당하려고 합니다. 하지만 호스트 서버 내부에서 다른 사용자가 CPU를 많이 사용하면, 같은 플랜을 사용하는 경우에도 가상 서버의 처리 능력이 달라지는 문제가 발생합니다.

오버 커밋을 많이 하면 더 많은 가상 서버를 만들 수 있습니다만, 너무 많이 하면 제공하는 가상 서버의 성능이 나빠질 수 있습니다. 그래서 VPS 사업자는 오버 커밋을 어느 정도로 해야 쾌적한 서버 환경을 유지할 수 있는지 여러모로 고민합니다.

2.2.6 VPS 사업자를 선택할 때의 포인트

그럼 어떤 회사들이 VPS를 제공할까요? 국내 회사로는 스마일서브, 스쿨호스팅, 우비, 카페24, 퍼니오 등이 있습니다. 가까운 일본의 VPS를 사용하는 경우도 있는데요. 일본 회사가 제공하는 서비스로는 사쿠라 VPS, ConoHa, ServersMan@VPS 등이 있습니다. 이외에 미국 회사가 제공하는 DigitalOcean 등도 널리 사용되고 있습니다. 그렇다면 이와 같은 VPS 사업자 중에서 여러분에게 맞는 VPS 사업자를 찾으려면 무엇을 검토해야 할까요?

원하는 OS나 소프트웨어 사용 가능 여부

일단은 실제로 사용할 OS나 소프트웨어를 해당 VPS에서 사용할 수 있는지 확인해야 합니다.

VPS는 사용자에게 루트 권한을 주므로, 보통 자신이 원하는 OS, 프로그래밍 언어 개발 환경, 미들웨어를 마음대로 설치할 수 있습니다. 하지만 이전에 언급했던 것처럼, VPS가 채택한 가상화 방식에 따라서 사용할 수 없는 OS와 미들웨어도 있을 수 있으므로 주의해야 합니다.[11]

보통 CentOS나 우분투^{Ubuntu} 등 대표적인 리눅스 계열 OS라면, VPS 사업자 쪽에서 제공합니다만, 별로 사용되지 않는 OS는 제공하지 않습니다. 일부 VPS 서비스는 이러한 경우 사용자가 OS의 디스크 이미지 파일(ISO 파일)을 업로드해서 사용할 수 있게 합니다. 따라서 별로 사용되지 않는 OS를 사용해야 한다면, 사용하려는 VPS 서비스에 ISO 이미지 업로드 기능이 있는지 확인하는 것이 좋습니다.

참고로 많이 사용되는 VPS라면, 여러 가지 소프트웨어 설치 방법을 정리한 블로그 글 등이 있을 것입니다. 이러한 내용을 확인해 두는 것도 좋습니다.

생성할 시스템의 확장 가능성

VPS를 사용해서 생성하는 시스템을 1대로만 구성할 수 있는지, 나중에 확장할 수 있는지 등도 검토해 두는 것이 좋습니다.

테스트 환경 등이라면 로컬 네트워크를 사용할 필요가 없습니다. 하지만 VPS를 사용해 실제 사용자에게 서비스를 제공할 계획이라면, 로컬 네트워크를 구성해서 확장할 수 있는 서비스를 사용하는 것이 좋습니다.

---

11 VPS 사업자에 따라서 어떤 가상화 방식을 채택했는지 공개하는 경우가 있으므로, 이것을 확인하는 것이 가장 좋습니다.

용도와 비용에 따른 결정

보통 VPS의 과금 체계는 월 정액입니다. 다만 VPS 사업자에 따라서는 1시간 단위로 과금하는 경우도 있습니다. 캠페인 사이트처럼 단기간만 사용하는 경우, 시간 과금을 채택한 VPS 업체를 선택해서 요금을 줄일 수 있습니다.

단, 시간 과금을 채택하는 VPS 사업자를 선택하면 과금 계산이 복잡해질 수 있습니다. 일반적으로 시간 과금 방식을 채택한 사업자는 서버에서 데이터를 송신할 때의 데이터 전송량까지 측정해서 과금할 때도 있습니다. 따라서 부수적으로 어떠한 요금이 발생하는지 확인해야 합니다.

2.3 클라우드를 사용해 시스템 만들기

2.3.1 클라우드란?

이전 절에서 살펴본 VPS를 사용하면 어느 정도 규모의 시스템을 쉽게 구축할 수 있습니다. 하지만 더 큰 시스템을 만들거나, 접속량의 변화가 많은 시스템을 만들 때는 VPS로 대응하기 힘듭니다. 이러한 경우에는 일반적으로 **클라우드**를 사용합니다. 클라우드를 사용하면 단기간에 서버를 생성할 수 있으며, 여러 가지 추가 기능도 사용할 수 있습니다.

현재 클라우드라는 단어는 인프라 영역이 아닌 곳에서도 사용되고 있습니다. 예를 들면 메일이나 커뮤니케이션 도구 등입니다. 또한 데이터를 저장하는 저장소를 클라우드라고 하거나, VPS 같은 가상 서버를 클라우드라고 하는 경우도 있습니다. 클라우드라는 단어가 굉장히 많은 의미로 사용되는 것입니다.

따라서 클라우드의 분류를 살펴보면서, 클라우드라는 단어의 의미를 조금 더 명확히 알아보겠습니다.

클라우드 분류

클라우드는 일반적으로 제공 방법, 사용 상황 등을 토대로 분류합니다. 클라우드의 대표적인 분류 방법은 다음과 같습니다.

그림 2-9 클라우드 분류

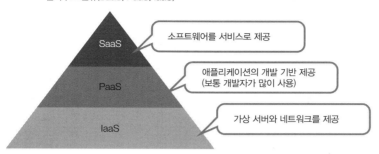

클라우드 분류(SaaS, PaaS, IaaS)

소프트웨어를 제공하는 **SaaS**, 애플리케이션의 개발 기반을 제공하는 **PaaS**, 가상 서버와 네트워크를 제공하는 **IaaS**로 구분됩니다. 이외에도 몇 가지 분류가 더 있지만, 이렇게 세 가지만 알아도 클라우드라는 용어를 이해할 수 있을 것입니다. 그럼 SaaS, PaaS, IaaS를 하나씩 살펴봅시다.

2.3.2 소프트웨어를 제공하는 SaaS

SaaS는 'Software as a Service'의 약어이며 소프트웨어를 서비스로 제공하는 것을 의미합니다. 설명이 어려운데, 인터넷을 통해 소프트웨어를 사용할 경우 모두 SaaS라고 생각하면 쉽습니다. 얼마 전까지만 해도 메일, 그룹웨어, 워드프로세서, 스프레드시트 등과 같은 소프트웨어를 사용하려면 반드시 자신의 PC에 소프트웨어를 설치해야 했습니다. 따라서 자신의 PC가 아니면 해당 소프트웨어를 사용할 수 없었고, 소프트웨어가 업그레이드되면 새로운 소프트웨어를 또 설치해야 했습니다.

그림 2-10 SaaS

서버를 사용해서 처음부터 만들 때

스스로 메일, 블로그 등을 구축해야
하며 서버 운용도 필요합니다

SaaS를 사용할 때

메일 역할을 하는 기능을 사용하기
만 하고, 서버 운용은 SaaS 업체에
맡깁니다

그러나 SaaS를 기반으로 제공되는 서비스는 웹 브라우저로 사용할 수 있습니다. 따라서 자신의 PC에 소프트웨어를 설치하지 않아도, 인터넷을 할 수 있는 PC만 있으면 곧바로 사용할 수 있습니다.

추가로 데이터가 인터넷에 저장된다는 것도 SaaS의 장점입니다. 데이터가 인터넷에 있으므로 자신의 PC가 아닌 곳에서 데이터를 공유하여 사용할 수 있습니다. 예를 들어 메일 소프트웨어를 생각해 봅시다. 자신의 PC에 메일 소프트웨어를 설치해서 사용할 경우, 자신의 PC가 아닌 곳에서는 수신된 메일을 확인할 수 없었습니다. 하지만 SaaS를 기반으로 제공되는 메일 서비스는 인터넷만 연결되어 있다면 어떤 PC에서라도 메일을 확인할 수 있습니다.

또한 PC가 아닌 스마트폰, 태블릿에서도 사용할 수 있으므로 외출했을 때도 메일을 확인할 수 있습니다. 잠시 밖에 나가 있는 상황에서도 메일 확인, 그룹웨어를 통한 승인 등이 가능하므로 업무 효율이 높아집니다.

2.3.3 사내 정보 관련 서비스를 SaaS로 만들기

인프라 엔지니어에게 SaaS는 어떤 의미일까요? 이전에 살펴본 VPS를 사용해도 서버 인프라를 손쉽게 빌릴 수 있습니다. 하지만 서버를 쉽게 사용할 수 있다고 해도 소프트웨어, OS, 미들웨어 등의 관리는 모두 직접 해야 합니다. 또한 장애가 발생했을 때도 대응해야 합니다.

그러나 SaaS의 경우 서버는 물론이고 OS, 미들웨어 관리까지 서비스를 제공하는 사업자에게 맡길 수 있습니다. 따라서 정형화된 업무라면 직접 서버를 설정하고 시스템을 구축할 필요 없이 SaaS를 사용하는 것이 좋을 수 있습니다.

그렇다면 실제 어떤 업무에서 SaaS를 사용하는 것이 좋을까요? 일단 제일 먼저 검토해야 하는 것은 사내 업무를 목적으로 사용하는 서버입니다. 예를 들면 메일 서버와 그룹웨어 등이 있습니다.

메일 서버

메일 서버의 경우 스스로 구축해서 사용하면 굉장히 귀찮고, 서버를 관리하기도 어렵습니다. 하지만 스스로 메일 서버를 구축하는 대신 SaaS로 제공되는 메일 서버를 사용한다면 어떨까요? 메일 서버를 구축하는 시간과 노력이 줄고, 메일 서비스에 따라서는 스마트폰과 태블릿에서도 사용할 수 있으므로 효율적입니다.

메일 서비스는 대형 사이트가 제공하는 메일 서비스 외에, 렌탈 서버 중 메일 서버만 제공하는 플랜을 선택해서 사용해도 좋습니다. 또한 렌탈 서버에 메일 서버 기능을 함께 넣어 제공하는 경우도 있으므로 검토해 보기 바랍니다.

공유 캘린더, 그룹웨어

공유 캘린더와 그룹웨어도 사내에서 많이 사용되는 소프트웨어입니다. 과거에는 이러한 서비스도 모두 스스로 구축해야 했는데, SaaS를 사용하면 구축하지 않고도 곧바로 사용할 수 있습니다.[12]

사내 서버의 그룹웨어는 사용자가 많아지면 서버의 성능도 좋아져야 합니다. SaaS로 그룹웨어를 사용하면 서버 관리와 소프트웨어 관리는 물론, 사용자가 많아질 때의 서버 스펙 업그레이드도 제공 업체에게 맡길 수 있습니다.

온라인 저장소

SaaS로 제공되는 온라인 저장소 서비스를 사내 파일 서버 대신 사용하는 경우도 있습니다.

---

[12] 역자주_ 구글 캘린더(Google Calendar)를 생각하면 좋을 것 같습니다.

원래 온라인 저장소 서비스는 개인을 대상으로 보급되었지만, 최근에는 기업을 대상으로도 보급되고 있습니다. 기업 전용 온라인 저장소 서비스는 공개 범위를 팀으로 한정하거나 관리자를 설정하는 등 팀 업무에 적합한 기능이 함께 제공됩니다.[13]

파일 서버를 직접 구축하려면 디스크 용량 등을 직접 설정하고, 용량이 부족하면 추가하기도 해야 합니다. 하지만 SaaS를 사용하면 이처럼 귀찮은 작업을 따로 하지 않아도 됩니다.

개발자 전용 사내 채팅 도구

최근에 특히 주목 받고 있는 SaaS 서비스로는 개발자 전용 사내 채팅 도구가 있습니다. 메일 대신 채팅을 사용하면 팀 내부의 커뮤니케이션이 많아지고, 정보 공유를 촉진하는 효과가 있어 주목 받고 있습니다.

일례로, **슬랙**Slack이라는 도구가 있습니다. 슬랙을 사용하면 기존의 채팅 도구처럼 공통 주제를 이야기하는 '채널'을 만들어 내부 멤버끼리 채팅할 수 있습니다. 물론 당연히 팀원끼리 1대1 채팅도 가능합니다. 감시 시스템 또는 CI 도구 등과의 연동처럼 개발자를 위한 기능도 다양하게 제공됩니다.

서버에 직접 설치해서 사용하는 채팅 도구도 있지만, 보통 SaaS에서 제공하는 제품을 사용하는 경우가 많습니다.

이외에도 정보 공유를 목적으로 사용하는 블로그 등의 사이트 일부를 다른 외부 서비스로 사용하는 경우가 있습니다. 외부 서비스를 사용하면 구축하기 쉽고, 웹 사이트에 장애가 발생한 경우에도 다른 블로그 사이트를 통해 장애 정보를 알릴 수 있습니다.[14]

창업한 지 얼마 안 되는 스타트업 또는 중소기업에서는 메일과 그룹웨어의 기반이 되는 서버 관리·운용 담당자를 두기 어려울 수 있습니다. 또한 서버를 처음부터 구축할 수 있는 사람이 적을 수도 있습니다. 이럴 때는 직접 서버를 구축하기보다 SaaS를 사용하는 것이 좋습니다. SaaS를 사용하게 되면 메일과 그룹웨어 등의 정형적인 업무에 사용하는 서버 관리를 SaaS 사업자에게 맡길 수 있습니다.

....

13 역자주_ 드롭박스(Dropbox)를 생각하면 이해하기 쉬울 것 같습니다. 드롭박스는 초기에 개인을 위한 온라인 저장소로 출발했지만, 현재는 드롭박스 비즈니스(Dropbox Business)라는 기업 전용 서비스도 제공하고 있습니다.

14 역자주_ 간단하게 트위터와 같은 마이크로 블로그를 생각하면 좋습니다. 카카오톡과 같은 서비스도 자체 사이트가 아닌 트위터 계정이 있으며, 카카오톡에 장애가 발생했을 때는 트위터 계정으로 장애가 발생했음을 알려 줍니다.

인프라 엔지니어는 서버를 관리하고 운용하는 일만 한다고 생각하는 경우가 있습니다. 그러나 용도와 목적에 따라 인프라를 선별하고, 경우에 따라서 SaaS를 활용해 설계하는 일도 인프라 엔지니어의 몫입니다.

> **NOTE_ SaaS를 사용해서 협업할 때 신경 써야 하는 것**
>
> SaaS를 사용할 때 편리한 점을 추가로 생각해 보면, 다른 조직의 사람과도 쉽게 데이터를 연계할 수 있다는 것입니다. 자신의 기업 내에서만 파일을 공유할 경우, 파일 서버에 배치한 파일을 공유하면 됩니다. 하지만 다른 조직의 사람들과 파일을 공유한다면 파일을 어디에 두어야 할지 등에 대해 따로 고민해야 합니다.
>
> 하지만 현재는 드롭박스나 구글 드라이브Google Drive처럼 멤버끼리 파일을 공유할 수 있는 SaaS가 있으며, 그룹웨어 등의 도구도 SaaS 형태로 등장하고 있습니다. 따라서 다른 조직에 소속된 사람과도 함께 일하기 쉽습니다.
>
> 실제로 이 책도 드롭박스를 사용해 원고를 주고 받고, 서로의 원고를 리뷰했습니다. 만약 드롭박스와 같은 SaaS가 없었다면, 메일을 기반으로 원고를 주고 받으면서 작업했을 것입니다. 온라인 저장소 서비스를 사용하는 경우와 비교했을 때 굉장히 귀찮았을 것입니다.
>
> 이처럼 SaaS를 사용해 협업하면 매우 편리합니다. 하지만 함께 일하는 멤버의 상황에 따라서는 사용하기 어려운 경우도 있을 수 있습니다. 예를 들어 사람마다 사용하는 SaaS가 다르거나, SaaS 기반의 서비스 및 도구를 거의 사용해 본 적 없는 사람이 있다면, 멤버끼리 공유 설정 등을 어떻게 해야 하는지 몰라 당황할 수도 있습니다. 따라서 여러 사람이 함께 사용하는 경우에는 일단 일하는 멤버들과 토론을 거쳐 사용하는 서비스를 선택할 수 있게 하고, SaaS를 사용하지 못하는 사람이 있다면 사용 방법에 대한 설명이 많이 있는 서비스를 선택하는 것이 좋습니다.

2.3.4 SaaS를 사용할 때의 주의점

지금까지 SaaS의 특징과 장점을 살펴보았습니다. 이처럼 SaaS는 다양한 장점을 갖고 있지만, 몇 가지 주의해야 할 점도 있습니다.

첫 번째는 사내 정책과 관련된 것입니다. 업무에서 SaaS를 사용하는 경우, 관련 데이터는 기업 외부에 공개하면 안 되고 사내에서만 사용해야 하는 경우가 많습니다. 그런데 SaaS는 인터넷에 데이터를 저장하고 관리하므로, ID와 비밀번호가 유출되면 누구라도 볼 수 있습니다.

업무를 목적으로 사용되는 SaaS에는 보안을 높이기 위해 **2단계 인증**Multi Factor Authentication을 제공하는 경우가 많습니다. 2단계 인증은 일반적인 ID와 비밀번호 등 자신이 아는 정보에 사용자가 가진 정보[15]를 추가하여 인증하는 방법입니다.

이전에는 SaaS를 사용하면 ISMS[16] 등의 인증을 받기 어렵다는 이야기도 있었습니다. 하지만 최근에는 사내 업무에서 SaaS를 사용해도 ISMS 등의 인증을 받는 기업이 꽤 많습니다. 이는 단순하게 SaaS를 도입해도 문제 없다는 뜻이 아니며, SaaS를 사용할 때 2단계 인증과 같은 방법으로 보안을 강하게 하는 등의 정책이 필요하다는 의미입니다.

보안 또는 운용 정책에 문제가 없다면 사내 업무에서 사용하던 서버를 SaaS로 마이그레이션 migration[17]해도 문제 없습니다. 사내 시스템을 구축할 때 정형화된 기능이라면 SaaS로 마이그레이션하는 것을 검토하는 것도 좋습니다. 예를 들어 사내 메일 서버를 구축하는 대신 구글 앱스 Google Apps 또는 오피스 365Office 365를 사용하거나, 파일 서버 대신 드롭박스 또는 박스BOX 같은 온라인 저장소 서비스를 사용해도 좋습니다.

NOTE_ 2단계 인증이란?

2단계 인증을 설정하는 방법은 서비스에 따라 다릅니다. 단, 보통 2단계 인증을 활성화하면 QR 코드가 나오며, 이러한 QR 코드를 스마트폰의 'Google Authenticator'와 같은 인증 앱에서 찍으면 이후에 일정 시간마다 변경되는 6자리 인증 번호가 나옵니다.

이후에는 로그인할 때 ID와 비밀번호 외에 이러한 6자리 인증 번호가 필요합니다. 인증 번호는 일정 시간마다 계속 바뀌므로 유출되어도 문제 없습니다. 또한 인증 번호는 오직 QR 코드를 스캔했던 스마트폰에서만 볼 수 있으므로, 스마트폰이 없다면 아예 로그인할 수도 없습니다.

또한 스마트폰의 인증 앱을 사용할 수 없는 경우 SMS를 이용해 1회성 인증 번호를 보낼 수 있기도 합니다. 이 방법도 기본적으로는 로그인할 때 비밀번호를 입력한 후 SMS로 수신한 1회성 인증 번호를 입력해서 로그인합니다. 한국에서는 보편화된 방법이 아니지만, 일부 웹 사이트의 관리자 로그인[18]에서

---

15 역자주_ 은행 보안 카드를 생각하면 이해하기 쉬울 것 같습니다. 은행 보안 카드에는 보통 35개의 네 자리 숫자가 적혀 있습니다. 양이 많으므로 외울 수는 없습니다(물론 외우는 사람도 있을 수 있지만 드문 경우입니다). 따라서 알지 못하는 정보입니다. 대신에 보안 카드를 필요할 때마다 꺼내 사용할 수 있으므로 **사용자에게 있는 정보**라고 할 수 있습니다.

16 정보 보안 관리 시스템(Information Security Management System)을 말합니다. 기업이 스스로 서버를 관리하는 데 필요한 보안 체계가 있는지 인증하는 제도입니다. 역자주_ 한국의 경우 한국인터넷진흥원(KISA)에서 인증합니다.

17 역자주_ 마이그레이션을 간단하게 설명하자면 서버 환경을 다른 곳에 그대로 옮겨 놓는 것을 의미합니다.

18 역자주_ https://www.makeshop.co.kr/newmakeshop/front/notice.pop.html?type=all&date=20141015142050

SMS 인증을 지원하기도 합니다. 또한 2단계 인증은 아니지만 어떤 웹 사이트의 ID나 비밀번호를 잃어버린 경우, 처음 회원 가입하는 경우 등은 위와 같은 방식으로 SMS를 통한 본인 인증을 진행합니다. [그림 2-11]은 아마존 웹 서비스AWS에서 2단계 인증을 활성화할 때 나오는 QR 코드입니다. 이러한 QR 코드를 인증 애플리케이션에 등록하면 일정 시간마다 바뀌는 인증 번호를 받을 수 있습니다.

그림 2-11 2단계 인증 예

2.4 플랫폼을 제공하는 PaaS

앞에서 소개한 SaaS는 소프트웨어를 서비스로 제공하는 것이었습니다. 그렇다면 이번에 소개할 PaaS는 'Platform as a Service'의 약자로, 주로 프로그램 실행 환경을 제공합니다.

보통 소프트웨어를 실행하려면 하드웨어를 준비하고 하드웨어에 OS를 설치하며, OS에 미들웨어 등의 프로그램 실행 환경을 설정해야 합니다. 프로그램 하나를 실행하기 위해 이러한 과정을 진행하는 것은 굉장히 번거로우며, 유지 보수하는 것은 더욱 번거롭습니다.

그래서 등장한 것이 PaaS입니다. PaaS를 제공하는 회사는 프로그램 실행 환경을 준비하고, 이를 서비스 사용자에게 제공합니다. 이번 절에서는 PaaS를 사용할 때의 장점과 PaaS가 어떻게 사용되는지에 대해 알아보겠습니다.

2.4.1 PaaS의 장점

PaaS를 사용할 때의 가장 큰 장점은 프로그램 실행 환경을 생성하고 유지 보수하지 않아도 된다는 것입니다. 지금까지는 작은 프로그램을 실행하고 싶어도 서버를 준비하고 환경을 설정해야 했습니다. 하지만 PaaS를 사용하면 실행 환경이 제공되므로, 사용자는 프로그램 개발에 집중할 수 있습니다. OS나 미들웨어 등의 유지 보수는 PaaS 사용자가 담당하므로 개발자는 따로 신경 쓰지 않고 프로그램만 개발하면 됩니다.

그림 2-12 PaaS의 장점

일반적인 서버

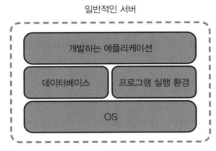

일반적인 서버는 OS부터 애플리케이션까지
모든 설정을 직접 해야 합니다.

PaaS

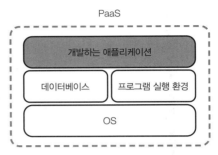

PaaS를 사용하면 애플리케이션 개발에만
집중할 수 있습니다.

또한 사용하는 환경을 확장할 수도 있습니다. 예를 들어 PaaS를 사용해서 서비스를 만들고 외부에 공개했다고 합시다. 이 서비스가 인기를 끈다면 프로그램을 실행하는 서버 자원을 늘려야 할 것입니다. 이런 경우 온프레미스나 물리 서버는 메모리나 CPU 스펙을 변경하기 어렵지만, PaaS는 서버 스펙을 변경하기 쉽습니다. 따라서 접근하는 사람의 수가 많아지면 서버 성능을 높이고, 접근하는 사람의 수가 적어지면 서버 성능을 낮출 수 있습니다.

최소 구성을 사용할 경우, 일정 기간 무료로 서버를 제공하는 PaaS도 있습니다. 이러한 무료 플랜으로 PaaS를 사용해 보며 자신의 개발 스타일에 맞는지 확인해 보는 것도 좋습니다.

2.4.2 PaaS를 사용할 때의 주의점

지금까지 PaaS의 장점을 살펴보았습니다. 그렇다면 실제로 PaaS를 사용할 때 어떤 부분에 주의하는 것이 좋을까요? 이번 절에서는 PaaS를 사용할 때 주의해야 할 점을 살펴보겠습니다.

지원하는 프로그래밍 언어

일단 PaaS가 어떤 프로그래밍 언어를 지원하는지 확인해야 합니다. PaaS가 프로그래밍 실행 환경을 제공해 줘도 사용하려는 프로그래밍 언어를 지원하지 않는다면 의미가 없습니다. 최근의 PaaS는 여러 프로그래밍 언어를 사용할 수 있도록 지원하지만, 자신이 사용하는 프로그래밍 언어를 지원하는지는 꼭 따로 확인해야 합니다. 만약 자신이 원하는 프로그래밍 언어를 사용할 수 없다면, 다른 PaaS를 찾아야 합니다.

표 2-4 PaaS 서비스 예[19]

서비스 이름	링크	사용할 수 있는 언어
헤로쿠(Heroku)	https://www.heroku.com/	Node.js, Ruby, Java, PHP, Python, Go, Scala, Clojure
구글 앱 엔진 (Google App Engine)	https://cloud.google.com/appengine/	Python, Java, PHP, Go, Ruby, Node.js
마이크로소프트 윈도우 애저 (Microsoft Windows Azure)	https://azure.microsoft.com/ko-kr/	C#(.NET), Java, Node.js, PHP, Python, Ruby
AWS 일래스틱 빈스토크 (AWS Elastic Beanstalk)	https://aws.amazon.com/ko/elasticbeanstalk/	Java(Tomcat), PHP, Python, Node.js, Ruby, C#(.NET), Java SE, Go
KT DS devpack	https://www.cloudpack.co.kr/portal/ktcloudportal.epc.productintro.ucloud_server_image.devpack.html	Java(tomcat), Go, Node.js, PHP, Python, Ruby

서비스 자유도

이어서 자유도가 낮다는 것도 주의해야 합니다. PaaS를 사용하면 프로그램을 동작시킬 수는 있습니다만, OS나 미들웨어 등의 세부 설정은 불가능합니다. 따라서 직접 서버를 설정해서 사용하는 것보다 자유도가 낮습니다. 예를 들어 PaaS 중에는 워드프레스WordPress 등의 애플리케이션을 자동 설치해 주는 기능도 있는데, 이때 세부 설정이 불가능한 경우도 많습니다.

즉, PaaS는 서버나 미들웨어 설정을 딱히 하지 않아도 된다는 것이 장점이지만, 세부 설정이나 네트워크 구성을 자유롭게 디자인할 수 없다는 것은 주의해야 할 단점입니다.

---

19 역자주_ 원서에 있는 일본 지역의 PaaS 서비스 대신 한국에서 관심 받는 PaaS 서비스를 소개했습니다.

2.4.3 시스템 기능을 제공하는 PaaS

지금까지 직접 만든 프로그램을 동작시키는 프로그램 환경을 제공 받는 것이 PaaS라고 설명했
습니다. 애플리케이션 서버 대신 PaaS를 사용한다고 생각하면 됩니다. 그런데 최근에는 프로
그램 실행 환경뿐 아니라 감시, 데이터베이스, 캐시 서버 등 각 기능을 나눈 후 인터넷을 통해
서비스를 제공하는 사업자도 있습니다. 일반적으로 PaaS 사업자, 이후에 설명하는 IaaS 사업
자가 가상 서버와 함께 감시, 데이터베이스 서비스 등을 제공합니다.

SaaS와의 차이

서버의 각 기능을 인터넷으로 제공하므로 제공 형태는 SaaS와 비슷합니다. 하지만 SaaS가 제
공하는 서비스와 달리, PaaS는 서비스를 이용하는 것만으로는 애플리케이션을 사용할 수 없습
니다. 예를 들어, SaaS에서 소개했던 대표적인 메일 서비스는 계약하는 순간부터 인프라 엔지
니어가 아니더라도 메일을 사용할 수 있습니다.

하지만 PaaS로 구분되는 서비스는 프로그램 실행 환경, 감시 서비스, 데이터베이스 등을 계약
해도 애플리케이션이 동작하는 것은 아닙니다. 서비스 안에 애플리케이션을 직접 구축해야 합

니다. 따라서 인프라 엔지니어와 애플리케이션을 개발하는 엔지니어가 있어야 애플리케이션을
만들어서 사용할 수 있습니다.

2.4.4 어떤 PaaS가 있을까?

지금까지 일반적인 PaaS의 개념을 설명했는데요. 이번에는 어떤 PaaS가 있는지 살펴보겠습
니다.

일단 간단하게 알아볼 PaaS는 **헤로쿠**^{Heroku}입니다. 2007년에 창업한 대표적인 PaaS 기업으로,
처음에는 Ruby on Rails 실행 환경만 제공했으나 점점 대응하는 언어가 늘어서 현재는 Java,
Python, PHP 등의 환경을 지원하며, 다양한 데이터베이스도 지원합니다.

헤로쿠의 등장과 큰 기업들의 참여

헤로쿠가 등장하기 전에 서버에서 프로그램을 실행하려면, 반드시 직접 서버를 구축해야 했습
니다. 그런데 헤로쿠는 서버를 직접 구축하지 않고도 프로그램을 설치할 수 있고, 무료 플랜도
제공함에 따라 PaaS의 선구적인 존재가 되었습니다.

헤로쿠가 인기를 얻게 되자 헤로쿠와 비슷한 콘셉트를 가진 서비스가 등장했습니다. 그러면서
큰 기업들도 자연스럽게 PaaS 서비스에 뛰어 들었습니다. 2008년에는 구글에서 Python과
Go를 사용할 수 있는, **구글 앱 엔진**^{Google App Engine, GAE}이라는 PaaS를 발표했습니다. 마이크로소
프트도 **애저**^{Azure} 서비스를 발표했습니다. 지금은 구글과 마이크로소프트 모두 IaaS를 서비스하
지만, 당시에는 PaaS 서비스로 발표했습니다.

또한 아마존도 **AWS 일래스틱 빈스토크**^{Elastic Beanstalk}라는 PaaS를 추가했습니다. IBM도 **블루믹스**
^{Bluemix}라는 PaaS를 출시했습니다. 이외의 기업들도 PaaS와 IaaS를 모두 이용할 수 있는 서비
스를 제공하고 있습니다.

NOTE_ 직접 PaaS 구축하기

PaaS 사업자는 인터넷을 기반으로 서비스를 제공합니다. 그렇다면 직접 PaaS 환경을 구축할 수는 없을까요?

PaaS 사업자가 제공하는 서비스를 사용하지 않고, 직접 자신의 서버에 PaaS 환경을 구축할 수 있게 해주는 소프트웨어가 있습니다. 이렇게 하면 사설 PaaS를 구축할 수 있는데, **클라우드 파운드리**Cloud Foundry와 **오픈시프트**OpenShift가 대표적인 PaaS 구축 소프트웨어입니다.

클라우드 파운드리는 원래 VMWare가 만든 것으로 현재는 오픈 소스입니다. 이를 기반으로 PaaS 서비스를 만들어 서비스로 제공하는 기업도 있습니다. IBM의 블루믹스가 대표적인 예입니다.

오픈시프트는 레드햇Red Hat에서 PaaS 환경을 구축할 수 있도록 제공하는 소프트웨어입니다. 정확하게 말하면 레드햇이 직접 제공하는 PaaS는 '오픈시프트 온라인OpenShift Online'이고, 오픈 소스로 공개해 개발되는 것은 '오픈시프트 오리진OpenShift Origin'입니다. 보통 오픈시프트라고 하면 오픈시프트 오리진을 말합니다.

이외에도 최근에는 도커Docker 위에 PaaS 환경을 구축할 수 있게 하는 소프트웨어도 등장했습니다. 예를 들면, **데이스**Deis처럼 도커와 코어OSCoreOS를 기반으로 하는 PaaS 환경이나 **플린**Flynn 등이 있습니다. 직접 만든 프로그램을 테스트할 때 이러한 것을 활용해도 좋습니다.

표 2-5 PaaS 구축 소프트웨어

PaaS 기반을 직접 만들 수 있게 해주는 소프트웨어	URL
클라우드 파운드리(Cloud Foundry)	https://www.cloudfoundry.org/
오픈시프트(OpenShift)	https://www.openshift.com/
데이스(Deis)	http://deis.io/
플린(Flynn)	https://flynn.io/

클라우드 파운드리를 기반으로 만들어진 PaaS	URL
IBM 블루믹스(Bluemix)	https://www.ibm.com/cloud-computing/bluemix/ko

지금까지 PaaS를 다양하게 살펴보았습니다. 그렇다면 어떤 경우에 PaaS를 사용하는 것이 좋을까요? PaaS의 장점은 서버를 따로 준비하지 않아도 곧바로 프로그램을 실행할 수 있다는 것입니다. 따라서 프로그램 테스트나 프로토타입을 만들 때 사용하면 매우 편리합니다. 그리고 일부 PaaS는 자원 관리도 해 주므로, 여건상 인프라 자원 설정이 힘든 경우에도 활용할 수 있습니다.

단, PaaS는 직접 서버를 구축하는 경우보다 자유도가 낮기 때문에 원하는 대로 설정할 수 없습니다. 그래서 크고 복잡한 서비스는 PaaS로 구축하기 힘든 경우가 많습니다. 반대로 말해, 크고 복잡한 서비스가 아니라면 PaaS로 구축해도 문제 없다는 뜻입니다. 따라서 구축할 시스템의 크기에 맞게 검토해서 사용하는 것이 좋습니다.

2.5 인프라를 제공하는 IaaS

2.5.1 IaaS란?

IaaS^{Infrastructure as a Service}는 이름 그대로 인프라를 서비스로 제공하는 형태입니다. 간단하게 말해서 VPS와 같은 가상 서버를 제공하거나, 네트워크나 인프라 구축과 관련된 기능을 제공하는 서비스입니다.

서버나 네트워크 등의 인프라를 구축하고 사용할 수 있으므로, 서비스를 제공하는 SaaS나 프로그램을 제공하는 PaaS보다 훨씬 높은 자유도로 대규모 환경을 구축할 수 있습니다.

단순하게 생각했을 때, 서버를 생성할 수 있다는 점은 앞에서 소개했던 VPS나 서버를 통째로 빌릴 수 있는 전용 서버 등의 서비스와 큰 차이가 없습니다. 그렇다면 이러한 서비스와 IaaS는 어떻게 다를까요? 크게 세 가지 차이가 있습니다.

- 과금 체계
- 서버 생성 속도
- 서버 생성 자유도

그럼 각각의 내용을 조금 더 자세히 살펴보겠습니다.

과금 체계

IaaS는 지금까지의 VPS나 전용 서버 등과 같은 서비스와 **과금 체계**가 크게 다릅니다.

VPS 등은 기본적으로 선불이며 월 단위 고정 요금(월 정액)입니다. 서비스에 따라서 최저 사용 기간이 있거나, 초기 비용이 발생하는 경우가 있습니다. 오랜 기간 서버를 사용한다면 이러한 과금 체계에 아무런 문제가 없습니다. 하지만 짧은 기간 동안 서버를 사용할 때는 문제가 될 수도 있습니다. 예를 들어 캠페인 사이트처럼 공개 기간이 짧은 경우에는 서버를 장기로 빌릴 필요가 없습니다. 따라서 최저 사용 기간이 있다면, 남은 기간 동안 비용을 낭비하는 셈입니다.

그리고 이와 같은 요금 체계는 트래픽을 예상할 수 없는 서비스를 구축할 때 더 큰 문제가 발생합니다. 접속자 수가 늘었다는 이유로 서버를 하나하나 추가하다 보면 초기 비용과 월 단위 요금이 계속해서 발생하게 됩니다. 이처럼 서버가 반복해서 증가, 감소하는 시스템은 기존의 월 단위 요금이나 최저 사용 기간이 있는 서비스를 사용하기 힘듭니다.

반면, IaaS는 월 단위 요금이 아니라 사용한 만큼 과금하는 종량 과금제를 적용하는 곳이 많습니다. 따라서 접속 부하에 맞춰 일시적으로 서버를 늘리거나 줄이는 데 아무런 문제가 없습니다. IaaS의 저렴한 서버 플랜은 1시간에 몇 천원이면 사용할 수 있으므로, 캠페인 사이트처럼 단기간 사용하는 경우 또는 테스트 서버 생성과 같은 용도로도 사용할 수 있습니다.

서버 생성 속도

IaaS는 **서버 생성 속도가 빠릅니다.** 물리 서버를 직접 주문하는 경우, 주문한 후 서버가 곧바로 납품되는 것이 아닙니다. 운이 나쁘면 납품될 때까지 몇 주가 걸리기도 합니다. 직접 서버를 준비하지 않고 전용 서버처럼 서버를 빌려서 사용하는 경우에도, 주문하고 실제로 사용할 수 있을 때까지 며칠이 걸리는 경우도 있습니다. 하지만 IaaS는 클릭 한 번으로 몇 분만에 즉시 서버를 사용할 수 있습니다.

서버를 바로바로 늘리거나 줄일 수 있으므로, 공개할 서비스의 접근자 수를 알 수 없어도 유연하게 대응할 수 있습니다. 직접 서버를 준비하거나 기존의 전용 서버를 사용하면 접근자 수가 많을 때 신속하게 서버를 추가할 수 없지만, IaaS는 접근자 수가 많아지면 서버를 간단하게 추가하고, 접근자 수가 줄면 서버를 간단하게 줄일 수 있습니다.

서버 생성의 자유도

마지막 IaaS의 특징은 **서버 생성의 자유도가 높다**는 것입니다. VPS와 전용 서버의 경우 플랜에 따라 CPU, 메모리, 디스크 용량 등과 같은 성능이 고정되어 있습니다. 특정 플랜에서 디스크 용량만 늘리고 싶어도, 서비스 제공 업체 측에서 대응해 주지 않습니다.

하지만 IaaS는 CPU, 메모리, 디스크 용량을 비교적 자유롭게 조합할 수 있습니다. IaaS 사업자에 따라서 차이는 있지만, VPS나 전용 서버보다는 원하는 대로 조합할 수 있습니다. 서비스 제공 업체에 따라서는 메모리보다 CPU 코어 수가 많은 플랜(예를 들면 AWS의 t2.nano)도 있고, 다양한 CPU와 메모리 조합을 준비한 서비스 제공 업체도 있습니다.

그림 2-13 Amazon EC2 플랜

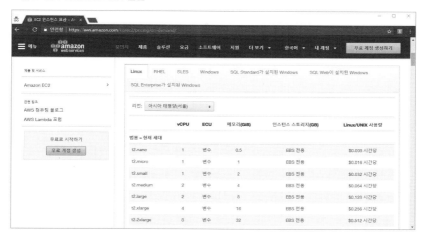

특히 디스크의 경우, 디스크 용량뿐 아니라 하드디스크나 SSD 등의 디스크 형식을 선택할 수 있으며, 디스크 성능도 따로 선택할 수 있는 경우가 많습니다. 따라서 큰 디스크 공간이 필요할 때는 하드디스크를 선택하고, 빠른 서버를 원할 때는 SSD를 선택하는 등과 같이 조합할 수 있습니다.

추가로 IaaS 서버는 플랜도 변경할 수 있습니다. VPS와 전용 서버는 한 번 생성한 서버의 CPU나 메모리 용량 등을 변경할 수 없습니다. 그러나 IaaS는 CPU와 메모리 등을 변경할 수 있습니다. 시스템을 운용하는 도중에 서버 성능이 낮다고 생각되면, 플랜을 변경해서 성능을 높일 수 있습니다(**스케일 업**).

이처럼 IaaS는 자신이 원하는 성능의 서버를 만들 수 있고, 이후에 원하면 성능을 변경할 수 있으므로 매우 자유도가 높은 서비스라고 할 수 있습니다.

2.5.2 IaaS를 사용하는 경우

IaaS는 서버의 수를 유연하게 변경할 수 있으므로 소셜 게임 서비스 운용 등에 효과적입니다. 소셜 게임은 게임이 성공할지 예측하기 힘들고, 인기가 없으면 곧바로 서비스를 종료하는 경우 도 많습니다. 또한 인기 여부와 상관 없이 이벤트 등에 따라서 사용자의 접속자 수가 많아지거 나 적어질 수도 있습니다.

이처럼 서버 수를 유연하게 변화시켜야 하는 경우 IaaS를 사용하면 효과적입니다. 게임의 인기 가 낮아지면 서버 수를 줄이고, 인기가 높아지면 서버 수를 늘릴 수 있기 때문입니다. 게임에서 이벤트를 진행하는 경우에도 이벤트 직전에 서버 수를 늘려 놓으면 접근 부하에 대비할 수 있 습니다.

서버 수를 유연하게 변화시킬 수 있는 점은 소셜 게임 이외에 캠페인 사이트, CMS를 사용한 큐레이션 사이트에도 효과적입니다. 또한 야간 배치 처리 시 일시적으로 서버를 늘려 빨리 처 리하고 싶을 때도 활용할 수 있습니다. 접속자 수가 일정한 서비스라도 앞으로 확장될 가능성 이 있다면 IaaS로 서비스를 만드는 것이 좋습니다.

2.5.3 종량제 과금의 어려움

지금까지 설명했던 것처럼, IaaS는 시간 단위를 기반으로 하는 종량제 과금을 채택했습니다. 짧은 시간 동안 서버를 사용할 때는 편리하지만 주의해야 할 부분이 있습니다. 종량제 과금은 월 정액과 비교해서 **얼마를 지불하게 될지 알기 어렵다**는 특징이 있습니다.

월 정액은 한 달에 특정 요금만 지불하면 되므로 간단합니다. 하지만 IaaS의 종량제 과금 제도는 사용한 만큼 과금됩니다. 따라서 얼마나 사용했는지 모르면, 요금이 얼마나 나올지 알 수 없습니다. 또한 IaaS 제공 업체에 따라서 트래픽 데이터 전송량과 디스크 I/O 등에도 과금하는 경우가 있습니다. 이때는 요금을 정확하게 파악하는 것이 불가능합니다.

IaaS를 사용할 때 사전에 요금을 알고 싶다면 월 정액 요금처럼 사용량이 제한되어 있는 플랜을 선택하거나, 데이터 전송량과 디스크 I/O 등에 과금하지 않는 플랜을 선택하는 것이 좋습니다. 사용량이 제한된 플랜이라면 플랜 조건 이상의 요금이 부과되지 않을 것을 알 수 있으며, 데이터 전송량과 디스크 I/O에 과금되지 않는다면 비용이 얼마나 나올지 조금은 쉽게 예측할 수 있기 때문입니다.

그림 2-14 종량제 과금

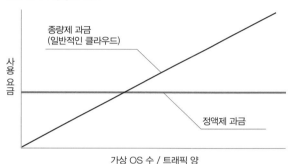

NOTE_ '클라우드 파산' 막기

VPS와 전용 서버는 월 정액으로 요금을 부과하는 것이 기본 방침이지만, IaaS는 '사용한 만큼 요금이 발생'하는 것이 기본 방침입니다. 짧은 시간만 서버를 사용할 경우 낭비되는 요금이 없어서 좋지만, 요금이 얼마나 나올지 미리 알 수 없기 때문에 예상하지 못한 큰 비용이 지출될 수 있습니다. 이 책에서는 요금이 너무 많이 나와 지불할 수 없는 상태를 '클라우드 파산'이라고 하겠습니다. 그리고 지금부터 클라우드 파산을 막는 몇 가지 포인트에 대해 살펴보겠습니다.

요금이 어떤 부분에서 발생하는지 파악하기

VPS와 전용 서버는 플랜을 정하면 월 정액으로 요금을 내지만 IaaS는 굉장히 복잡합니다. 일단 CPU, 메모리, 디스크 용량 이외의 부분에서도 요금이 나올 수 있습니다. 가장 대표적인 예로 **데이터 전송량**이 있습니다. 서버로 얼마나 많은 데이터가 들어오고 나가는지 등을 기반으로 요금을 부과합니다.[20] 따라서 동영상 스트리밍 서비스 등을 만들 때는 이러한 데이터 전송 요금도 파악해 둬야 합니다. 그리고 **디스크 저장 용량**이나 IaaS가 제공하는 부가 기능들의 과금 체계도 파악해 두는 것이 좋습니다.

IaaS 리소스 사용 경고 활용하기

IaaS를 이용하면 요금이 얼마나 나올지 미리 알 수 없으므로, 무작정 서버를 생성하거나 필요 없는 서버를 생성한 후 사용하지 않는 경우도 생깁니다. 그러면 불필요한 요금이 부과됩니다.

IaaS 사업자에 따라서는 불필요한 과금을 방지하기 위해 경고를 설정해 주는 곳도 있습니다. 얼마 이상 요금이 발생할 것 같으면 경고를 보내 주는 서비스입니다. 이러한 것을 활용하면 클라우드 파산을 예방할 수 있습니다.

보안에 주의하기

'클라우드 파산'을 막으려면 IaaS 요금 체계를 알아야 하며, 스스로 얼마나 이용하는지 계속 확인해야 합니다. 자신이 사용하는 서버 환경의 보안도 신경 써야 합니다. 보안 문제가 발생해 DDoS 공격 또는 스팸을 보내는 봇(bot)이 되어 버리면 요금이 발생하기 때문입니다.

또한 ID와 비밀번호를 탈취 당해 IaaS 제어판에 악의적인 사용자가 접근하면, 마음대로 서버를 생성하는 등 악용될 수 있습니다. 따라서 IaaS가 제공하는 2단계 인증 등을 사용하는 것이 좋습니다.

서비스의 트래픽이 안정되면 장기 할인, 전용 서버, 베어메탈 검토하기

서비스를 구축하고 시간이 지나 트래픽이 안정화되면 장기 할인, 전용 서버, 베어메탈[21] 등을 검토하는 것이 좋습니다. IaaS 제공 업체에 따라서는 장기간 계약하면 할인해 주는 플랜이 있습니다. 원래 플랜을 곧바로 철회할 수 있다는 것이 클라우드의 장점이지만, 서비스가 안정화되었다면 이러한 장기 할인 플랜을 사용하는 것도 고려해 볼 만합니다.

또한 데이터베이스 서버 등 성능이 중요한 서버는 장기적으로 봤을 때 IaaS보다 전용 서버나 베어메탈을 사용하는 것이 저렴한 경우가 있습니다. 장기간 서비스할 것이라면 서버의 일부를 전용 서버나 베어메탈로 변경하는 것도 검토해 보시기 바랍니다.

2.5.4 여러 대 서버 구성과 네트워크

앞 부분에서 서버를 곧바로 사용할 수 있다는 IaaS의 특징에 대해 살펴보았습니다.

---

20 역자주_ 한국과 일본의 서비스 중에는 데이터 전송 요금이 무료인 것도 있습니다. 잘 찾아서 사용하면 요금을 절약할 수 있습니다.

21 역자주_ 베어메탈은 잠시 후에 다룹니다.

하지만 이것이 IaaS의 모든 특징은 아닙니다. 지금까지 소개한 인프라는 기본적으로 서버 1대를 운용할 때가 기준이었는데, IaaS를 사용하면 여러 대의 서버를 쉽게 연결해서 거대한 시스템을 만들 수 있습니다.

예를 들어 서버 1대를 기반으로 서비스했었는데, 갑자기 인기가 많아져 1대의 서버로는 대응할 수 없게 되었다고 합시다. 이때는 해당 서버를 복제해 여러 대의 서버를 만들어 대응할 수 있습니다. 서버 수를 늘려 시스템 전체의 성능을 높이는 것을 **스케일 아웃**이라고 합니다.

그림 2-15 스케일 아웃

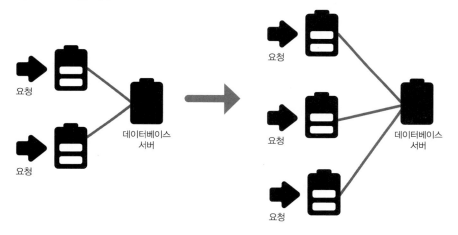

이전에 언급했던 것처럼 IaaS는 빠른 시간 안에 서버를 구축할 수 있습니다. 따라서 스케일 아웃을 활용해 시스템 성능을 높이는 작업이 쉬워집니다.

시스템 하나에서 여러 대의 서버를 만들려면 서버들을 연결하는 네트워크 기능이 필요합니다. 이때는 IaaS 제공 업체에 따라서 자동으로 생성된 로컬 네트워크 환경을 사용하거나, 가상 스위치를 만들어 로컬 네트워크를 직접 구성할 수 있습니다. 참고로 일부 IaaS 서비스는 서버와 네트워크를 만들면 자동으로 연결 그래프도 그려 줍니다.

이처럼 IaaS는 단순하게 가상 서버를 생성하는 것뿐만 아니라, 여러 대의 서버를 연결해서 네트워크를 구성할 수도 있습니다. 여러 대의 서버를 짧은 시간 동안 생성하고 네트워크도 구축할 수 있으므로, 확장성 있는 큰 규모의 시스템을 쉽게 구축할 수 있습니다.

2.5.5 확장 구성과 리전

IaaS의 가상 서버는 '인터넷으로 사용하는 서비스'지만, IaaS를 구성하는 가상 서버는 실제 물리 서버이므로 어딘가에 존재합니다. 만약 가상 서버가 있는 물리 서버에 장애가 발생하면, 해당 물리 서버 안에서 동작하는 가상 서버에도 장애가 발생합니다.

장애가 발생하지 않는 서버란 존재하지 않으므로 장애가 발생할 것을 항상 염두에 두어야 합니다. IaaS를 사용해도 IaaS 제공 업체가 대응할 수 없는 OS 위 계층에 장애가 발생할 수 있기 때문입니다.

이러한 상황을 막으려면, 서버를 확장해서 구성하는 것이 좋습니다. 계속 언급하지만 IaaS는 서버를 짧은 시간 안에 생성하거나 복제할 수 있으므로, 쉽게 확장해서 구성할 수 있습니다.

해킹 등의 인위적인 재해나 지진 등의 자연적인 재해가 발생하면, 데이터 센터에 장애가 발생해서 모든 서비스가 다운될 수 있습니다. 그래서 데이터 센터 한 군데에 문제가 발생해도 서비스가 지속될 수 있도록, 여러 데이터 센터의 서버를 사용하는 경우도 있습니다. 과거에는 여러 데이터 센터를 사용하는 데 큰 비용이 들었지만, 현재는 IaaS를 사용해 적은 비용으로도 쉽게 구현할 수 있습니다.

예를 들어, IaaS를 사용하면 서버를 설치할 장소를 선택할 수 있습니다. 이때 서버를 설치할 장소를 **리전**Region이라고 합니다(한 리전 안에 데이터 센터가 여러 개 있는 경우도 있습니다. 이때는 각각의 데이터 센터를 **존**Zone이라고 합니다).

리전은 여러 나라에 있습니다. 따라서 사업을 하고 싶은 나라의 서버를 선택해서 사용할 수 있습니다.

그림 2-16 리전(마이크로소프트 윈도우 애저의 예)

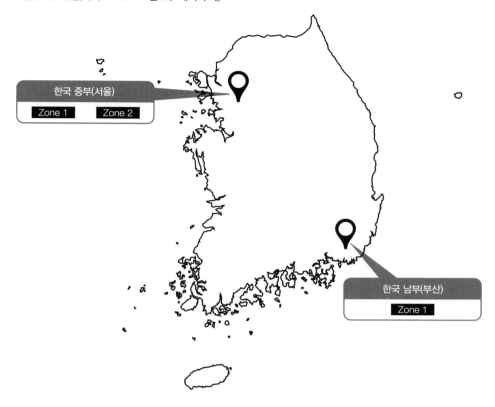

2.5.6 IaaS의 부가 서비스

지금까지 살펴본 것처럼, IaaS를 사용하면 여러 대의 서버를 사용한 확장 구성이 쉬워집니다. 이때 서버를 하나하나 만들어 설정하는 것도 좋지만, IaaS 제공 업체에 따라서는 각각의 기능에 특화된 PaaS도 제공합니다.

물론 PaaS로 제공하는 각각의 기능은 직접 서버를 구축하고 소프트웨어를 설치해도 사용할 수 있습니다. 하지만 서버의 유지 보수 관리 관점에서는 사업자가 제공하는 서비스를 사용하는 것이 효율적인 경우가 많습니다.

IaaS 사업자들은 가상 서버 성능 향상, 플랜 확대와 함께 이러한 기능 특화 PaaS 확충에도 힘쓰고 있습니다. 최근에는 서버 여러 대를 조합해 시스템을 만드는 것이 당연시되고 있는데, 이때 시스템의 일부를 기능 특화 PaaS로 대체하면 해당 서버를 직접 구축하거나 유지 보수하지 않아도 됩니다. 또한 특정 업체의 기능 특화 PaaS를 사용하면 다른 서비스로 이동하기 어려우므로, IaaS 제공 업체들도 최대한 기능 특화 PaaS를 사용할 수 있게 지원하고 있습니다.

서비스에 따라서는 이러한 기능 특화 PaaS만으로도 서비스를 구축할 수 있습니다. 기능 특화 PaaS는 사업자에 따라 이름도 다르고 사용 방법도 다릅니다. 다음에는 많이 사용되는 대표적인 기능 특화 PaaS를 사업자별로 살펴보겠습니다.

관리형 데이터베이스

IaaS를 사용하면 데이터베이스 서버를 생성할 수 있지만, 데이터베이스 서버를 직접 관리하고 운용하는 것은 굉장히 힘듭니다. OS 버전 관리, 패치, 데이터베이스 소프트웨어 설치 등을 하나하나 실행해야 하고, 레플리케이션 설정 등도 필요합니다. 따라서 몇몇 IaaS 제공 업체는 완전 관리형 데이터베이스 서버를 PaaS로 제공합니다.

사용할 수 있는 데이터베이스 소프트웨어의 종류와 기능은 제공 업체마다 다르지만, 보통 MySQL, PostgreSQL, Oracle Database 등을 제공합니다. 추가로 사업자에 따라 레플리케이션, 읽기 전용 데이터베이스 등을 설정할 수 있는 옵션도 제공합니다.

데이터베이스 서버는 대규모 서비스를 구축할 때 가장 중요한 역할을 하므로, 데이터베이스에 장애가 발생하면, 서비스 전체가 중단되어 버립니다. 따라서 레플리케이션 설정 등을 실행해야 하는데 이 설정이 상당히 귀찮습니다. 하지만 완전 관리형 데이터베이스를 사용하면, OS와 데이터베이스 설정을 따로 하지 않아도 데이터베이스를 사용할 수 있으며, 레플리케이션 설정도 할 수 있습니다.

AWS에서 제공하는 **RDS**Relational Database Service가 관리형 데이터베이스의 원조라고 할 수 있습니다. 여러 데이터베이스를 지원하며, 다양한 옵션을 제공합니다.

표 2-6 관리형 데이터베이스의 예

IaaS 서비스 이름	관리형 데이터베이스 서비스 이름	URL
아마존	Amazon RDS	https://aws.amazon.com/ko/rds/
애저	SQL Database	https://azure.microsoft.com/ko-kr/services/sql-database/

오브젝트 스토리지

보통 파일 서버나 백업 서버를 만들 때는 데이터 저장 용량 등을 미리 결정하고, 그에 맞는 디스크를 설치해서 사용해야 합니다. 하지만 데이터가 얼마나 많아질지 예측하지 못할 수 있고, 파일 서버나 백업 스토리지를 구축하는 것도 굉장히 귀찮은 일입니다. 이러한 때는 인터넷을 기반으로 데이터를 저장할 수 있는 **오브젝트 스토리지**Object Storage를 사용합니다.

IaaS 업체가 제공하는 오브젝트 스토리지로는 **Amazon S3**Amazon Simple Storage Service와 마이크로소프트 애저의 **BLOB** 스토리지 등이 있습니다. 자세한 서비스 내용과 명칭은 IaaS 제공 업체에 따라 다릅니다. 보통 데이터를 저장하는 만큼 과금되며, 일반적인 스토리지 요금보다 저렴합니다.

오브젝트 스토리지는 데이터가 어느 정도 저장될지 미리 생각하지 않아도 스토리지 서비스를 사용할 수 있으므로, 이미지나 동영상 파일 등의 미디어 파일을 저장하고 배포하는 데 적합합니다. 사업자에 따라서는 미디어 파일 배포를 빠르게 할 수 있도록 콘텐츠 캐시 등을 지원하는 경우도 있습니다.

표 2-7 오브젝트 스토리지

IaaS 서비스 이름	오브젝트 스토리지 서비스 이름	URL
아마존	Amazon S3	https://aws.amazon.com/ko/s3/
애저	BLOB Storage	https://azure.microsoft.com/ko-kr/services/storage/blobs/

다만 오브젝트 스토리지는 일반적인 서버 스토리지로 사용되는 블록 스토리지와 네트워크 스토리지보다 디스크 읽기 성능이 느리다는 단점이 있습니다. 그래서 실시간으로 계속 수정되는 데이터 저장에는 적합하지 않습니다. 또한 종량제 과금이므로 실제로 사용하기 전까지는 요금이 얼마나 나올지 모르고, 미디어 파일을 배포할 때 데이터 전송 요금이 나오기도 합니다. 얼마를 저장하면 얼마의 비용이 나올지는 어느 정도 쉽게 계산할 수 있지만, 데이터 전송 요금은 얼마나 나올지 예측할 수 없으므로 계산하기 어렵습니다.

그래도 미디어 파일이나 백업 데이터를 위해 직접 서버를 구축하고 운용하려면 운용 비용, 데이터 전송 비용, 스토리지 비용 등 각종 비용이 발생합니다. 따라서 주의할 부분이 있기는 하지만, 이러한 데이터를 저장할 때는 오브젝트 스토리지를 사용하는 것이 좋습니다.

표 2-8 오브젝트 스토리지와 블록 스토리지의 차이

	오브젝트 스토리지	블록 스토리지
프로토콜	REST(HTTP)	FC-SCSI iSCSI
지연 시간	느림	빠름
적합한 데이터	거의 변경되지 않고, 용량이 큰 데이터 등	자주 변경되는, 데이터베이스의 트랜잭션 데이터 등

오토 스케일링

IaaS의 장점은 앞에서 언급했던 것처럼 가상 서버를 곧바로 생성할 수 있다는 것입니다. 따라서 접근자 수가 많아지면, 서버 수를 늘려 접근 부하에 대처할 수 있습니다. 그런데 우리가 인지하지 못하는 시점에 접근자 수가 많아지면 어떻게 할까요? 서버를 늘리기 쉽다고 해도 인지하지 못하는 시점에 대량의 접근이 발생하면 서버를 늘리지 못할 것입니다. 이럴 때 자동으로 대처해 주는 것이 **오토 스케일링**Auto Scaling입니다. AWS의 **Auto Scaling** 등이 있습니다.

오토 스케일링 기능은 이름 그대로 '자동으로 서버를 스케일 아웃하는 기능'입니다. 미리 수를 늘릴 때 사용할 서버의 CPU를 설정하거나, 상황 트리거를 설정하면 자동으로 서버를 스케일 아웃시켜 줍니다. 오토 스케일링 기능을 활용하면 사람이 따로 작업하지 않아도 대량의 접근에 대처할 수 있습니다.

단, 오토 스케일링을 설정할 때는 주의를 기울여야 합니다. 진짜 원하는 시점에 오토 스케일링 기능이 작동하는지 테스트해야 합니다. 그리고 서버가 증가한다는 것은 비용이 그만큼 늘어난다는 뜻이므로, 서버를 늘려 접근에 대처했더라도 서버 요금이 너무 많이 나오면 사업에 손해가 발생할 수 있다는 것을 기억해 두기 바랍니다.

오토 스케일링은 매우 편리한 기능이지만, 실제로 필요한지는 검토해 봐야 합니다. 예를 들어, 접근자 수에 큰 변화가 없는 시스템이라면 오토 스케일링 기능이 전혀 필요 없습니다.

표 2-9 오토 스케일링

IaaS 서비스 이름	오토스케일링 서비스 이름	URL
아마존	Auto Scaling	https://aws.amazon.com/ko/autoscaling/
애저	Azure 자동 크기 조정	https://azure.microsoft.com/ko-kr/features/autoscale/

로드밸런서

IaaS 환경에서 서버를 늘리면 시스템 전체를 강화할 수 있지만, 단순히 서버를 늘린다고 해서 부하가 분산되는 것은 아닙니다. 트래픽을 분산시켜 주는 **로드밸런서**가 필요합니다. 예전 로드 밸런서의 경우 전용 장비를 사서 구축하고 하나하나 설정해야 했는데, IaaS를 사용하면 전용 로드 밸런서가 제공(예를 들면, AWS의 **ELB**Elastic Load Balancing)되므로 간단히 로드밸런서를 설정하고 사용할 수 있습니다.

로드밸런서는 스케일 아웃과 밀접하게 관련되어 있습니다. 그래서 IaaS 제공 업체에 따라 **오토 스케일링** 기능과 연동되기도 합니다.

표 2-10 로드밸런서

IaaS 서비스 이름	로드밸런서 서비스 이름	URL
아마존	Elastic Load Balancing	https://aws.amazon.com/ko/elasticloadbalancing/
애저	부하 분산 장치	https://azure.microsoft.com/ko-kr/services/load-balancer/

감시 서비스

서버 수가 많아지면, 서버의 다양한 상태들을 낱낱이 **감시**하기 힘들어집니다.

이럴 때 감시 서비스를 하나하나 설치해서 감시하는 경우가 있는데, IaaS 제공 업체에 따라서는 서버를 감시하는 서비스를 제공하기도 합니다. AWS의 경우 **Amazon CloudWatch**가 감시 서비스입니다.

직접 설치해서 사용하는 경우와 비교했을 때 설정할 수 있는 항목이 적지만, IaaS가 제공하는 감시 서비스를 사용하면 오토 스케일링 기능 등과 연동할 수 있어 편리합니다.[22]

네임 서비스

DNS 서버를 관리하고 운용하는 것은 힘든 작업입니다. 그래서 IaaS 제공 업체 중 DNS 서비스를 제공해 주는 곳도 있습니다. 이러한 DNS 서비스를 사용하면 도메인 관리와 운용이 가능합니다. 제공 업체에 따라서는 이러한 네임 서버를 사용해 리전과 존 등을 할당하기도 합니다.

표 2-11 네임 서비스

IaaS 서비스 이름	네임 서비스 이름	URL
아마존	Amazon Route 53	https://aws.amazon.com/ko/route53/
애저	Azure DNS	https://azure.microsoft.com/ko-kr/pricing/details/dns/

2.5.7 사설 클라우드와 공용 클라우드

IaaS 제공 업체의 서비스는 누구든지 사용할 수 있습니다. 이처럼 인터넷을 통해 누구라도 사용할 수 있는 클라우드를 **공용 클라우드**public cloud라고 합니다. 가볍게 사용할 수 있는 점은 좋지만, 아무나 사용할 수 있으므로 다른 사람들도 같은 하드웨어 자원을 사용하게 됩니다.

그런데 조직의 규칙 등의 이유로 조직 안에 직접 구축된 인프라만 사용해야 하는 경우가 있을 수 있습니다. IaaS 업체에서 제공하는 기능을 조직 내부에서만 사용하고 싶다면 어떻게 해야 할까요? 가장 쉬운 방법은 서버와 네트워크 장비를 직접 준비하고, 거기에 클라우드 환경을 구축하는 것입니다. 이것을 **사설 클라우드**private cloud라고 합니다.

---

22 역자주_ 최근에는 CloudWatch 등의 감시 서비스와 설치형 감시 서비스를 연동해서 사용하는 경우도 많습니다.

클라우드 컨트롤러

사설 클라우드를 만들 때는 **클라우드 컨트롤러**라고 하는 소프트웨어를 사용합니다. 서버, 스토리지, 네트워크 장비 등의 하드웨어를 직접 구성하고, 그 위에 클라우드 컨트롤러를 사용하면 클라우드 환경을 구축할 수 있습니다.

클라우드 컨트롤러에는 일반적으로 **VMWare**, **오픈스택**OpenStack, **클라우드스택**Cloudstack과 같은 소프트웨어를 사용합니다.

그림 2-17 클라우드 컨트롤러의 역할

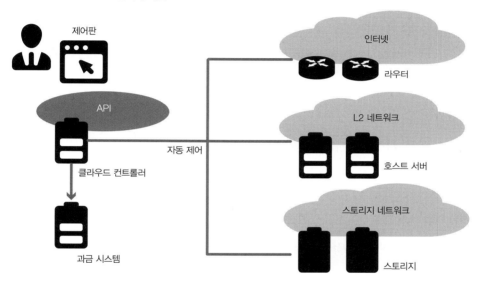

사설 클라우드의 장점

사설 클라우드를 구축하면 완전한 전용 클라우드를 사용할 수 있다는 장점이 있습니다. 서버의 성능 배분 등도 공용 클라우드와 같이 업체에서 제공하는 플랜처럼 구성할 수 있을 뿐만 아니라 원하는 대로 구성할 수 있다는 것도 장점입니다. 그리고 당연한 이야기지만, 직접 구축한 사설 클라우드는 다른 사람이 사용하지 못합니다. 따라서 다른 사람들의 영향을 받지 않을 수 있으므로 100%의 성능을 모두 활용할 수 있습니다.

일단 하드웨어를 구매해야 하므로 초기 비용이 발생한다는 단점이 있지만, 대규모 시스템을 구축할 때는 상황에 따라서 공용 클라우드보다 적은 비용이 나오는 경우도 있습니다.

사설 클라우드의 단점

물론 단점도 있습니다. 일단 공용 클라우드와 비교했을 때 기능이 적습니다. 오픈스택처럼 공용 클라우드에서 사용하는 기능을 적극 도입하는 경우도 있지만, 공용 클라우드의 진화 속도가 굉장히 빠르므로 사설 클라우드는 그러한 기능을 나중에나 사용할 수 있는 경우가 많습니다.

하드웨어 설치와 운용도 부담입니다. IaaS 공용 클라우드의 경우 하드웨어 부분은 모두 IaaS 제공 업체에게 맡길 수 있으므로 설치와 운용을 따로 신경 쓰지 않아도 됩니다. 하지만 사설 클라우드는 설치와 운용을 모두 직접 해야 합니다. 따라서 하드웨어에 장애가 발생하면 직접 해결해야 하고, 자원이 부족하면 하드웨어를 추가하기도 해야 합니다.

이처럼 운용 비용 등이 커질 수 있지만, 대규모 인프라를 운용할 때 비용을 낮추고 싶은 경우 또는 조직 안에서 하드웨어를 관리해야 하는 경우에는 공용 클라우드가 아닌 사설 클라우드를 검토해도 좋습니다.

2.5.8 IaaS로 시스템을 구성할 때 주의해야 할 점

지금까지 IaaS를 중심으로 클라우드의 특징을 살펴보았습니다. 클라우드는 VPS, 전용 서버와 달리 서버 1대를 운용할 때 사용하는 것이 아니라, 여러 대의 서버를 운용한다는 것을 전제로 로드밸런서와 오브젝트 스토리지 같은 기능을 활용하는 것이 일반적입니다.

IaaS를 사용하면 여러 대의 서버를 곧바로 생성할 수 있고, 최저 사용 기간도 없으므로 원하는 시스템을 테스트 삼아 만들어 볼 수 있습니다. 또한 IaaS에서 제공하는 기능들을 별도의 처리 없이 바로 활용할 수 있습니다. 자체 서버를 구입하고 구축할 때는 시스템을 만드는 것 자체가 매우 힘들지만, IaaS를 사용하면 짧은 시간 안에 쉽게 생성할 수 있습니다.

또한 지금까지의 시스템에서는 할 수 없었던 **스케일 아웃**과 **스케일 업**을 할 수 있습니다. 따라서 데이터를 유지할 필요가 없는 웹 서버와 애플리케이션 서버는 서버 수를 늘려 시스템을 강화할 수 있으며, 데이터를 유지해야 하는 데이터베이스 서버는 서버 스케일 업을 활용해 시스템을 강화할 수 있습니다.

그림 2-18 스케일 업과 스케일 아웃

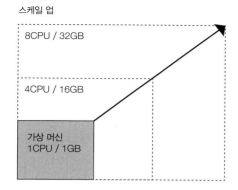
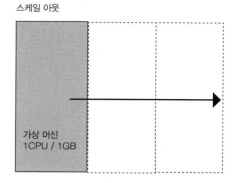

하지만 IaaS의 이해하기 쉬운 특징만 살펴본다면, IaaS를 제대로 다루지 못할 수도 있습니다. 다음에는 IaaS를 사용해 시스템을 구성할 때의 진짜 장점과 주의할 점 등을 살펴보겠습니다.

IaaS의 장점 이해하기

"IaaS를 사용하면 인프라를 저렴하게 구축할 수 있다"라는 말을 들어보았을 것입니다. IaaS는 대부분 시간 과금을 채택하므로 시간당 요금이 저렴해 보입니다. 하지만 실제로 사용하는 기간과 함께 생각해 보면 무조건 저렴한 것은 아닙니다. 여러 가지 사항을 고려했을 때 스스로 서버를 구입하거나 전용 서버를 사용하고, 렌탈 서버 또는 VPS를 사용하는 것이 저렴할 수도 있습니다. 그렇다면 IaaS의 진짜 장점은 무엇일까요?

| 유연하고 빠른 자원 조달 |

일단은 자원 조달 속도입니다. 서버를 바로 생성할 수 있고 스케일 아웃할 수 있을 뿐만 아니라, 시스템을 쉽게 확장할 수 있고 백업할 수 있다는 것도 포함됩니다.

과거에 여러 대의 서버를 조합해서 시스템을 만들 경우, 물리 서버 여러 대를 결합하고 수동으로 설정해야 했습니다. 또한 서버끼리 연결하는 스위치, 네트워크 장비, 로드밸런서 등도 필요했습니다. 하지만 IaaS를 사용하면 클릭 한 번으로 이들을 모두 설정할 수 있습니다. IaaS를 사용하면 혼자서도 거대한 시스템을 구축해 사용할 수 있습니다. 확장과 관련된 내용은 3장에서 자세히 설명하겠습니다.

서버 제거와 스펙 다운그레이드가 간단하다는 것도 빼놓을 수 없는 장점입니다. 여러 대의 서버를 사용해서 만든 시스템인 경우, 프로토타입을 만들어서 작동하는지 테스트하는 것 자체가 불가능했습니다. 프로토타입을 만들기 위해 서버를 실제로 구입해서 테스트하는 것은 예산적으로도 시간적으로도 어려웠기 때문입니다.

하지만 IaaS를 사용하면 가상 서버를 여러 대 생성해서 시스템이 제대로 동작하는지 테스트할 수 있습니다. 또한 테스트 후 해당 시스템에 문제가 있어 필요 없어지면 서버를 제거하고, 원하는 성능이 제대로 구현되지 않으면 서버 스펙을 높이거나 수를 늘릴 수도 있습니다. 물리 서버에서는 어려웠던 시스템 사이징을 쉽게 할 수 있으므로, 시스템 규모에 따라 서버 수를 원하는 대로 설정할 수 있습니다.

IaaS의 장점을 비용적인 관점에서 살펴보는 경우가 많은데, 사실 그러한 관점보다는 '온프레미스보다 서버를 생성, 제거하기 쉽다'라는 부분을 바탕으로 '스케일 아웃, 스케일 업 속도가 빠르다'라는 데 주목하는 것이 좋습니다.

스케일 아웃과 비용

서버를 늘려서 시스템 전체의 성능을 강화하는 스케일 아웃은 IaaS의 대표적인 특징입니다. 매우 편리하지만 주의해야 하는 부분도 있습니다.

'서버를 스케일 아웃하면, 시스템 전체의 성능을 끌어올릴 수 있다'라는 점은, 반대로 '가상 서버 위에서 동작하는 코드를 최적화하지 않아도, 서버를 스케일 아웃하면 어떻게든 잘 작동한다'라고도 할 수 있습니다. 시스템 문제 자체는 해결되는 것이므로 이렇게 생각하는 사람도 많습니다. 그러나 서버 수를 늘릴 경우 그만큼 비용이 듭니다. 코드를 최적화하면 서버 수를 줄여 비용을 줄일 수 있습니다. 성능이 높은 IaaS 서버는 1대에 월 100만원을 넘기도 합니다. 이러한 것을 여러 대 사용한다면 작은 스타트업에서는 비용 부담이 클 수 밖에 없습니다.

그림 2-19 스케일 아웃과 비용

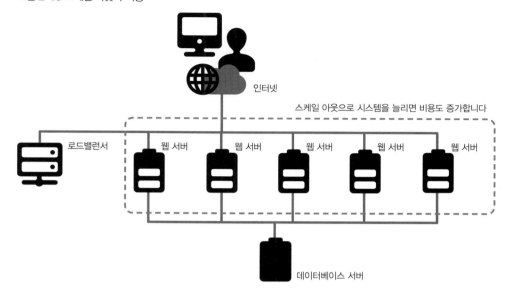

IaaS 덕분에 서버 조달이 간단해진 만큼 어떻게 인프라를 적절한 형태로 조정해야 하는지가 중요해졌습니다. 인프라 엔지니어는 서버와 네트워크만 설정하면 되는 직종이라고 생각할 수 있겠지만, 매일매일 인프라 사이징을 하는 것도 중요한 역할 중 하나라고 할 수 있습니다.

Infrastructure as Code

많은 IaaS가 API를 공개하고 있으므로, API를 활용해 IaaS를 제어할 수 있습니다. 이를 활용하면 소프트웨어처럼 소스 코드를 기반으로 IaaS 서버를 생성할 수 있는데, 이를 'Infrastructure as Code'라고 합니다.[23] 이와 관련된 내용은 6장에서 자세히 살펴보겠습니다.

2.6 전용 서버와 베어메탈

지금까지 살펴본 바와 같이, VPS와 IaaS 등의 인프라는 가상화 기술 등을 활용해 1대의 물리 서버를 분할해서 사용하는 것이었습니다. 이러한 인프라는 저렴한 가격으로 서버를 사용할 수

---

23 역자주_ Infrastructure as Code를 더 자세히 알고 싶다면 『코드로 인프라 관리하기』(한빛미디어, 2017)를 읽어 보기 바랍니다.

있다는 장점이 있습니다만, 데이터베이스로 무거운 처리를 하는 경우처럼 다른 사용자와 함께 서버를 사용하면 좋지 않은 경우도 있습니다.

이럴 때는 **전용 서버** 또는 **베어메탈**이라고 하는 서비스를 사용하는 것이 좋습니다. 전용 서버와 베어메탈은 VPS, IaaS 클라우드와 달리 서버 1대를 전부 점유해서 사용할 수 있습니다. 이번 절에서는 전용 서버와 베어메탈의 특징 등을 살펴보면서, 전용 서버나 클라우드를 어떤 상황에서 사용해야 하는지 설명하겠습니다.

2.6.1 전용 서버의 장점

1대의 서버를 전부 점유할 수 있음

전용 서버와 베어메탈은 서버 1대를 전부 점유할 수 있다는 것이 가장 큰 특징이자 장점입니다. VPS, IaaS와 같은 서비스는 물리 서버 1대 내부에 자신 이외의 사용자가 있습니다. 따라서 물리 서버 1대의 능력을 분산해서 사용하며, 가상 환경에서 서버를 움직이므로 오버헤드도 발생합니다.

그림 2-20 오버헤드

가상화 환경은 '물리 서버'에서 '가상화 OS의 애플리케이션'까지 거치는 계층이 많으므로 오버헤드가 발생해 처리 속도가 낮습니다

반면에 베어메탈은 '물리 서버'와 '애플리케이션' 사이에 가상화 계층이 없으므로 오버헤드가 적습니다

전용 서버와 베어메탈은 서버 한 대를 전부 점유할 수 있으므로, VPS와 IaaS처럼 자신이 사용하는 서버의 처리가 다른 사용자에게 영향을 주지 않습니다.[24]

---

24 역자주_ 따라서 다른 사람이 부하가 많은 처리를 해도 자신에게는 아무런 영향이 없습니다.

원하는 형태로 서버 설정 가능

하드웨어를 선택할 수 있다는 것이 전용 서버와 베어메탈의 특징입니다. 예를 들어 VPS와 IaaS는 RAID 구성, SSD나 하드디스크 종류 선택 등의 세부 설정이 불가능합니다. 하지만 전용 서버와 베어메탈은 플랜에 따라서 디스크 종류, 메모리 용량, 전역 회선과 로컬 회선 등의 네트워크에 대해 세부적으로 설정할 수 있습니다.

가장 큰 장점은 디스크 부분에 있습니다. VPS와 IaaS도 플랜에 따라 고속 SSD를 사용하는 경우가 있지만, 서버 1대와 스토리지를 여러 명이 사용하므로 원활한 디스크 I/O에 한계가 있습니다. 데이터베이스 서버는 디스크 I/O에 보틀넥[25]이 발생하는 경우가 많습니다. 따라서 디스크 I/O 때문에 전체 데이터 처리 속도에 문제가 있다면, 전용 서버를 사용하는 것이 좋습니다. 전용 서버는 PCIe Flash 스토리지[26]를 사용할 수도 있습니다. PCIe Flash 스토리지를 사용하면 디스크 I/O 속도를 크게 높일 수 있습니다.

> **NOTE_ 데이터베이스 서버의 디스크 성능 확인**
>
> 데이터베이스 서버의 성능이 부족할 때 단순히 서버 수를 늘리는 것만으로는 대처하기 힘든 경우가 있습니다. 이럴 때는 디스크의 성능을 높여서 대응하는 것이 좋습니다.
>
> IaaS 중에도 당연히 서버 1대를 전부 점유해서 사용하는 플랜을 제공하는 곳이 있습니다. 하지만 클라우드의 특성상 가상화 계층이 중간에 들어가므로 오버헤드가 발생하는 것은 어쩔 수 없습니다. 따라서 성능 좋은 디스크를 사용하고 있는지 추가로 확인해서 선택해야 합니다.

2.6.2 전용 서버의 단점

원래 전용 서버는 이전부터 있었습니다. VPS와 클라우드가 등장하기 전에는 전용 서버를 사용해 시스템을 구축하는 경우도 많았습니다.

---

25 역자주_ 보틀넥(Bottle Neck)은 병목 현상이라고도 하며, 시스템 성능 등이 구성 요소 하나 때문에 제한 받는 것을 말합니다. CPU 속도, 메모리 용량이 충분하더라도 디스크 속도가 느리면 데이터베이스 전체의 속도가 느려지는데, 이때 보틀넥이 발생하는 부분은 디스크입니다.

26 서버 본체와 디스크를 연결하는 입출력 인터페이스로, PCI Express를 사용한 스토리지를 의미합니다. 일반적인 하드디스크 또는 SSD 입출력 인터페이스(예를 들면, SATA)보다 훨씬 빠른 속도로 데이터를 읽을 수 있습니다.

하지만 가상화 기술이 발달하면서 VPS와 IaaS를 사용해 시스템을 구축하는 경우가 많아졌습니다. 왜 전용 서버를 사용하지 않게 된 것일까요?

복잡하고 귀찮은 계약 플랜

일단 전용 서버를 계약할 때는 보통 초기 비용과 최소 사용 기간이 필요합니다. IaaS는 시간 과금이 기본이며 사용한 만큼만 요금을 지불하면 되지만, 전용 서버의 경우 계약할 때마다 초기 비용이 발생합니다.

그리고 최저 사용 기간이 정해져 있는 경우에는 서버를 사용하지 않아도 정해진 기간 동안 계속해서 요금이 부과됩니다. 따라서 '단기간만 사용하고 싶은' 경우 사용하기 부담스럽습니다. 이처럼 전용 서버는 VPS와 IaaS처럼 가볍게 사용할 수 없다는 단점이 있습니다.

실제로 사용할 수 있을 때까지 걸리는 시간

전용 서버는 서버를 계약하고 실제로 사용할 수 있을 때까지 오랜 시간이 걸립니다. VPS와 IaaS는 계약이 끝나고 몇 분 안에 서버를 사용할 수 있지만, 전용 서버는 장비를 맞춰 사용하는 데까지 며칠이 필요할 수도 있습니다.

또한 전용 서버를 제공하는 업체에 따라서 제어판을 사용하지 못하는 경우도 있습니다. 이때는 서버를 켜고 끌 때 하드웨어를 관리하는 데이터 센터에 전화해야 합니다. 또한 서버 설정과 관련된 것도 IaaS나 VPS와 비교했을 때 상대적으로 어렵습니다.

이러한 부분 때문에 클라우드와 VPS를 전용 서버보다 많이 사용하는 것입니다.

2.6.3 현대적인 형태의 전용 서버 '베어메탈'

지금까지 살펴본 바와 같이, 전용 서버는 서버 1대를 전부 점유한다는 장점이 있지만 VPS나 IaaS보다 사용하기 어려워 거의 사용되지 않았습니다. 하지만 VPS, IaaS와 같은 가상화 환경이 보급되면서 다시 전용 서버의 처리 능력이 주목 받기 시작했습니다.

그래서 자원을 전부 점유한다는 전용 서버의 장점을 살리면서도, 전용 서버의 단점이라고 했던 사용성을 보완한 **베어메탈**이라는 개념이 서버 제공 업체와 클라우드 서비스 제공 업체 사이에서 사용되기 시작했습니다. 서비스를 제공하는 서버 제공 업체에 따라서는 '베어메탈'이라는 용어를 사용하지 않고, 전용 서버라는 이름을 사용하는 경우도 있습니다.[27] 하지만 명칭이 같아도 기존 전용 서버의 개념과 달리 전용 서버와 IaaS의 장점을 혼합해서 편리하게 사용할 수 있도록 한 것입니다.

그럼 이제 현대적인 형태의 전용 서버라고 할 수 있는 베어메탈의 특징을 살펴봅시다.

제어판으로 조작

일단 기존의 전용 서버에는 없었던 제어판을 사용할 수 있습니다. 과거에는 인터넷을 경유해서 직접 서버에 로그인해야 했습니다. 따라서 서버의 전원이 꺼져 있으면 데이터 센터에 연락해서 확인해야 했습니다. 하지만 베어메탈과 같은 전용 서버는 웹 브라우저에서 제어판만 조작하면 전원을 켜고 끌 수 있습니다. 참고로 제공 업체에 따라서는 OS 재설치 등도 할 수 있습니다.

이처럼 VPS, IaaS와 같이 제어판에서 다양한 조작이 가능하므로, 서버 구축과 장애 복구 등이 쉬워졌습니다.

IaaS와 연결

제공 업체에 따라서는 베어메탈과 IaaS를 연결할 수도 있습니다. 서버 수를 유연하게 변경해야 하는 부분은 IaaS를 사용하고, 데이터베이스 서버처럼 서버 1대의 성능이 높아야 하는 부분은 좋은 디스크를 사용하는 베어메탈로 구축하면, 효율적인 시스템을 만들 수 있습니다. 만약 IaaS 서버 플랜 중 가장 좋은 것을 사용해도 디스크 성능이 부족하다면 베어메탈을 사용하는 것이 좋습니다.

원래 전용 서버의 약점이었던 서버 조달 속도, 요금 체계도 베어메탈이 등장한 이후 개선되었습니다. 플랜에 따라서 10분 정도면 서버를 사용할 수 있는 경우도 있습니다. IaaS와 비교했을 때 크게 부족함이 없는 속도로 완전히 점유할 수 있는 서버를 IaaS처럼 사용할 수 있는 것입니다 (다만, 하드웨어에 따라서 며칠이 걸리는 경우도 있습니다).

또한 플랜 중에는 초기 비용이 없는 것도 있습니다. 시간 과금을 사용하는 경우는 아직 드물지만, 선택하는 플랜에 따라서 이전보다 서버를 훨씬 쉽게 빌릴 수 있게 되었습니다.

---

27 역자주_ 참고로 국내에서는 베어메탈(또는 현대적인 형태의 전용 서버)을 제공하는 업체가 많지 않아 외국 서비스를 사용하는 경우도 있습니다. 검색할 때 도움이 될 수 있게 영어와 일본어 표기를 언급하겠습니다. 베어메탈은 'Bare Metal', 'ベアメタル'이고, 전용 서버는 'Dedicated Server', '専用サーバ'입니다.

2.6.4 전용 서버와 베어메탈을 사용하는 경우

전용 서버와 베어메탈을 어떻게 사용하면 좋을까요?

전용 서버/베어메탈만 사용하는 경우

서버를 완전히 점유해야 할 필요가 있을 때는 전용 서버와 베어메탈을 사용하는 것이 좋습니다. 이전에 설명했던 것처럼, VPS와 IaaS는 서버의 CPU를 완전하게 점유할 수 없습니다. 따라서 CPU 처리가 필요한 경우에는 서버 자원을 모두 점유할 수 있는 전용 서버와 베어메탈을 사용하는 것이 좋습니다.

디스크의 경우도 마찬가지입니다. 전용 서버와 베어메탈이라면 디스크도 모두 점유할 수 있습니다. 또한 PCIe Flash 스토리지를 사용할 수 있는 플랜도 있습니다. 데이터베이스로만 사용하는 경우에는 이러한 것들을 사용하는 것이 좋겠습니다.

IaaS를 전용 서버/베어메탈로 변경하기

이전에 언급했던 것처럼, 최근의 전용 서버와 베어메탈은 IaaS와 연결할 수 있습니다. 따라서 서버에 부하가 어느 정도 걸리는지 모르는 경우라면 일단 IaaS 서버를 사용해서 데이터베이스 서버를 만들고, 해당 서버의 성능이 한계에 도달했을 때 전용 서버나 베어메탈로 데이터베이스 서버를 교체하는 것이 좋습니다.

전용 서버/베어메탈과 IaaS를 조합해서 사용하는 경우

여러 대의 서버로 시스템을 구축하는 경우, 전용 서버 또는 베어메탈과 IaaS를 조합하면 시스템 확장과 마이그레이션에 유연하게 대처할 수 있습니다. 전용 서버와 베어메탈을 IaaS와 함께 사용할 때는 서버 수가 변할 수 있는 웹 서버와 애플리케이션 서버를 IaaS로 구축하고, 서버 수를 변화시키지 않고 성능만큼 사용하는 데이터베이스 서버를 베어메탈이나 전용 서버로 구축하는 방법이 있습니다. 물론 이때도 처음에는 데이터베이스 서버를 IaaS로 구축하고, 서버 성능이 한계에 도달했을 때 전용 서버나 베어메탈로 교체하는 것이 좋을 것입니다.

이처럼 모든 것을 전용 서버나 베어메탈로 구축하는 것이 아니라, 적절한 시점에 IaaS 등과 함께 조합해서 사용하는 것이 중요합니다.

보통 IaaS는 저렴하고, 베어메탈과 같은 전용 서버는 비싸다고 생각하는 경우가 대부분입니다. 물론 IaaS는 시간당 몇 천원으로 사용할 수 있지만, 베어메탈과 같은 전용 서버는 물리 서버 하나를 전부 점유해야 하므로 월 단위로 요금이 비싸게 설정되어 있으며, 초기 비용이 든다는 문제도 있습니다.

하지만 장기적으로 보면 오히려 베어메탈의 비용이 저렴한 경우가 많습니다. 예를 들어 데이터베이스 서버를 사용하는 정도의 성능을 기준으로 살펴보면, IaaS보다 베어메탈을 사용하는 것이 훨씬 저렴합니다.

IaaS는 물리 서버 1대를 분할해서 판매합니다. 1대의 물리 서버를 꽉 채우려면 가상 서버를 여러 대 팔아야 합니다. 반대로, 가상 서버가 꽉 채워지지 않은 물리 서버는 '재고'가 있다고 할 수 있습니다. 따라서 이 '재고'에 대한 요금을 받아야 손해를 보지 않고 서비스를 유지할 수 있습니다. 따라서 같은 성능일 경우 IaaS가 베어메탈보다 비쌉니다.

반면에 베어메탈처럼 물리 서버 하나를 판매할 경우, 1대가 팔리면 바로 1대 전체가 판매됩니다. 또한 IaaS의 가상 서버처럼 단기간에 급격하게 판매될 가능성이 낮으므로, 재고 조절도 수월합니다. 이러한 사정 때문에 IaaS보다 베어메탈과 같은 전용 서버로 인프라를 구축하는 쪽이 저렴한 경우가 많습니다.

새로운 서비스를 공개할 때는 일단 IaaS로 서버가 어느 정도 필요한지 확인하고, 서비스가 안정되면 서버를 베어메탈 등으로 전환하는 것이 좋습니다. 이렇게 하면 인프라에 들어가는 비용을 줄일 수 있습니다.

## CHAPTER 3

시스템 테스트부터 구축까지

지금까지 네트워크와 관련된 기본 지식, 인프라 서비스 종류 등을 살펴보았습니다. 이번 장부터는 인프라 엔지니어의 구체적인 업무 내용에 대해 살펴보겠습니다. 요건 정의 및 제안 단계에서는 클라이언트로부터 요청을 듣고 요건을 문서로 만들기 위한 RFP 등을 알아보겠습니다. 설계 단계에서는 설계에 필요한 디자인 패턴을 특징에 따라 구분하며 살펴보겠습니다. 그리고 구축 단계에서는 구축에 필요한 장비 조달 방법부터 구축할 때 깜빡 잊을 수 있는 포인트 등을 설명하겠습니다.

3.1 시스템 구축의 흐름

이번 장에서는 인프라 시스템 검토, 설계, 구축에 대해 살펴보겠습니다. [그림 3-1] 위에서 첫 번째부터 세 번째 줄 부분입니다.

그림 3-1 시스템 구축의 흐름

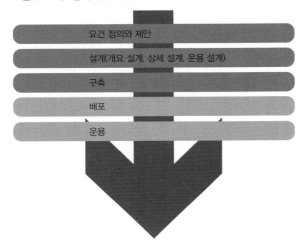

3.1.1 요건 정의 및 제안 단계

실제로 시스템을 구축할 때는 클라이언트로부터 요건을 듣고, 어떤 시스템이 좋을지 여러 가지 구성을 생각해 보게 됩니다. 구축 난이도, 운용 난이도 등 다양한 사항을 고려하게 되는데, 일단 가장 중요한 것은 클라이언트의 희망 사항과 목표입니다.

클라이언트의 요구를 정리할 때 사용하는 것은 제안 요청서Request for Proposal, RFP (이하 **RFP**)입니다. 요건의 규모에 따라서는 클라이언트가 제공할 때도 있습니다. RFP는 클라이언트와 구축/운용 측의 인식을 정리하는 데도 좋은 자료입니다. 규모가 작다면 RFP가 없거나, 있더라도 불완전할 때가 많습니다. 충분하지 않은 부분은 추가로 클라이언트의 이야기를 들으며 제안서를 채우는 것이 좋습니다.

RFP의 장점

RFP는 클라이언트가 개발 회사에 발주할 때 만드는 서류 정도로 생각할 때가 많은데, 사내에서도 명확하게 의뢰하고 싶을 때 주로 사용합니다. 아무 것도 준비하지 않고 입으로만 정보를 공유하면 말했는지 말하지 않았는지 잊어버릴 때도 있고, 그런 의도로 말한 것이 아닌데 상대방이 다르게 알아 들을 수도 있습니다. 이는 대화하는 사람이 전제하는 지식, 기술 등의 경우 개인 능력에 따라 이해하는 정도에 차이가 있을 수 있기 때문입니다. 따라서 이러한 의식의 차이를 최대한 줄일 수 있게 하는 데도 RFP가 필요합니다.

시스템 규모에 따라 RFP의 작성 방법에 차이가 있을 수 있습니다. 어쨌든 간단하게라도 만들어 두면 의도를 잘못 알아들어 처음부터 다시 작업하는 일이 적어집니다.

RFP의 구성 요소

RFP의 내용은 시스템 등에 따라 크게 다를 수 있지만, 보통 큰 관점에서 2개의 요소가 필요합니다. 바로 **전체 이미지**와 **의뢰 제안 내용**입니다.

그림 3-2 RFP 구성 예

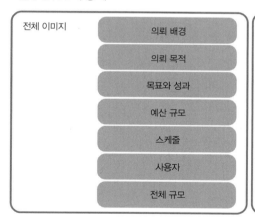
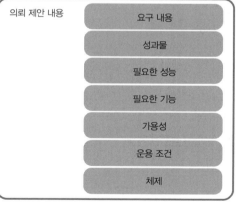

| 전체 이미지 |

전체 이미지 중에서도 **의뢰 배경**과 **의뢰 목적**이 가장 중요합니다. 경우에 따라서는 제안 내용 자체가 잘못되었을 수도 있습니다. 이때는 인프라 전문가로서 목적에 맞게 제안을 수정해 줘야 합니다.

이외에도 '목표와 성과', '예산 규모', '스케줄', '사용자', '전체 규모' 등을 포함해야 합니다.

| 의뢰 제안 내용 |

구체적으로 의뢰하고 싶은 것을 나타내는 부분입니다. '요구 내용', '성과물', '필요한 성능', '필요한 기능', '가용성', '운용 조건', '체제' 등을 포함해야 합니다.

RFP에는 **기능 요건**과 **비기능 요건**이라는 용어가 자주 나옵니다. 기능 요건이란 '무엇을 하면 이렇게 동작한다는 형태로 명확한 기능을 가진 요건'입니다. 시스템 설계로 말하면 어떤 서버를 사용하고 어떤 네트워크를 구성한다 등과 같은 요구가 기능 요건입니다. 보통 기능 요건은 의뢰하는 쪽과 의뢰받는 쪽 모두 중요하게 생각하므로 실수로 빠뜨리거나 할 때가 드뭅니다.

반면에 비기능 요건은 '시스템의 기능이나 구성과는 관련이 없지만 필요한 것'입니다. 기능 요건과 달리 잊어버리거나, 기억하더라도 미리 결정하지 않을 때가 많습니다. "나중에 정하면 되죠"라고 말하고는 마지막 시점까지 제대로 결정하지 못하고 배포할 때도 꽤 있습니다. 하지만 시스템 검토 시 굉장히 중요한 포인트입니다. 그럼 비기능 요건에 대해 계속해서 알아봅시다.

비기능 요건

비기능 요건은 일반적으로 문서화하지 않는 요구 사항이지만, 어떤 인프라를 구성하면 좋을지 검토할 때 굉장히 중요한 요소입니다. 구체적으로 몇 가지 살펴보겠습니다.

| 어느 정도의 운용 체제가 필요한가? |

시스템 가동률과 어느 정도의 가용성을 가져야 하는지 등과도 관련되어 있습니다. 필요한 지원

---

1 역자주_ OSS는 Open Source Software를 의미합니다.

수준, 지원받을 수 있는 시간 등도 검토해야 합니다. 긴급성이 낮은 시스템은 영업시간에만 대응할 때도 있습니다. 시스템을 최대한 확장한 뒤 영업시간에만 대응하도록 하는 구성도 많습니다. 영업시간 외에 운용 체제를 유지할 때도 비용이 들어갑니다. 운용 체제 유지 비용과 확장성 향상에 들어가는 비용 등을 다양하게 고려해야 합니다.

| 어느 정도의 성능이 필요한가? |

시스템에 CPU, 메모리, 디스크, 네트워크 등의 성능이 어느 정도 필요한지도 정해야 합니다. RFP에 명시하지 않아도 되지만, 기간 안에 반드시 필요한 리소스 양을 예측(수용량Capacity 예측)할 필요가 있습니다. 필요한 정보가 RFP에 적혀 있지 않으면 직접 들어야 합니다. 예를 들어 월간 PV[2]만으로는 필요한 성능을 가늠할 수 없습니다. 어느 정도 시간 동안 최대 어느 정도 접근이 집중되는지 등을 확인하는 것이 좋습니다(가급적 짧은 시간, 아무리 길어도 1시간 단위의 숫자가 필요합니다). 그리고 2년~5년 정도의 미래까지도 염두에 두고 확인하는 것이 좋습니다.

좀 더 구체적인 내용을 [표 3-1]에 정리했습니다.

표 3-1 시스템 요소의 성능 요건

시스템 요소	설명
CPU	물리 구성에서는 CPU 성능을 보증할 수 있으므로 수용량Capacity 관리 이외에는 따로 CPU 성능에 관한 부분을 신경 쓸 필요가 없습니다. 클라우드 환경에서는 CPU 등의 리소스 성능을 보증할 수 없습니다. 코어 수, 물리 CPU 성능 등을 기반으로 추측할 수는 있지만, 어느 정도의 물리 점유율인지 등은 공개되어 있지 않기 때문입니다. 따라서 감시 도구 등을 이용해 실제로 처리를 실행할 때 성능을 측정해 두는 것이 좋습니다.
메모리	메모리 성능은 물리 서버, 클라우드 서버에서 큰 변동이 없는 항목입니다. 하지만 클라우드 환경은 성능을 보증할 수 없으므로 CPU와 마찬가지로 감시 도구를 통해 성능을 확인해 두는 것이 좋습니다.
디스크	디스크 응답 속도는 CPU, 메모리에 이어서 성능을 결정하는 중요한 요소입니다. 참고로 클라우드 환경에서는 NAS를 사용하는 경우가 많으므로 응답 속도가 상황에 따라 크게 다를 수 있습니다. 따라서 적당한 성능이 나오는지 주기적으로 확인하는 것이 좋습니다.
네트워크	네트워크 응답 속도는 외부에서 확인해야 합니다. 서버를 수용한 네트워크의 응답 속도, 프로바이더 백본의 혼잡도 등 여러 가지 요소가 응답 속도에 영향을 줄 가능성이 있기 때문입니다.

---

2 역자주_ Page View(페이지 뷰)를 의미합니다.

요건 정의 및 제안 단계에서 들은 목적은 굉장히 중요합니다. 목적에 따라 같은 요건처럼 보여도 접근 방법이 달라지기 때문입니다. 일반적으로 목적에 따라 다음과 같이 구분할 수 있습니다.

비용을 줄이고 싶은 경우

비용을 줄이는 것이 목적이라면 비싼 장비, 쓸데 없이 높은 스펙 부분을 줄이는 것이 중요합니다. 서비스는 확장하는 경우도 있지만, 반대로 축소하는 경우도 있습니다. 축소할 때 제대로 축소하는 것도 서비스 유지에 매우 중요합니다. 이러한 때는 적절한 비용 절감을 제안하는 것도 중요합니다.

서비스의 수용량을 확대하고 싶거나 서비스를 시작하고 싶은 경우

서비스를 시작할 경우 지금부터 계속해서 서비스가 확대된다는 것을 기본 전제로 합니다. 이외에도 현재 상태의 시스템이 한계에 가까워져서 확장해야 하는 경우도 있을 것입니다.

기본적으로는 확장하기 쉬운 구성을 선택합니다. 가용성과 보안 레벨이 다른 기능을 같은 서버에 넣지 않도록 하는 원칙을 지키는 것이 좋습니다. 또한 수용량이 부족해진 부분은 스케일 아웃 또는 스케일 업 합니다. 확장 위주로 고려하므로 비용 절감은 크게 신경 쓰지 않아도 됩니다.

현재의 인프라, 구성, 운용에 불만이 있는 경우

이 경우 많은 내용을 들어야 합니다. 의뢰자가 감정적으로 되어 설계에 필요한 구체적인 내용이 나오지 않는 경우도 있습니다.

보안 환경을 구축하고 싶은 경우

보안을 강화하고 싶은 경우에도 다양한 상황이 있을 수 있습니다. 어떤 부분을 강화하고 싶은지, [그림 3-3] 같은 내용을 통해 강화하고 싶은 부분을 명확하게 해 두는 것이 좋습니다.

오래된 시스템을 변경하고 싶은 경우

시스템 하드웨어 노후화, OS 지원 기간 종료, 진부한 애플리케이션처럼 오래되었다는 것에도 다양한 상황이 있지만, 접근 방법은 대부분 거의 비슷합니다. 방향성을 크게 구분해서 '오래된 시스템 유지 보수'와 '새로운 시스템으로 교체'를 생각하면 됩니다.

시스템을 완전히 교체할 경우 인프라뿐만 아니라 시스템 재개발과 검증에도 시간이 걸립니다. 하지만 어떤 이유로(장애가 많이 발생한다, 하드웨어가 자주 멈춘다는 등) 급하게 교체해야 하는 경우도 많습니다. 필자의 경험으로는 오래된 시스템을 교체하기 위해 상담하러 왔을 땐 이미 시스템을 사용할 수 있는 시간이 얼마 없을 때가 많습니다.

이 경우 급하게 시스템을 교체하면 문제가 발생할 수 있습니다. 중요한 것은 충분한 시스템 교체 기간을

그림 3-3 보안 관리 대책

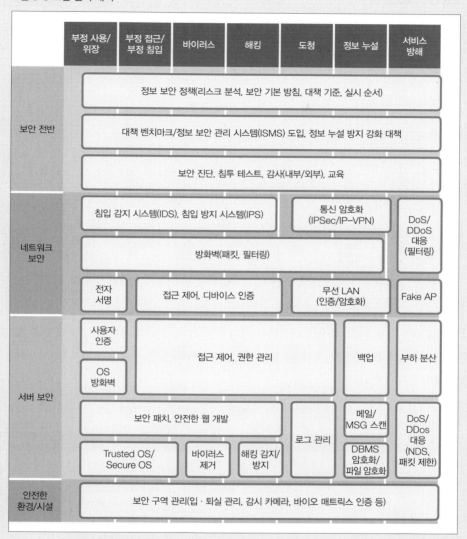

확보하는 것과 시스템의 유지 보수입니다. 몇 개월에서 1년 정도 더 유지할 수 있도록 하는 것이 좋습니다. 유료 OS라면 돈을 추가로 내서 지원 기간을 연장할 수 있습니다. 이러한 방법이 있으면 사용하고, 없으면 가상화 패치 등을 적용합니다. 하드웨어 노후화는 가상화로 대응하는 것이 좋습니다(노후화된 하드웨어를 대체할 수 있는 동일 하드웨어가 물리적으로 없을 것이기 때문입니다).

| 어느 정도의 수용량이 필요한가? |

수용량 관리에서는 이전에 언급한 4개 요소(CPU, 메모리, 디스크, 네트워크)를 정기적으로 감시하고 초기 예상 수용량과 사용량 예측을 검증해서 처음에 예상했던 수준에 도달하는지 미리 확인하는 것이 중요합니다.

각각의 요소를 성능 관점, 수용량 관점에서 정리하면 [표 3-2]와 같습니다. 수용량을 적절하게 관리하려면 이 요소들을 감시해야 합니다. 생각했던 것보다 많은 수용량이 필요할 때는 수용량에 맞게 대응해야 합니다.

표 3-2 수용량 요소

요소	성능 관리	수용량 관리
CPU	처리 속도	사용률
메모리	처리 속도	사용률
디스크	읽고 쓰기 응답 속도	용량, I/O 속도
네트워크	응답 시간과 전송 속도	전송 대역, 전송량

CPU 사용률은 서버 한 대만 사용한다면 코어 수가 많고 더 높은 성능을 지닌 CPU로 교체해서 조정하면 됩니다. 이처럼 서버 자체의 성능을 향상시키는 방법을 **스케일 업**이라고 합니다.

---

3 장애가 발생했을 때 다른 시스템으로 자동 전환해서 장애를 빠르게 복구하는 것을 말합니다.
4 다른 시스템이 기능을 대체하고 있을 때, 다시 원래 시스템으로 처리를 전환하는 것을 말합니다.

물리 구성에서 CPU를 변경할 경우 보통 직접 CPU를 구매해서 변경하지만, 클라우드 환경에서는 플랜 변경만으로 대응할 수 있습니다. 플랜을 변경하면 서버를 종료했다가 다시 실행해야하는 등 약간의 제약이 있습니다. 따라서 유지 보수 시간 등을 함께 고려해야 합니다.

CPU 성능을 높일 수 없거나 코어 수를 늘려도 해결할 수 없는 문제도 있습니다. 이러한 때는서버 수를 늘려 여러 대로 구성하고 그 환경에서 시스템이 동작하도록 조정합니다. 서버 수를늘려 대응하는 방법을 **스케일 아웃**이라고 합니다. 클라우드 환경에서는 몇 분이면 서버를 제공받아 사용할 수 있으므로 스케일 아웃 형태로 문제에 대응하는 경우가 많습니다. 서비스를 중지하지 않고 대응할 수 있다는 것도 장점입니다. 일부 클라우드 환경에서는 스케일 아웃을 자동으로 해 주는 오토스케일링 기능도 제공합니다.

반대로 부하가 줄었을 때는 성능을 낮출 수도 있습니다. 이를 상황에 따라 **스케일 다운, 스케일 인**이라고 합니다.

메모리는 시간에 따라 사용률이 크게 변하므로, 감시를 통해 시간에 따른 데이터를 추출해야 사용률 변화를 확인할 수 있습니다. 메모리 사용률의 지표에는 used, shared, buffers, cached가 있습니다. 메모리 사용 상황은 free 명령으로 확인할 수 있습니다.

```
$ free -m
                total    used    free   shared   buffers   cached
Mem:              996     923      72        0       116      648
-/+ buffers/cache:        157     838
Swap:            4095       7    4088
```

free 명령을 사용하면 빈 메모리 용량과 used, shared, buffers, cached 항목을 통해 사용하는 메모리를 MB 단위로 확인할 수 있습니다(-m 옵션을 사용했을 경우). 그런데 buffers(버퍼)와 cached(캐시)는 실제로 메모리를 사용하지 않아도 메모리를 사용하는 것으로 표시됩니다.[5] 따라서 실제 메모리 사용량(used: used 버퍼, 캐시를 제외한 값)과 빈 메모리 용량은 "-/+buffers/cache: "로 확인합니다. 메모리 사용률을 감시할 때는 방금 설명한 부분을 이해해야 합니다.

---

5 역자주_ 인터넷에서 '명목 메모리 사용률과 실질 메모리 사용률'을 검색해보면 다양한 정보를 볼 수 있습니다. 애플리케이션이 사용하지 않아도 버퍼와 캐시를 미리 확보하기 때문에 발생하는 차이입니다. http://www.linuxatemyram.com/도 참고하기 바랍니다.

그렇다고 버퍼와 캐시를 신경 쓸 필요가 없다는 것은 아닙니다. 예를 들어 캐시 메모리가 부족하면 데이터를 사용할 때마다 디스크에 접근하기 때문에 디스크 I/O에 문제가 발생합니다. 따라서 시스템의 특성에 맞게 메모리 사용량을 감시하는 것이 중요합니다.

추가로 swap(스왑)도 언급하겠습니다. swap은 사용 가능한 메모리 용량을 늘리려고 하드 디스크에 확보하는 저장 영역입니다. 보통 swap이 크면 디스크에 접근하는 일이 많다는 뜻이므로 성능이 나빠진다고 알려져 있습니다. 하지만 이는 반은 맞고 반은 틀린 이야기입니다. swap이 크더라도 swap에 읽고 쓰는 양이 많지 않다면 적절하게 스왑 아웃 되므로 제대로 활용하는 것입니다. 하지만 swap에 읽고 쓰는 빈도 수가 많은 경우에는 주의해야 합니다. swap에 읽고 쓰는 것은 vmstat 명령의 si(스왑 인: 디스크에서 메모리로 읽고 쓰기) 또는 so(스왑 아웃: 메모리에서 디스크로 읽고 쓰기) 등을 확인하기 바랍니다.

네트워크 회선 사용률의 경우 안정적인 속도를 유지하기 위해 100Mbps 정도의 공용 회선을 사용할 수 있는 환경을 갖추는 것이 좋습니다.

중견 규모의 사이트 구성은 이 정도 회선으로 감당할 수 있습니다. 하지만 데이터 전송량이 많은 스트리밍 서비스나 게임이라면 추가로 네트워크 수용량 감시와 사용량 예측에 신경 써야 합니다.

데이터 전송량을 감당할 수 없는 경우 1Gbps, 10Gbps 등으로 늘려야 합니다. 클라우드 환경에서는 네트워크 인터페이스 카드NIC의 실제 속도와 제한된 전송 속도 사이에 차이가 발생해 예상보다 속도가 나오지 않는 경우도 있으므로 주의하기 바랍니다. 클라우드 서비스 대부분은 10Mbps 단위, 100Mbps 단위로 사용 속도를 계약할 수 있게 되어 있습니다. 따라서 속도가 어느 정도 나오는지 제한 속도를 함께 확인하면서 실제 전송 속도가 어느 정도인지 확인해야 합니다.

마지막으로 네트워크 전송 대역입니다. 메모리와 마찬가지로 네트워크도 시간에 따라 사용량 변동이 큽니다. 따라서 시간에 따른 사용량 데이터를 구해야 합니다. 예를 들어 심야에 배치 프로그램 등을 실행해 공개 서비스의 트래픽을 압박해 버리면 접근 수가 적다고 생각해도 대역이 상한에 가까워져 문제가 발생할 수 있습니다. 따라서 매일 트래픽을 측정하는 것은 물론이고 트래픽의 상한도 지속적으로 확인해야 합니다. 또한 월 단위로 트래픽 상승 경향을 확인해서 미래에 어떻게 될지 예측하는 것도 좋습니다.

| 가용성 파악하기 |

가용성은 가동률과 서비스의 SLA(보증)/SLO(목표) 등을 고려해서 결정하게 됩니다. 가용성과 관련된 자세한 내용은 3.2절에서 다루도록 하겠습니다.

참고로 SLA(보증)를 결정하지 않더라도 SLO(목표)는 반드시 결정해야 합니다. SLO가 결정되면 다른 항목들을 추가로 결정할 수 있기 때문입니다. 다만 SLA와 SLO를 과도하게 고려하면 비용이 높아지며 사용할 수 있는 자원이 부족해질 수 있습니다. 따라서 해당 서비스에 필요한 만큼의 SLA와 SLO를 고려하는 것이 좋습니다.

| 보안 확보를 위한 요건 |

이제 보안을 확보하기 위한 요건을 확인해 봅시다. 물리 계층이 있는 경우에는 물리 계층에서, 클라우드 환경에서는 OS 위에서, SaaS 서비스에서는 애플리케이션 레벨의 보안 대책을 세워야 합니다. 사용하는 인프라 서비스가 어떤 계층인지에 따라 보안과 관련된 범위와 내용 모두 달라집니다. 예를 들어 SaaS라면 애플리케이션 계층 이상에서의 보안 대책만 세울 수 있으므로 범위가 굉장히 작다고 할 수 있습니다.

통신 경로의 보안도 정의해야 합니다. 통신 경로는 SSH/HTTPS(SSL)와 같이 프로토콜 기반으로 암호화하는 것이지만 **VPN**^{Virtual Private Network}처럼 거점 사이에 보안 환경을 구축하는 등으로 보안 수준을 올릴 수 있습니다.

데이터 보안도 생각해 볼 수 있습니다. 데이터 보안은 운용의 아웃소싱과 관계 있습니다. 디스크 암호화를 실행하면, 아래의 계층을 아웃소싱해도 보안에 큰 위협이 없다고 할 수 있습니다.

MSP**⁶**에게 서버 운용 등을 의뢰할 때 데이터베이스 등을 암호화하면 아웃소싱해도 어느 정도 수준의 보안을 확보할 수 있습니다. 아웃소싱과 데이터 보안은 밀접하게 관련되어 있지만 어떤 것을 아웃소싱하는지에 따라 보안 관리의 성격이 크게 달라집니다.

마지막으로 **통제/거버넌스**에 관해 이야기해 봅시다. 통제/거버넌스는 누가 어디에 접근할 수 있는지 접근 권한을 결정하는 것입니다. 결정하는 것 자체는 간단하지만 이러한 정보를 합쳐서 '어떻게 들어왔는가'를 로그 등으로 확인할 수 있어야 합니다. 서비스에 문제가 발생했을 때 공격에 의한 것인지 등을 증명할 때도 사용할 수 있습니다.

---

6 Management Services Provider의 약자입니다. 기업이 보유한 서버와 네트워크의 운용, 감시, 보수 등을 맡기는 사업자를 의미합니다.

로그 관리 등도 어떻게 할 것인지 생각해 두도록 합시다.

| 운용 체제 |

사내에서는 역할에 따라 팀을 구분하는 경우가 많습니다. 설계, 구축, 배포까지 담당하는 SI 팀과 운용, 보수 등을 담당하는 운용 팀, 개발자가 있는 개발 팀 등으로 구분되어 있을 것입니다. 이처럼 역할마다 팀을 구분했을 때는 인수인계가 굉장히 중요합니다.

지금까지 RFP와 관련된 기본적인 내용을 살펴보았습니다. RFP는 어디까지나 이야기하면서 필요한 요소를 빠뜨리지 않기 위한 체크 리스트 같은 것으로 생각해 주기 바랍니다. 사실 이러한 형식이 있더라도 필요하다고 생각하는 것들을 적극적으로 더 찾아내는 것이 중요합니다. 그리고 내용을 기록하고 공유해서 합의를 만들어 내는 것이 요건 정의 및 제안 단계에서 가장 중요하다고 할 수 있습니다.

3.1.2 설계 단계

실제로 시스템을 설계할 때는 필요한 장비와 구성을 생각하고, 새로 필요한 요건에 맞는 장비를 찾거나 예산에 맞게 설계할 수 있도록 여러 가지 작업을 하게 됩니다.

클라이언트가 "이런 것을 사용하고 싶다"라고 강력하게 주장했을 때는 이로 인해 발생하는 문제들을 어떻게 해결할 수 있는지가 설계하는 사람의 능력을 나타냅니다. 클라이언트의 상반된 요구(예를 들어 "성능은 높이지만 비용은 줄여 주세요")를 어떻게 동시에 만족시킬 수 있을까요? 비용을 줄이고 가용성과 안정성이 높은 구성을 만들 수 있어야 합니다.

하지만 가장 중요한 것은 **운용의 용이성**입니다. 시스템 구축 업무를 원활하게 진행하려고 운용 팀을 따로 두는 경우(상황에 따라서는 외부에 아웃소싱하는 경우)가 많습니다. 직접 운용까지 진행해서 다른 일을 제대로 하지 못하는 것은 모두에게 좋지 않습니다. 따라서 설계 또는 구축을 담당하는 사람은 처음부터 **운용을 다른 사람에게 맡길 것**을 고려해서 작업하는 것이 중요합니다. 관련된 문서를 만들어 두거나 해서 운용 단계로 들어갈 때를 준비해야 합니다. 이러한 공정을 단순하게 만들려면 여러 가지를 고려한 후 구성을 설계해야 합니다. 서버를 구축하면 곧바로 끝난다고 생각하지 말고 구축 후의 운용 단계까지 고려해서 서버를 구축해야 합니다.

그렇다면 시스템을 설계하고 구축할 때 중요하게 고려해야 할 것이 무엇인지 알아봅시다.

평균 복구 시간(MTTR) 고려하기

MTTR^{Mean Time To Recovery}이라는 말을 들어 본 적 있습니까? 이것은 **평균 복구 시간**이라는 의미로, 어떤 문제가 발생해서 시스템이 정지했을 때 복구까지 걸리는 시간을 의미합니다.

가용성과 가동률을 생각할 경우 평균 복구 시간을 고려하는 것이 중요합니다. 비싼 하드웨어를 사용하더라도 고장은 날 수 있습니다. 고장 나면 복구할 때까지 특정 시간 동안 서비스가 정지됩니다. 이러한 시간을 어느 정도로 설정하느냐에 따라 설계와 운용에 큰 영향을 줍니다.

| MTTR, MTBF, 가동률 |

MTTR보다 **MTBF**^{Mean Time Between Failure}를 더 많이 들어 본 사람도 있을 것입니다. MTBF는 평균 고장 간격을 의미합니다. 고장률을 나타내는 곡선은 처음과 끝의 고장 확률이 높아 '욕조 곡선^{Bath Tub Curve}'이라고 부릅니다.

MTTR과 MTBF를 사용하면 다음처럼 가동률을 나타낼 수 있습니다.

$$가동률 = \frac{MTBF}{(MTBF + MTTR)}$$

MTBF와 비교했을 때 MTTR이 짧을수록 가동률이 커진다는 의미의 계산식입니다.

보통 월간 가동률을 구하는 경우가 많을 것입니다. 이때는 일단 다음과 같은 계산식을 사용해 월간 MTBF를 정의합니다.

$$월간\ MTBF = 월간\ 총\ 시간 - 장애\ 시간$$

월간 총 시간에서 장애 시간을 빼면 월간 MTBF가 됩니다. 만약 장애가 1회 발생했다고 가정하면 MTTR 시간은 장애 시간과 같다고 할 수 있습니다. 이를 기반으로 앞의 두 식을 결합하면 다음과 같은 식을 구할 수 있습니다.

$$월간\ 가동률 = \frac{(월간\ 총\ 시간 - 장애\ 시간)}{((월간\ 총\ 시간 - 장애\ 시간) + 장애\ 시간)}$$

앞 식을 정리하면 다음과 같은 식이 됩니다. 앞 식보다 이해하기 쉬울 것입니다.

$$월간\ 가동률 = \frac{(월간\ 총\ 시간 - 장애\ 시간)}{월간\ 총\ 시간}$$

즉, 월간 가동률은 한 달의 총 시간 중 몇 퍼센트의 시간 동안 제대로 동작하는지를 의미합니다. 장애가 한 번도 발생하지 않는다면 100%라고 할 수 있습니다.

가동률과 장애 시간의 관계는 [표 3-3]처럼 정리할 수 있습니다.

표 3-3 가동률과 허용되는 장애 시간

가동률	시스템이 중지되어도 괜찮은 시간	
	월간	연간
99%	7.2시간	3.6일
99.9%	43.2분	8.64시간
99.95%	21.6분	4.32시간
99.99%	4.32분	51.84분
99.999%	25.92초	5.18분
99.9999%	2.592초	31.10초

앞에서 잠깐 언급한 SLA는 'Service Level Agreement'라는 의미로 서비스 품질(가동률) 보증을 의미합니다. 99.95%의 가동률을 SLA로 보장한다고 하면 한 달을 기준으로 장애가 발생했을 때 21.6분 안에 해결할 수 있다는 의미입니다. MTTR은 설계와 운용에서 서비스 품질 보증을 고려할 때 큰 영향을 줍니다. 예를 들어 사람이 장애를 발견하고 대응해야 할 경우 99.99%를 보증하는 것은 거의 실현 불가능합니다. 따라서 시스템 구조를 설계할 때는 대응할 수 있는 범위의 MTTR을 꼭 염두에 두어야 합니다.

| 백업과 복원 |

품질을 보증하려면 백업과 복원도 특정 시간 안에 이루어져야 합니다. 따라서 MTTR에서 또 한 가지 중요한 포인트는 **백업**과 **복원**입니다.

백업과 복원에 유용한 방식으로 **CDP**Continuous Data Protection가 있습니다. CDP는 5분 정도의 단위 시간마다 변경된 데이터를 백업하는 방식입니다. 이를 사용하면 모든 데이터를 백업하는 경우보다 백업 시간이 짧으며 특정 시간의 상태로 데이터를 되돌릴 수도 있습니다. 또한 CDP는 **클라우드 백업**과 **재해 복구(DR)**[7] 등에도 효과적입니다.

---

7 역자주_ 재해 복구(Disaster Recovery, DR)는 자연재해 또는 인위적 재해가 일어났을 때 인프라를 복구하기까지의 과정, 정책, 절차를 의미합니다.

단, 백업할 때와 복원할 때는 작업 소요 시간을 항상 고려해야 합니다. 일단 백업을 하려면 백업 데이터를 백업 시스템에서 가져와야 합니다. 예를 들어 클라우드 서비스에 백업 데이터가 있다면 100GB 정도인 데이터 파일을 백업 시스템에서 가져다 놓는 것부터 복구가 완료될 때까지 수십 시간이 걸릴 수도 있습니다. 이렇게 데이터를 가져오는 데 필요한 시간을 포함해서 복원을 설계하지 않으면 운용할 때 예상치 못한 다운 타임[8]이 발생할 수 있습니다.

물론 클라우드 서비스에 백업 데이터를 두는 것이 비효율적이라는 뜻은 아닙니다. 시스템 요건이 확장 구성이라면 복구에 시간이 걸려도 상관이 없어 클라우드 서비스가 효율적일 수도 있습니다. 즉, MTTR은 시스템 요소 하나하나가 아닌 시스템 전체를 기준으로 생각해야 한다는 점이 중요하다는 것을 기억하기 바랍니다.

인프라 선택 시 SLA의 주의점

SLA를 두려워하는 인프라 엔지니어도 있을 겁니다. 가동률의 9의 개수를 세서 99.9%를 '쓰리 나인', 99.99%를 '포 나인', 99.999%를 '파이브 나인'이라고 하는데, 파이브 나인의 경우 한 달에 25초만 정지한다는 의미이므로 굉장히 까다로운 조건입니다(이런 SLA를 충족하려면 HA^High Availability 구성으로 만들고 몇 초 안에 HA를 완료하게 해야 합니다.[9]

그럼 인프라의 SLA는 어떻게 정할까요? 여러 가지 방법 중 몇 가지 예를 들어 보겠습니다.

1 단일 서버의 가동률을 측정한 후 상위 1~10%를 제외하고 SLA를 설정하는 경우
2 가동되는 모든 서버의 가동 시간을 합한 후 장애가 발생한 서버의 장애 시간 합계로 나누는 경우

1은 특정 서버의 가동률이 SLA를 밑도는 일이 있어도 허용한다는 의미입니다. 그리고 2는 가동되는 서버 수가 많아지면 많아질수록 가동률이 올라가는 경향이 있습니다.

| SLA 평가 기준 |

인프라 서비스의 사용자 관점에서 SLA를 생각해 봅시다. SLA 방식은 서비스 제공 사업자에 따라 다르므로 사업자들을 단순 비교하는 것은 어렵습니다.

---

8 역자주_ 시스템을 이용할 수 없는 시간을 말합니다.
9 역자주_ HA는 High Availability의 약자로 '고가용성'이라는 의미입니다. HA 구성이라고 하면 '확장/이중화 구성' 또는 '확장/이중화 구성에서 전환하는 작업'을 의미합니다. 이 문장은 'SLA를 충족하려면 확장/이중화 구성으로 만들고, 몇 초 내에 전환 작업을 완료하게 해야 한다'라는 의미입니다.

하지만 인프라 조달 담당자가 되면 상사 또는 클라이언트에게 비교한 내용을 보고해야 합니다. 어떻게 비교해야 할까요? [표 3-4]에 정리했습니다.

표 3-4 SLA 평가 기준

평가 기준	설명
서버 하나에서의 SLA인가?	서버 하나가 아니라 여러 대로 확장 구성했을 때를 조건으로 하거나, 멀티 리전/존으로 확장 구성했을 때를 조건으로 해서 SLA를 이야기하는 경우가 있습니다. 이러한 SLA를 유지하려면 조건에 맞게 설계해야 하는데, 비용이 크게 높아지므로 주의해야 합니다.
SLA 대상은 어디까지인가?	서버까지인지, 디스크까지인지, 네트워크까지인지 등 대상을 확인하기 바랍니다. 예를 들어 네트워크는 가장 가까운 스위치까지를 대상으로 하고, 백본의 장애는 대상에서 제외한 채 SLA를 말하는 경우가 많습니다. 인터넷 특성상 어느 정도 당연한 말이지만 모르는 사람에게는 분명히 설명해서 이해시키는 것이 좋습니다.
몇 분 이상을 장애로 취급하는가?	어떤 회사는 5분 이상의 서버 장애부터 장애로 규정합니다. 예를 들어 확장 구성에서 장애 발생 후 전환하는 데 4분 정도 걸리는 경우가 있다고 합시다. 이런 경우 5분을 넘지 않으므로 SLA에서 제외하고 이야기하는 경우가 있습니다. 회사에 따라서는 이러한 전환 시간을 장애로 처리해야 하는 경우도 있으므로 꼭 확인해 두기 바랍니다.
성능 악화를 어떻게 표현하는가?	전용 서버는 대부분 성능을 보장하지만 클라우드 등의 가상 서버 서비스는 성능을 보장하기 어려우므로, 클라우드 사업자 대부분은 성능을 보장하지 않습니다. 이 점은 모르고 넘어갔다가 이후에 문제될 수 있는 부분이므로 꼭 확인하기 바랍니다.

상위 계층(애플리케이션)의 가동률은 하위 계층(인프라)의 가동률을 넘을 수 없으므로[10], 서비스를 제공하는 계층은 위로 갈수록 가동률이 낮아집니다. 따라서 가장 아래에 있는 인프라 계층의 가동률은 매우 중요합니다.

하지만 최근에는 '인프라 계층의 가동률은 낮다'고 전제하고, 확장 구성, 지리적 분산, 스케일 아웃을 이용한 애플리케이션 계층을 설계해서 서비스의 가용성을 도모하는 경우가 있습니다. 이때는 인프라 계층의 가동률을 그렇게까지 높게 요구하지 않아도 됩니다.

인프라 계층의 가동률을 높이면 비용도 높아집니다. 따라서 방금 말한 방법처럼 인프라 계층이 아닌 다른 계층의 가동률을 올리는 방법을 검토해서 비용을 절감할 수 있을지 생각해 보기 바랍니다.

서비스가 중단되지 않게 만드는 확장 구성은 3.2절에서 살펴보도록 하겠습니다.

---

10 역자주_ 컴퓨터에 문제가 생겨 켜지지 않을 경우 애플리케이션을 실행할 수 없습니다. 따라서 무조건적으로 '컴퓨터 실행 시간' >= '애플리케이션 실행 시간'입니다.

3.1.3 구축 단계

요건 정의를 기반으로 설계를 완료하면 구축을 시작합니다. 구축에서 중요한 포인트는 다음과 같습니다.

- 스케줄 지키기
- 조달하기
- 구성하고 테스트하기

스케줄 지키기

가장 쉽게 일어날 수 있는 문제는 납기 등의 스케줄 문제입니다. 일정이 정해져 있는데 결제가 이루어지지 않아 아무것도 못 하는 경우도 있습니다. 이러한 상황을 막으려면 요건 정의와 설계 단계부터 계속 커뮤니케이션하여 문제의 발생 가능성을 최대한 낮추는 방법밖에 없습니다.

참고로 구매 등에 돈을 써야 하는 경우, 실제로 구축에 필요한 돈을 받지 않은 상태에서 자기 부담으로 미리 지불하는 것은 리스크가 너무 큽니다. 아무런 보증도 없는 자기 부담은 절대로 하지 말기 바랍니다.

조달하기

설계 조건에 맞는 인프라 장비 조달은, 사실 설계 단계에서 어느 곳의 어떤 장비를 사용할지 대부분 결정했을 것입니다. 클라우드 서비스가 등장하기 전에는 각각의 단계에서 시간이 걸리므로 조달 난이도가 높았으나 최근에는 클라우드의 온디맨드와 구독 라이선스 등이 등장해 과거보다 조달이 쉬워졌습니다.

조달 과정을 간단하게 설명하면 '견적내기 → 건의하기 → 발주하기 → 납품하기'입니다. 스펙과 기능을 꼼꼼히 확인해도 기간 산정에 오류가 있으면 전체적인 작업에 영향을 줄 수 있으니 주의하기 바랍니다.

| 전형적인 구입 패턴 |

과거부터 시행되어 온 전형적인 구입 패턴을 살펴봅시다. 요건 정의 또는 설계에 들어가는 단계 정도라면 견적을 내야 합니다. 요건에 맞는지, 비용이 맞는지, 납품 스케줄은 어떻게 되는지 등을 확인합니다.

납품 이전에 돈을 내야 하는 경우도 있고, 납품 이후에 돈을 내야 하는 경우도 있으므로 이 부분도 확인해야 합니다.

납품 이전에 돈을 내야 하는 경우, 회사가 청구서를 받고 곧바로 지불할 수 있는지 확인해야 합니다. 납품 이후에 돈을 내는 경우는 회사의 신용 등이 중요해집니다.

그림 3-4 조달

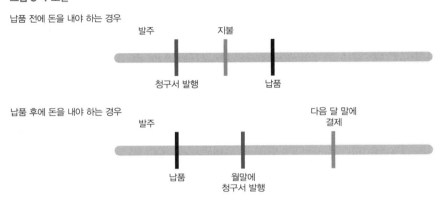

| 클라우드 또는 구독 형태 |

최근에는 클라우드 또는 구독 형태 계약을 많이 합니다. 이 경우 또 다른 문제가 발생할 수 있습니다. 주요 문제는 계약서가 필요한 경우, 온라인에서 가입할 수 있지만 신용카드 정보가 필요한 경우, 그리고 예측과 예산 계획, 예산과 실적 관리, 보고 등이 있습니다.

구독에는 다양한 형태가 있으며, **계약서가 필요한 경우**도 있습니다. 계약서가 필요한 경우에도 비밀 유지 계약NDA, 기본 계약서, 구독 라이선스 등 추가 계약을 하는 경우도 있고, 그냥 하나의 계약서로 끝내는 경우도 있습니다. 이러한 계약은 회사 법무 팀의 확인을 받아야 합니다. 따라서 법무 팀에 미리 이야기해 두는 것이 좋습니다.

온라인에서 가입해 사용하는 서비스의 대부분은 청구를 처리하기 쉬운 신용카드 결재를 채택하고 있습니다. 회사에서 물건을 구매할 때는 보통 구입 금액과 목적을 적어서 낸 뒤 승인을 받아 결제하므로 신용카드 결제가 번거로울 수 있습니다.

가입 시점에 조달 비용이 정해지지 않은 상태로 신용카드를 등록해 버리면 예측하지 못한 비용이 나올 수 있습니다(회사의 승인 없이 신용카드 비용이 청구될 수 있다는 것입니다).

일부 회사에서는 이러한 상황을 받아들이지 않을 수 있습니다.

비용 지급에 승인을 받는 회사라면 **예측과 예산 계획, 예산과 실적 관리, 보고**가 중요합니다. 예산은 가급적 현실적인 수준에 맞추는 것이 좋습니다만 예측하기 어렵습니다. 따라서 어느 정도 변동이 있을 수 있다는 것을 언급하며 "이 정도 범위의 비용이 나올 것 같다"라고 회사를 설득해 봅시다.

예산과 실적 관리도 중요합니다. 실적을 매월 파악하고, 예산과 실적과의 괴리를 파악해서 회사에 보고해야 합니다. 회사가 신경 쓰는 것은 예산 계획을 크게 벗어나지 않았는지의 여부인 경우가 많습니다. 예산 계획을 크게 벗어나지 않는다면 문제 없을 것입니다.

매월 엑셀 등으로 비용을 정리해서 보고하겠다는 등과 같이 제안하면 자유로운 비용 사용을 조금 쉽게 허가 받을 수도 있을 것입니다. 만약 예산 계획과 차이가 커지면 계획을 수정해서 추가 승인을 받으면 됩니다.

| 장비 관련 주의점 |

장비 등과 같은 '제품'이 존재할 경우 시스템을 구축할 때 예상치 못한 시간이 걸릴 수 있으므로 주의해야 합니다. 주로 주의해야 할 점은 배송에 시간이 걸리는 경우 불량 가능성, 유지 보수와 관련된 문제입니다.

장비는 보통 대리점과 유통 사업자가 발주하지만, 업체에 재고가 없으면 해외에서 배송되는 경우도 있습니다. 이런 경우를 대비해 **배송에 시간이 걸리는 경우**를 항상 염두에 두어야 합니다.

또한 '제품'인 이상 **불량품일 가능성**도 있습니다. 따라서 도착하면 반드시 제품에 문제가 없는지 확인해야 합니다. 가능하다면 48시간 이상 부하를 걸어 에이징(길들이기 위한 예비 실행) 등의 작업을 하면 좋습니다.

유지 보수와 관련된 문제는 매우 중요한 부분입니다. 일단 가격이 저렴한 제품이라면 예비 부품을 미리 구입해 두는 것이 좋습니다. 하지만 수천 만원이나 하는 장비는 예비 장비를 사 두기 어려울 수 있으므로 벤더로부터 유지 보수를 받게 되는 경우도 있습니다.

유지 보수의 종류는 두 가지로, 장비를 직접 보러 오는 '온사이트 유지 보수'와 장비를 배송한 후 문제를 확인하는 '샌드백 유지 보수'입니다. 대부분의 경우 장비 배송 문제로 서비스를 중지할 수는 없으므로, 온사이트 유지 보수를 신청하는 편입니다.

온사이트 유지 보수에도 영업시간(오전 9시~오후 5시 등) 유지 보수, 24시간 365일 유지 보수Twenty Four by Seven가 있습니다. 중요도가 낮은 시스템, 예비 장비가 있거나 확장 구성한 경우가 아니라면 24시간 365일 유지 보수 이외에는 선택하기 힘들 것입니다.

24시간 365일 유지 보수에도 종류가 있습니다. 대응 시간 차이라고 할 수 있는데 보통 4시간입니다. 벤더의 거점에서 데이터 센터가 가까우면 4시간보다 빨리 도착할 수도 있습니다. 추가로 위치 등 여러 가지 상황을 통과하면 2시간 내로 대응해 주는 계약도 있습니다.

| 소프트웨어/라이선스/구독 등의 주의점 |

무료로 제공되는 오픈 소스 소프트웨어만으로 구축하는 경우도 많지만, 윈도우 서버Windows Server, 레드햇 엔터프라이즈 리눅스Red Hat Enterprise Linux 등의 상용 OS 또는 오라클 데이터베이스Oracle Database, 마이크로소프트 SQL Server 등의 상용 데이터베이스를 사용하는 경우도 많을 것입니다.

소프트웨어를 구입하면 종이 같은 것에 라이선스를 적어서 보내는 업체도 있습니다. 이 경우 라이선스를 잃어버리지 않게 주의해야 합니다. 클라우드 서비스의 경우에는 월별로 청구되는 구독 라이선스가 있습니다. 이를 사용하면 적은 비용으로 편리하게 소프트웨어를 사용할 수 있습니다.

시스템 구성하기

필요한 것들이 갖춰지면 시스템 구성을 시작합니다. 장비들의 납기 일자가 예상과 틀어져서 구축을 진행할 수 없는 경우도 있습니다. 따라서 납기 관리가 굉장히 중요합니다.

클라우드 서비스를 메인으로 사용하는 경우에는 온디맨드 조달이 가능하므로 장비들을 쉽게 조합할 수 있습니다. 같은 형태의 시스템을 여러 개 구축하는 경우 구축 자동화 등이 필요합니다. 자동화와 관련된 내용은 6장에서 다루도록 하겠습니다.

구축 완료하면 확인하기

시스템 구축을 완료하면 시스템이 정상 작동하는지 확인해야 합니다. 시스템 전체를 구축하면 시스템의 전체 움직임을 확인하는 시스템 테스트를 실시하며, 그 전까지는 하나하나의 장비를 확인하는 **단위 테스트**를 계속합니다.

예를 들어 설정 매개변수가 정확한지, 지정한 패키지와 버전에 맞게 제대로 설치되어 있는지 등 서버가 요건 정의대로 설정되어 있는지를 확인합니다. 그리고 웹 사이트 또는 프로그램이 동작하는지도 간단히 테스트해야 합니다.

최근에는 이러한 테스트를 자동화할 수 있습니다. 보통 Serverspec[11]이라는 테스트 도구를 사용합니다. 도구를 사용하면 실수 없이 반복해서 테스트할 수 있으므로 생산성이 향상됩니다. 이와 관련된 내용은 6장에서 소개하겠습니다.

마지막으로 시스템 테스트, 장애 테스트, 스트레스 테스트 등을 실시합니다. 이와 관련된 내용도 다음 장에서 설명하겠습니다.

> **NOTE_ 설계/구축 완료된 시스템을 운용 단계로 인수인계하기**
>
> 구축 단계를 종료하면 운용 단계가 시작됩니다. 운용 단계에서 무엇을 할지 따로 생각하지 않고 구축 단계를 완료하면 치명적인 문제가 발생할 수 있습니다. 또한 운용 단계에서 필요 이상으로 시간과 노력을 투자해야 하는 상황이 발생할 수도 있습니다. 필자는 운용 단계까지 고려해서 시스템을 설계해야 진정한 엔지니어라고 생각합니다. 운용 단계를 고려하지 않고 단지 유행한다는 이유로 기술을 선택하다 보면 클라이언트의 요청은 충족되어도 운용 단계에서 예상치 못한 큰 비용이 발생할 수 있습니다. 이러한 시스템은 설계와 구축이 잘 되었다고 할 수 없습니다.
>
> 물론 아주 단기간 동안 사용할 목적의 시스템이라면 문제 없습니다. 하지만 운용할 때 쓸데없이 많은 시간과 비용이 투자될 경우 실패한 시스템 구축으로 취급합니다. 시스템 구축은 짧은 시간 안에 끝나도 운용은 몇 년 동안 이어집니다. 예를 들어 어떤 문제가 발생할 때마다 사람이 직접 눈으로 보며 판단해야 하는 시스템과 어떤 조건이 충족되면 특정 작업을 자동으로 실행하는 시스템이 있다면 어떤 것이 더 좋을까요? 물론 후자가 더 좋다는 사실을 알 수 있습니다. 설계 단계에서는 이러한 운용 설계까지 모두 해두어야 합니다.
>
> 또한 구축 팀과 운용 팀이 구분된 경우 운용을 아웃소싱할 때도 많습니다. 이때는 운용 팀에게 내용을 인수인계해야 합니다. 다음은 시스템 운용을 인수인계할 때 중요도가 높은 사항입니다.
>
> - 시스템 개요/상세
> - 감시 설정 상황
> - 경고 발생 시 대응 과정

RFP의 비기능 요건에서 언급한 운용 설계 요소에는 운용 범위, 지원 내용, 성능, 수용량 관리, 가용성, 보안, 체제가 있었습니다. 이러한 RFP를 문서화하여 운용하는 쪽에 인수인계해야 합니다.

직접 운용하는 경우에도 필요할 때 볼 수 있도록 문서화하는 것이 좋습니다. 운용 설계의 각 요소와 관련된 내용은 이전에 자세히 설명했으므로, 그 부분을 참고하기 바랍니다.

문서에는 여러 가지 가치가 포함되어 있습니다. '업무를 객관화하는 것'도 그중 하나입니다. '구축하는 사람은 뭘 하는지 이해할 수 있지만 운용하는 사람은 바쁘게 보여도 무엇을 하는지 전혀 모르겠다'라고 생각하는 사람도 있을 것입니다. 이는 업무가 객관화되어 있지 않기 때문에 발생하는 일입니다. 회사 전체에 자신이 하는 일의 가치를 명확하게 전달해야 예산과 인력이 원활하게 공급됩니다. 필자는 인프라 엔지니어의 일이 '힘든' 이유가 이러한 부분들이 제대로 이루어지지 않기 때문이라고 생각합니다.

다음에는 가용성과 설계에서의 보안을 살펴보고, 시스템 구성 예를 몇 가지 소개하겠습니다.

3.2 가용성

3.2.1 물리적인 확장 구성 이해하기

서비스가 중단되지 않게 하려면 **가용성**Availability을 높여야 합니다. 가용성은 시스템이 계속 가동할 수 있게 하는 능력을 의미합니다. 서버 한 대가 고장나더라도 전체 서비스가 멈추지 않게 하는 방법 등으로 가용성을 유지합니다. 가용성은 매우 중요한 요소이므로 다양한 방법으로 가용성을 유지하기 위해 노력하고 있습니다.

가장 이상적인 상태는 시스템에서 사용하는 모든 장비의 종류를 이중으로 구성하는 것입니다. 일단 간단히 구성한 경우는 [그림 3-5]이고, 이 상태에서 단일 지점Single Point을 이중화하여 제거한 것은 [그림 3-6] 입니다.

먼저 방화벽입니다. 방화벽을 이중화하는 것은 간단합니다. 방화벽 옆에 방화벽을 하나 더 두면 됩니다. 장비 고장, 케이블 문제 등으로 장애가 발생해도 다른 경로를 통해 통신을 유지할 수 있게 구성하는 것이 중요합니다.

그림 3-5 간단한 구성

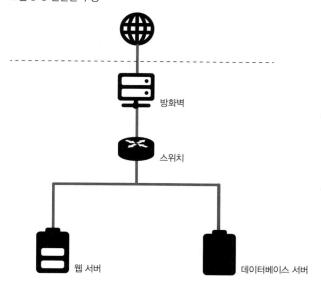

방화벽

스위치

웹 서버

데이터베이스 서버

그림 3-6 방화벽 확장 구성

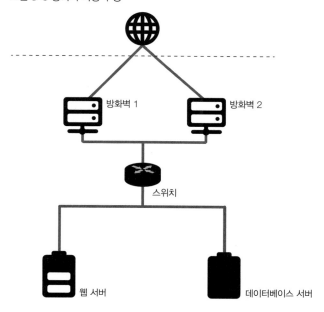

방화벽 1

방화벽 2

스위치

웹 서버

데이터베이스 서버

예를 들어 그림 3-6에서 확장한 방화벽 하나에 문제가 생기면 어떻게 될까요? 가상 IP 주소 기능 등을 사용해 다른 방화벽으로 페일 오버하면 통신을 계속 유지할 수 있습니다.

스위치도 단일 지점입니다. 따라서 스위치도 이중화합니다. 선은 어떻게 연결해야 할까요? 방화벽과 스위치를 교차시켜 연결해야 합니다. 또한 스위치를 이중화하면 NIC도 이중화해야 합니다. 그리고 서버 게이트웨이는 방화벽에 연결해야 하는데, 2개의 NIC 중 어느 쪽과 통신해야 할까요? 이런저런 것들을 생각하면 [그림 3-7]과 같은 구성을 만들 수 있습니다.

그림 3-7 네트워크를 확장한 구성

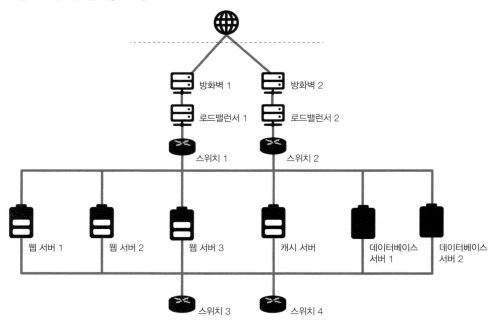

최종 시스템 구성을 완성할 때까지는 장비 추가 이외의 부분들도 고려해야 합니다. 다음 절에서는 네트워크 확장과 관련된 내용부터 살펴보겠습니다.

3.2.2 네트워크 확장

클라우드 등의 가상화 인프라를 사용하면 물리 네트워크가 블랙박스처럼 되어 내부에서 어떤 동작이 일어나는지 몰라도 됩니다. 하지만 네트워크의 기초적인 부분은 다루게 되므로 물리 확장 구성의 기본 지식은 반드시 알아야 합니다. 아무리 서버를 확장 구성해서 죽지 않게 만들어도 네트워크가 끊어지면 통신할 수 없습니다. 따라서 네트워크도 확실하게 관리해야 합니다.

확장 프로토콜의 특성

네트워크 확장 프로토콜은 벤더에 따라 여러 개가 있습니다. 벤더에 따라 각각 사양과 특징들이 다르므로 선택할 때 주의해야 합니다.

필자는 Junos OS와 FortiOS를 주로 사용하는데 벤더에서 제공하는 프로토콜인 Netscreen Redundancy Protocol(이하, NSRP)과 FortiGate Clustering Protocol(이하, FGCP)은 네트워트 통신을 유지할 수 있게 도와줍니다. 예를 들어 FGCP는 환경 설정^{Config} 동기화를 지원하고 전환 감지까지의 시간이 굉장히 빠르며 세션 정보를 다른 장비와 함께 동기화할 수 있으므로 HTTPS 세션이 끊기지 않은 상태로 화면을 조작할 수 있습니다.

반면에 VRRP$^{Virtual\ Router\ Redundancy\ Protocol}$는 프로토콜의 특성 때문에 가상 IP 주소의 Active/Standby 관리만 해 주는 경우가 많아 교체에 시간이 걸리며 세션이 동기화되지 않습니다. 그래서 접속이 계속해서 끊기거나 하는 영향이 발생합니다.

프로토콜 및 장비의 특성

확장 구성에서 전환 감지 시간은 장비 배치에도 영향을 받습니다. 예를 들어 방화벽과 로드밸런서를 확장 구성으로 사용하는 경우, 과거에는 벤더에서 제공하는 확장 프로토콜이 아니라 VRRP를 사용하고 방화벽과 로드밸런서를 직접 연결했습니다. 이 경우 전환할 때 방화벽과 로드밸런서가 붙어 있으므로 상위 경로가 모두 바뀌어 전환하는 데 시간이 오래 걸립니다.

이는 프로토콜 및 장비의 특성 때문에 발생하는 현상으로, 방화벽 또는 로드밸런서 둘 중 하나에만 전환이 발생해도 VRRP가 전환되어 지금까지 가동되던 포트가 셧다운되고, 다른 장비들이 장애 대처를 취합니다. 결국 장비 2개 몫의 장애 대처 시간이 필요해 전환 시간이 쓸데없이 오래 걸립니다.

앞에서도 언급했지만 장비가 2배로 늘면 고려해야 할 점은 최소 $2 \times 2 = 4$배 이상으로 늘어납니다. 또한 장비 고유의 성질이 있고 다른 장비와도 연결해야 하며 사용할 수 있는 프로토콜이 제한되는 등 다양한 문제가 발생합니다.

방화벽, 스위치, 로드밸런서가 복잡하게 구성되어 있을 경우 각각의 장비가 고장 났을 때 통신 경로가 어떻게 되는지, 어떤 동작이 발생하는지 등을 충분히 검토해서 도입 및 설계해야 합니다. 고장이 났을 때 예상치 못한 동작을 해 버리면, 최악의 경우 전체 통신이 끊길 수도 있습니다.

본딩(서버 측의 네트워크 확장)

네트워크 관계를 설명할 때 또 한 가지 중요한 부분이 있습니다. 예를 들어 웹 서버와 스위치를 연결하는 스위치 포트 고장으로 스위치와 서버 사이의 소통이 끊어진 경우를 생각해 봅시다. 이러한 상황이 발생하면 서버끼리 소통할 수 없으며 서비스가 중단됩니다. 힘들게 네트워크 장비를 확장했는데 이렇게 되면 아무 의미가 없어집니다. 이럴 때는 어떻게 해야 할까요?

이 예에서 서버는 네트워크 인터페이스 하나만 외부와 연결되어 있으므로, 그 하나에 장애가 발생하면 전부 연결되지 않는다는 문제가 발생합니다. 이러한 때는 **본딩**Bonding(윈도우의 경우 **티밍**Teaming)으로 해결합니다.

본딩 기술은 2개의 네트워크 인터페이스를 하나의 인터페이스처럼 작동하게 해서 하나가 기능을 정지했을 때 다른 하나를 대체해 사용하므로 외부에서 봤을 때 문제가 없는 것처럼 보이는 확장 기술입니다.

그림 3-8 본딩

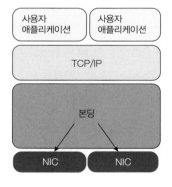

본딩에는 두 가지 방식이 있는데, 두 가지 네트워크 인터페이스를 항상 사용하는 **Active-Active**(이하 **Act-Act**) 방식과 하나가 정지했을 때 다른 네트워크 인터페이스로 전환하는 **Active-Standby**(이하 **Act-Sby**) 방식입니다.

| Act-Act |

Act-Act는 항상 2개의 NIC로 동시에 통신하는 방식입니다. 두 포트를 Act로 두므로 스위치 측에서 링크 어그리게이션Link Aggregation해야 하는 경우도 있습니다. 두 포트를 묶어서 사용하더라도 드라이버와 커널 제한 때문에 2배의 트래픽을 처리할 수 없는 경우가 있으므로 주의해야 합니다.

본딩으로 운용하는 경우 같은 벤더의 NIC로 본딩을 구성하면 드라이버와 펌웨어 등의 영향으로 양쪽 NIC에 함께 트러블이 발생할 수 있습니다. 따라서 벤더가 다른 NIC(내장 NIC와 외장 NIC 등)로 본딩을 구성해서 동시에 트러블이 발생하지 않게 합니다.

| Act-Sby |

Act-Sby는 메인 장비와 대기 장비를 나누어 구축하는 방식입니다. 이 방식에서 메인 장비에 어떤 장애가 발생하면 NIC 전환이 발생하므로, 고장 났다는 것을 쉽게 인지할 수 있다는 운용 상의 장점이 있습니다. 그리고 어떤 NIC가 메인인지 명확하게 알 수 있으므로 트러블 슈팅도 용이합니다.

또한 패킷 송신 포트에 사용하는 포트가 하나씩이므로 Act-Act에서 필요했던 스위치의 링크 어그리게이션 설정을 따로 하지 않아도 되는 경우가 많습니다. 주의할 것은 시스코Cisco 장비[12] 의 경우 STP 설정을 'ftp'로 하지 않으면 본딩을 설정해도 전환에 수십 초가 소모될 수 있다는 점입니다.

다음에는 네트워크와 네트워크 인터페이스의 확장 구성을 살펴보겠습니다.

3.2.3 프런트 부분 확장화

웹 서버는 구성이 단순하고 접근 단위로 처리가 독립되어 있으므로, 서버 하나하나의 신뢰성을 높이는 방법보다 낮은 신뢰성을 가진 서버를 여러 대 사용하는 방법도 많이 선택됩니다. 예를 들어 웹 서버 여러 대를 준비하고 로드밸런서를 이용해 클라이언트의 요청을 웹 서버들에 분산해서 전송하는 구성도 있습니다.

---

12 역자주_ Cisco Systems의 제품을 의미합니다.

고가용성High-Availability, HA과 **가변성**Scalability은 비슷한 상황에 사용되므로 혼동하기 쉽습니다. HA는 Active/Standby의 2대 확장 구성을 통해 서버가 중단되지 않게 접근하는 방법을 의미하는 경우가 많습니다. 가변성은 부하에 대응하려고 시스템 규모를 확대 · 축소하는 구성을 나타냅니다.

원래 고가용성을 요구하는 확장 구성은 **N + 1**, **2N** 등으로 구분했습니다. N+1이란 N대의 서버에 1대의 예비 서버를 준비하는 것을 의미합니다. 2N은 N대의 모든 서버에 1대씩 예비 서버를 준비하는 것을 의미합니다. 2N 구성은 N대의 모든 서버에 1대의 예비 서버를 준비해야 하므로, 2N대의 서버가 필요합니다. 비용이 많이 들어가는 구성이라고 할 수 있습니다.

웹 서버의 가변성을 확보할 때는 N + 1의 개념과 비슷한 방법을 사용합니다. 여러 대의 서버가 고장 나도 대체할 수 있게 다른 서버들을 미리 준비하는 것입니다. 클라우드 환경에서는 고부하를 견디기 위해 수십 대의 프런트 웹 서버를 배치하는 것도 그렇게 특별한 일이 아닙니다.

그림 3-9 프런트 확장화

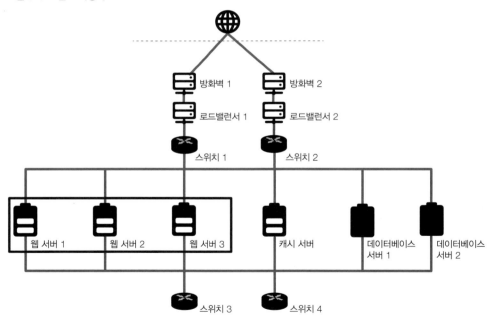

3.2.4 웹 사이트의 동시 접속 수 예측

웹 서버를 구축할 때 가장 어려운 것 중 하나는 바로 **동시 접속 수**를 예측하는 것입니다.

동시 접속 수는 동일 시점에서 웹 사이트에 접속하는 수라고 할 수 있습니다. 예를 들어 맛집을 소개하는 텔레비전 방송에서 어떤 디저트 가게를 소개했다고 합시다. 방송이 나오는 순간부터 해당 디저트 가게를 검색해 보는 사람이 많아질 것입니다. 이러한 상황이 올 수 있으므로 '동시에 많은 사람이 사이트에 접근했을 때 어떻게 대처할 것인가?'를 생각해 두어야 합니다.

장비 스펙부터 생각하기

서버 스펙이 높으면 높을수록 많은 처리를 동시에 감당할 수 있습니다. 하지만 서버 스펙이 높으면 비용도 많이 듭니다. 그러므로 현재 가용 자원 범위에서 동시 접속 수를 늘리는 것이 중요합니다. 메모리 사용량과 CPU 부하가 적은 애플리케이션을 개발하면 서버 자원을 효율적으로 사용할 수 있습니다.

서버의 동시 접속 수를 올리면 방화벽과 로드밸런서 등의 스펙도 올려야 합니다. 네트워크 장비는 카탈로그에 나오는 스펙을 대부분 신뢰할 수 없으므로 따로 테스트해서 확인하고 선정하는 것이 좋습니다.

접근의 증가·감소부터 생각하기

동시 접속 수는 평소의 값과 피크 때의 값이 크게 다를 수 있습니다. 따라서 선택할 때의 기준이 중요합니다. 1년에 한 번 굉장히 많은 수가 접근하지만 그 외에는 거의 접근하지 않는 연하장 사이트 등이 대표적인 예입니다. 이때는 특정 기간에만 서버 구성을 바꿀 수 있게 하는 것이 좋습니다.

만약 불특정 시기에 접근이 증가한다면 인프라 관리 입장에서는 약간 어려운 경우라고 할 수 있습니다. 시기를 알 수 있으면 미리 서버 구성을 늘리고 해당 시기가 끝났을 때 서버 구성을 줄이면 됩니다. 하지만 시기를 알지 못하면 이러한 대처가 불가능합니다. 이러한 때는 자동으로 부하를 감지하여 서버를 증가·감소해 주는 오토 스케일링 기능을 검토해 봅시다.

최근에는 동시 접속 수 상한의 증가·감소를 서버 대수로 조정합니다. 구체적인 방법은 나중에 설명하겠습니다.

3.2.5 확장 구성을 위한 웹 아키텍처의 변천

과거 (1): DNS 라운드로빈

서버 1대의 가용성을 넘을 경우 DNS 라운드로빈[13]이라는 방법을 사용할 수 있습니다. DNS 라운드로빈은 여러 대의 서버를 놓고 웹 브라우저에서 넘어온 요청을 분산하는 방법입니다. 특별한 장비가 따로 필요 없고 적은 비용으로 구현할 수 있어 과거에 널리 사용되었습니다.

하지만 DNS 라운드로빈은 요청을 세부적으로 구분할 수 없기 때문에(장애 발생 시 다른 서버로 요청을 보내는 등), 부하의 편향을 제어할 수 없습니다. 그래서 품질이 보증되지 않는 경우가 많습니다.

그림 3-10 DNS 라운드로빈

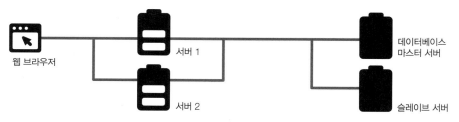

과거 (2): 로드밸런서

시간이 조금 지나고 로드밸런서를 사용하는 구성이 많아졌습니다. 로드밸런서를 사용하면 DNS 라운드로빈으로 할 수 없는 많은 것을 할 수 있습니다.

- 부하 서버 상태 확인(감시)과 장애 서버 자동 분리
- 할당 방식 선택 가능(리스트 커넥션Least Connection, 라운드로빈 등)
- 세션 퍼시스턴스Session Persistence(또는 세션 스티키니스Session Stickiness)
- 쏘리 서버Sorry Server 사용

로드밸런서는 지금도 많이 사용하는 솔루션입니다. 기존에는 물리 서버 1대가 수천만 원이었지만, 최근에는 클라우드 서비스를 기반으로 한 달에 1만 원에서 10만 원 정도면 쉽게 사용할 수 있습니다.

---

13 'DNS RR'이라고도 부르지만, 필자의 경우 DNS 리소스 레코드와 구분할 수 있도록 생략하지 않았습니다.

그림 3-11 로드밸런서

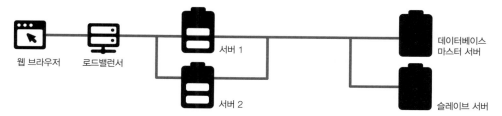

세션 퍼시스턴스는 하나의 트랜잭션을 가급적 같은 서버에서 처리하는 기능입니다. URL에 특정 토큰을 넣거나 쿠키에 특정 서버를 지칭하는 문자열 등을 넣고, 이를 로드밸런서가 해석해서 최대한 같은 서버에 분할하는 것입니다.

하지만 최근에는 이러한 의미가 거의 없어지고 있습니다. 트랜잭션 세션 정보를 백엔드 데이터베이스에 저장해서 사용하는 경우가 많아졌기 때문입니다.

현재 (1): 웹 브라우저의 페일 오버 기능 사용하기

현재의 웹 브라우저는 웹 브라우저 안에 페일 오버 기능이 있으므로 상황이 달라졌습니다.

그림 3-12 웹 브라우저의 페일 오버 기능 사용하기

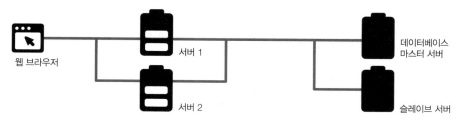

로드밸런서가 하던 분배 대상을 항상 감시하고 반응이 없으면 해당 서버에 분배하지 않는 형태로 동작합니다. 구성 자체는 DNS 라운드로빈 시대의 구성과 똑같습니다.

2005년 이후의 웹 브라우저는 여러 개의 A 레코드가 포함된 경우 A 레코드를 차례대로 확인하면서 페일 오버하는 기능이 있습니다.

1 DNS 서버에서 여러 개의 A 레코드를 응답합니다.
2 클라이언트 OS는 여러 개의 A 레코드를 캐시합니다.

3 웹 브라우저는 A 레코드의 첫 번째 것에 접근해 봅니다. 접근이 되면 종료합니다. 접근이 안 되면 4번으로 진행합니다.

4 웹 브라우저는 다음 A 레코드에 접근해 봅니다. 접근이 되면 종료합니다. 접근이 안 되면 다시 4번을 실행합니다.

서버에 장애가 발생한 경우 앞 3~4번과 같이 처리해야 하므로 처음 접근할 때 약간 시간이 걸릴 수 있지만 로드밸런서를 사용하지 않아도 된다는 장점이 있습니다.

그러나 이 방식에는 한 가지 주의해야 할 부분이 있습니다. RFC3484에 IP 주소 선택 방법이 규정되어 있는데 '6. Destination Address Selection(대상 주소 선택)'의 Rule 9이 문제입니다. Rule 9을 보면 IP 주소의 프리픽스가 가장 길게 일치하는 IP 주소를 사용해야 한다^{Use Longest Matching Prefix}고 나와 있습니다.

국가마다 할당 받은 IP 주소의 경우 프리픽스가 같으므로 이러한 규칙이 생긴 것 같습니다. 일부 웹 브라우저는 Rule 9이 이미 구현되어 있지만 주류는 아닙니다. 이와 같은 규칙이 주류가 되어 버리면 특정 IP 주소로 접근이 집중되어 라운드로빈이 제대로 이루어지지 않을 수 있기 때문입니다.

동일한 프리픽스를 갖지 않은 경우 Rule 10이 적용되어 DNS 서버로부터 받은 순서(랜덤)로 사용되므로 안심해도 됩니다.

현재 (2): 글로벌 서버 로드밸런서

DNS 서버에 감시 서비스를 추가하고, 실시간으로 IP 주소 레코드를 컨트롤해서 부하를 분산하는 방법도 최근 많아지고 있습니다.

이 방법은 **글로벌 서버 로드밸런서**(이하 GSLB)라고 합니다. 지금까지 같은 세그먼트의 서버에만 분배할 수 있었던 로드밸런서의 단점, DNS 라운드로빈의 불확실성을 보완한 방법이라고 할 수 있습니다. 이 방법을 사용하면 지리적 분산도 할 수 있습니다.

1 GSLB는 지금까지의 로드밸런서와 같이, 서버들이 잘 실행되는지 정기적으로 확인합니다.

2 장애 서버가 있으면 DNS 레코드에서 대상 DNS 레코드를 제거합니다.

DNS 레코드가 캐시되어 있는 기간에는 제거해도 계속해서 접근이 발생하지만, TTL을 30초 정도로 두면 캐시가 오래 저장되지 않으므로 장애 서버의 레코드가 제거됩니다. 만약 접근이

와도 이전에 언급했던 웹 브라우저의 페일 오버 기능을 통해 다른 서버로 접속을 날리므로 아무 문제 없습니다.

GSLB는 굉장히 많은 장점이 있습니다.

- 여러 ISP에 서버를 나눠서 배치할 수 있어, 특정 ISP에 네트워크 장애가 발생해도 서비스를 계속 제공할 수 있습니다.
- 지리적 분산으로 부하를 분산할 수 있습니다.
- GeoIP 주소를 사용해 가까운 서버에 접근하도록 유도합니다(서비스에 따라서 한국, 일본, 미국, 유럽 등으로 분산할 수 있습니다).

거점을 지나는 경우는 GSLB를, 거점 내부에서는 로드밸런서와 DNS 라운드로빈을 사용하는 경우가 많습니다. 필요에 따라 조합해서 사용하는 경우도 있습니다.

3.3 보안 대응 이해하기

어느 정도의 보안을 담보해야 하는가에 따라 어느 정도의 보안 대책이 필요한지가 달라집니다. RFP에서 정의한 보안 요건에 따라 결정합니다.

3.3.1 방화벽

보안 대책이라고 하면 **방화벽**을 먼저 떠올리는 사람이 많을 것입니다.

방화벽이 없더라도 서버 공격에 사용될 수 있는 불필요한 데몬을 정지하거나, 아파치에서 불필요한 모듈을 읽어 들이지 않게 하는 방법 등으로 일정 수준의 보안을 확보할 수 있습니다. 또한 서버의 iptables 기능으로 부정한 접근을 막아 보안 대책을 실시할 수도 있습니다.

이러한 대책들이 있는 데도 방화벽을 도입하는 이유는 무엇일까요? 일단 가장 큰 이유는 **네트워크 분리와 분할**입니다. 추가로 접근 정책Policy을 사용해 원하는 것만 허가할 수도 있으므로 의도하지 않은 데몬들이 외부에 공개되는 위험을 줄일 수 있습니다.

또한 ACL^Access Control List (접근 제어 목록)을 한 번에 쉽게 관리할 수 있다는 장점도 있습니다.

3.3.2 IDS/IPS

침입 탐지 시스템IDS과 **침입 방지 시스템**IPS은 통신 내용을 기반으로 공격인지 추정하며, 해당 트래픽을 동적으로 탐지하고 차단하는 장치입니다. IDS는 탐지, IPS는 차단까지 해 줍니다. 호스트 형태, 네트워크 형태, 클라우드 형태 등으로 제공합니다.

이러한 시스템은 침입 흔적을 발견할 경우 관리자에게 그 사실을 통지합니다. 통지를 받은 관리자는 해당 내용을 기반으로 언제 어디서 어떤 공격이 어느 정도 오는지 알 수 있습니다. 또한 실질적으로 공격을 받는지, 서버에 어느 정도의 영향이 있는지, 정보 유출로 이어질지 등을 확인할 수 있습니다. 그리고 이를 기반으로 서버와 네트워크에 대응이 필요한 취약점이 있는지의 여부 등도 판단할 수 있습니다.

그림 3-13 IDS와 IPS

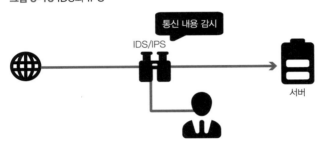

IDS/IPS 경고는 자주 발생합니다. 경고의 내용을 이해하고 정말 제대로 된 경고인지 확인하려면 전문적인 지식이 필요한 경우가 많습니다. 따라서 실제로 도입해도 운용하는 것은 굉장히 힘들다고 할 수 있습니다. IDS/IPS에서 경고로 검출하기 위한 특징은 매우 많으며, 매일 늘어나고 있습니다. 따라서 모든 것을 사내 관리자가 확인하는 것은 불가능합니다.

IDS/IPS 도입을 생각하는 경우 경고를 보여주는 외부 서비스 사용 등도 검토해 봅시다. 이러한 서비스를 사용하면 전문가가 감시해 주므로 감지했을 때의 대응이 빨라질 수 있으며, 로그가 무엇을 나타내는지 확실히 알 수 있습니다. 이해할 수 있는 사람이 있으면 문제 해결에 걸리는 시간이 확 줄어듭니다. 따라서 서버의 부하가 높아지는 등의 리스크를 크게 줄일 수 있습니다.

3.3.3 WAF

방화벽은 IP 계층(L4)의 방어 장치이고, IDS/IPS는 L4+α까지의 방어 장치입니다. 그런데 워드프레스^{WordPress}, 스트럿츠^{Struts} 같은 CMS와 프레임워크의 취약성도 최근 큰 문제가 되고 있습니다. 이와 같은 애플리케이션 레벨에서의 주입^{injection} 공격, 파일 업로드, 원격 코드 실행 등 취약성을 겨냥한 '애플리케이션 계층 공격'은 어떻게 막아야 할까요?

이때 사용하는 것이 **WAF**라는 장치입니다. WAF란 'Web Application Firewall'의 줄임말로 이름 그대로 애플리케이션 계층(L7)의 방화벽입니다. 구체적으로는 요청 내용을 분석하고 기존의 취약성을 공격하는 것인지 확인한 뒤 문제 없을 경우 통과시키는 기능을 합니다. 구조는 IPS 등과 다르지 않습니다. 웹 애플리케이션에 특화된 IPS라고 생각하면 됩니다.

동작 흐름은 바이러스 스캔에서 실행하는 패턴 매칭 등의 검역 방법과 같습니다.

그림 3-14 WAF

클라우드 기반의 IDS/IPS, WAF

지금까지는 IDS/IPS, WAF 등의 전용 장비를 직접 구입해 독자적으로 운용 보수해야 했습니다만, 최근에는 클라우드 서비스도 나오고 있습니다. 서비스 계약에 운용 보수까지 포함되어 있어 감지된 경보에 대응만 하면 되므로 한정된 리소스를 효율적으로 사용할 수 있습니다.

물론 클라우드 기반의 IDS/IPS/WAF도 단점이 있습니다. 설치 장소가 떨어져 있으므로 네트워크 장애에 약하다는 것입니다. 네트워크 경로에서 장애가 발생하면 사이트에 접속할 수 없게 됩니다.

게다가 감지 포인트가 다르다는 문제도 있습니다. 직접 장비를 준비하고 사용하는 경우, 웹 서버 등 지켜야 하는 것 바로 위 스위치의 포트를 미러하거나 해서 모든 정보를 추출할 수 있습니다. 하지만 클라우드 기반의 경우, 이전에 언급했던 것처럼 네트워크가 떨어져 있으므로 보안 서비스를 회피해 직접 접근하는 것을 막지 못할 수 있습니다. 따라서 이 경우 방화벽으로 막는 등 추가 대책이 필요합니다.

3.3.4 가상 LAN

물리 네트워크를 사용해 본 적이 있는 사람은 **스위칭 허브(스위치)**를 다뤄 보았을 것입니다. 개인용은 4포트 또는 8포트 등과 같이 포트 수가 적지만, 업무용 스위치 허브는 24포트나 48포트 모델을 주로 사용합니다. 포트를 모두 사용할 정도로 서버 수가 많으면 문제없지만, 소규모 조직에서 스위치 허브를 1대씩 사용하면 쓸데없이 랙이 낭비됩니다. 이러한 경우 '남는 부분에 다른 시스템을 넣으면 어떨까?'라는 생각으로 이어질 수 있는데 이를 가능하게 하는 것이 바로 **가상 LAN**(이하 VLAN)이라는 기능입니다.

VLAN을 사용하면 물리 스위치가 분리되므로 서로 통신할 수 없습니다. 따라서 여러 시스템을 한 번에 연결해도 통신이 섞이지 않습니다.

VLAN 방식

VLAN은 크게 **포트 VLAN**과 **태그 VLAN**이라는 두 가지 방식으로 나눌 수 있습니다. 포트 VLAN은 스위치의 포트가 어떤 VLAN에 속하는지 지정하는 방식입니다. 태그 VLAN은 서버 또는 가상화 계층에서 패킷에 VLAN 태그를 붙여 어떤 VLAN에 속하는지 지정하는 방식입니다.

물리 시스템의 경우 알기 쉬운 포트 VLAN을 주로 사용합니다. 클라우드 시스템의 경우 가상화 계층과 밀접한 관련이 있으므로 태그 VLAN을 주로 사용합니다. 태그 VLAN은 어떤 가상 서버가 어떤 VLAN에 소속되는지를 가상화 계층에서 제어할 수 있기 때문입니다. 이는 **Software Defined Networks**[SDN]의 일종이라고 할 수 있습니다.

클라우드 서비스의 메뉴에서는 스위치 또는 VLAN이라고 표현합니다. 서비스에 따라서 VLAN을 사용하지 않는 경우도 있겠지만, 네트워크 분리와 독립을 위한 기능은 분명히 제공됩니다.

3.3.5 통신 경로 암호화

보안 대책으로 **경로 암호화**라는 것도 중요한 대책 중 하나입니다. 통신 경로의 보안 위협에는 어떤 것이 있을까요?

표 3-5 통신 경로 보안에 대한 위협

위협	영향을 받는 구간과 방법	대책
1. 악의적으로 다른 사용자 도청	네트워크 분리, 분할, 암호화, 서버 통신 암호화	VLAN, SSH, HTTPS 등
2. 사업자의 설정 미비, 사고, 취약성 등에 의한 정보 누출	네트워크 분리, 분할, 암호화, 서버 통신 암호화	VLAN, SSH, HTTPS 등
3. 인터넷 경로의 악의적인 도청, 변조	거점 사이의 암호화, 서버 통신 암호화	VPN, SSH, HTTPS 등

대책은 크게 **로컬 네트워크의 대책**과 **인터넷 경로상의 대책** 두 가지로 분류할 수 있습니다.

로컬 통신 자체도 암호화할 수 있지만 성능에 큰 문제가 생길 수 있으므로, 아무래도 보호하고 싶은 통신을 프로토콜 기반으로 보호하는 경우가 많습니다. SSH, HTTPS, 데이터베이스 사이의 통신 암호화 등이 이에 해당합니다. 서버와 클라이언트 사이의 모든 구간을 암호화하므로 악의적인 다른 사용자 또는 사업자에게 정보가 누출되지 않게 대책을 세울 수 있습니다.

하지만 애플리케이션마다 대응하는 것은 귀찮은 일입니다. 그래서 거점 사이의 인터넷 통신 대책으로 '거점 간 VPN' 등이 마련되어 있습니다. 이를 사용하면 암호화를 지원하지 않는 프로토콜도 보호할 수 있습니다.

위협과 대책을 대략 살펴봤으므로 어떤 통신 구간에 어떤 위협이 발생할 수 있는지 정리해 보겠습니다. 통신 구간은 보통 다음 세 가지로 분류합니다.

- 클라우드 네트워크 내부
- 엔드 투 엔드End to End
- 거점 사이

표 3-5에서 소개한 '통신 경로 보안에 대한 위협'에 있던 숫자를 기준으로, 각 구간에서 발생할 수 있는 위협을 정리하면 [표 3-6]과 같습니다.

표 3-6 통신 경로에서 발생할 수 있는 위협과 대책

통신 구간	위협과 대책
클라우드 네트워크 내부	1, 2
엔드 투 엔드	1, 2, 3
거점 사이	3

이처럼 어디에 어떤 위협이 있을지 명확하게 한 다음, 위협과 대책을 실시하는 것이 좋습니다.

VPN의 종류

최근에는 시스템을 클라우드와 같은 외부에 배치하는 경우가 많아 VPN이 필수 요소가 되었습니다. VPN에는 **L2VPN**, **L3VPN** 등 몇 가지 종류가 있습니다.

L2VPN은 이름 그대로 같은 세그먼트를 VPN으로 연결하는 기술입니다. 다른 네트워크를 터널링 기법으로 L2처럼 다루게 해 줍니다. 로컬의 LAN 등을 심리스seamless로 확장하는 방법으로 많이 사용됩니다. 네트워크를 넘나들지 못하는 프로토콜 또는 소프트웨어를 사용할 때 적합합니다.

일반적으로는 L3VPN을 많이 사용합니다. 거점 사이의 인터넷 VPN, 물리 전용선과 같이 닫힌 네트워크 등에 사용합니다. 전용선을 사용하므로 품질은 좋지만 비용이 많이 들기 때문에, 회선에 수백 만원 이상 투자할 수 있는 회사가 아니라면 사용할 수 없습니다. 그래서 전용선 등이 사용된 닫힌 네트워크를 VPN으로 암호화해서 통신하도록 하는 경우가 많습니다.

암호화할 수 없는 구간

클라이언트와 서버 사이, 프런트 서버와 데이터베이스 서버 사이, 메일 서버 사이처럼 암호화해서 통신하고 싶은 경로는 굉장히 많습니다. 이들은 데이터가 오고 갈 때 양쪽 모두 암호화하는 것이 기본입니다.

그러나 암호화할 수 없는 부분도 있습니다. 물론 세부 구성에 따라 다르지만 보통 방화벽과 웹 서버 사이 또는 로드밸런서와 웹 서버 사이는 암호화할 수 없습니다. 방화벽의 IPS, IDS, WAF 기능 때문에 이 구간에서 암호화가 해제되기 때문입니다.

또한 로드밸런서가 있는 시스템의 경우 세션 퍼시스턴스 기능과 L7 로드밸런싱 때문에 로드밸런서와 웹 서버 사이의 암호화가 해제됩니다. 쓸데없이 암호화를 해제하는 것은 아닙니다. 암호화를 해제해야 하는 상황이므로 해제하는 것입니다.

일단은 암호화하지 않은 경우를 생각해 봅시다. 암호화하지 않은 통신 내용을 확인해서 분석하는 경우 흘러 들어온 패킷을 캐치해 조립하면 통신 내용을 볼 수 있습니다. 이러한 내용을 기반으로 해당 통신이 부정한 공격인지 등을 판별할 수 있습니다.

하지만 현재 사이트는 대부분 HTTPS라는 암호화 통신을 사용합니다. HTTPS 통신을 사용하면 IP 헤더는 프로토콜에서 조작할 수 없는 계층이므로, IP 헤더가 암호화되지 않습니다. 하지만 IP 패킷 데이터가 들어 있는 부분은 HTTPS 기반으로 내용이 작성되어 있으므로 암호화됩니다.

통신 내용이 암호화되어 있으므로 증명서가 없는 중간 장비에서는 해당 통신이 공격 목적의 통신인지, 정상적인 클라이언트 통신인지 확인할 수 없습니다.

그림 3-15 보안 장비에서 확인할 수 없는 패턴

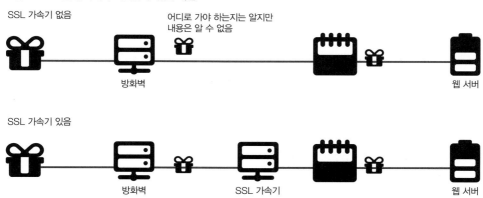

통신이 암호화되어 있으면 IPS, IDS, WAF에서 통신 내용을 확인할 수 없습니다. 따라서 장비를 계획대로 사용하려면 통신 암호화를 해제하고 IPS가 읽을 수 있는 형태로 구성한 뒤 요청을 웹 서버에 전송합니다. 이렇게 하면 IPS, IDS는 암호화가 해제된 통신을 해석해서 부정한 통신인지 판단할 수 있습니다.

3.3.6 SSL 가속기 이해하기

웹 사이트의 SSL 암호화 처리는 CPU 자원을 꽤 많이 소비합니다. 그런데 보통 애플리케이션 서버와 프런트 서버가 같다면, CPU 자원을 최대한 애플리케이션 처리에 할당하고 싶어 합니다. 이 경우에는 SSL 가속 기능의 사용을 고려하는 것이 좋습니다. SSL 가속 기능을 제공하는 장비를 SSL 가속기라고 합니다.

그림 3-16 SSL 가속기

보통 SSL 가속기는 로드밸런서 등에 포함되어 있습니다. 그런데 세션 퍼시스턴스나 L7 로드밸런싱을 실행하면 암호화의 종점(엔드포인트)이 웹 서버이므로 좋지 않은 형태입니다. 만약 로드밸런서가 스스로 암호를 복호화할 수 있다면, 쿠키와 세션 ID를 기반으로 하는 세션 퍼시스턴스 기능을 실현할 수 있습니다. 하지만 세션 퍼시스턴스를 사용하지 않는 것이 최근 경향이므로 좋은 방법은 아닙니다.

오히려 IDS, IDP, WAF를 사용하려는 목적으로 SSL 가속기를 이용합니다. 원래 이들은 공격을 감지하기 위해 암호를 복호화하고 검사해야 합니다. 따라서 이전 단계에서 가속기를 통해 SSL을 복호화하고 내용을 검사하게 하여 공격을 감지하는 것입니다.

이와 같은 상황들이 바로 SSL 가속기를 사용하고 싶어지는 경우입니다.

3.3.7 웹 서버의 보안

게이트웨이형 WAF

가장 쉽게 설치할 수 있는 것은 게이트웨이형 어플라이언스[14]입니다. 방화벽 안쪽에 배치합니다.

---

14 역자주_ 어플라이언스를 처음 들어 본다면, 특정한 목적을 위해 만들어진 통합 장비라고 생각하기 바랍니다.

그림 3-17 게이트웨이형 어플라이언스 도입 구성 예

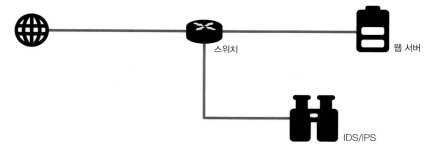

게이트웨이형이므로 방화벽이나 라우터처럼 해당 부분에 통신이 모입니다. 즉 한 곳을 통과하게 한 후 해당 장소에서 패킷을 차례대로 스캔하는 것입니다. 간단하죠?

가장 간단한 방법이지만 단일 회선인 경우 어플라이언스가 단일 지점이 될 수 있습니다.

가상 게이트웨이형 WAF

최근에는 클라우드 서비스에서 웹 서버를 많이 구축함에 따라 가상 게이트웨이형 WAF도 많이 사용되고 있습니다. 이전에는 거의 사용하지 않았지만 최근에는 인터넷이 안정되고 클라우드 서비스가 발전하면서 많이 사용되기 시작했습니다.

가상 게이트웨이형 어플라이언스는 게이트웨이형 어플라이언스와 거의 비슷하게 동작하지만, 게이트웨이로 집약되는 대상(통신)이 인터넷을 지나 가상 게이트웨이형 WAF를 경유하고 통신 내용을 확인한 뒤 웹 서버로 들어온다는 점이 다릅니다.

이러한 방식은 약간 지연이 있을 수 있습니다. 또한 거리와 통신 기기 수에 큰 영향을 받습니다. 하나하나의 요소가 몇 ms 정도 지연되면, 수천 개의 장비와 수십 킬로미터의 경로를 통과하는 과정에서 몇 초 이상 지연되는 경우도 있습니다. 따라서 지연이 걱정되는 경우 게이트웨이형 어플라이언스 형태를 추천합니다.

모듈형 WAF

모듈로 동작하는 것도 있습니다. 게이트웨이형 어플라이언스와 단점이 비슷합니다. 예를 들어 아파치 웹 서버라면 웹 서버의 모듈 중 하나로 동작하며, 웹 서버와 송수신 처리 중에 WAF를 확인합니다. 외부에 통신 내용을 내보내지 않으므로 통신 지연이 발생하지 않습니다. 하지만

그만큼 내부에서 더 많은 CPU와 메모리 자원을 사용합니다. 따라서 기존에 사용하던 웹 서버에 모듈형 WAF를 추가한다면 더 높은 서버 성능을 요구합니다.

3.3.8 데이터베이스 서버의 보안

데이터베이스 서버의 보안 대책은 다섯 가지로 나눠 생각해 볼 수 있습니다.

> 1 데이터베이스에 접속할 수 있는 사람은 누구인가?
> 2 웹 서버와 데이터베이스 서버 사이의 통신을 신뢰할 수 있는가?
> 3 데이터베이스의 결과를 신뢰할 수 있는가?
> 4 데이터베이스 서버에 로그인하는 사람을 신뢰할 수 있는가?
> 5 데이터베이스 서버가 읽고 쓰는 디스크를 신뢰할 수 있는가?

하나씩 살펴봅시다.

데이터베이스에 접속할 수 있는 사람은 누구인가?

가장 기본적인 이야기입니다만, 접속 대상 및 ID/비밀번호 관리는 당연한 문제입니다. 웹 서버와 데이터베이스 서버가 같다면 소켓 통신으로 통신할 수 있으므로 TCP 바인드하지 않아도 됩니다. TCP가 필요하면 127.0.0.1 또는 netstat 등의 명령어로 확인하세요. 이러한 부분을 놓치는 경우가 많으므로 주의하기 바랍니다.

웹 서버와 데이터베이스 서버 사이의 통신을 신뢰할 수 있는가?

웹 서버와 데이터베이스 서버가 로컬 네트워크 안에서 접속한다면 신뢰할 수 있지만 주의해야 할 부분도 있습니다.

바로 클라우드 등의 공유 세그먼트입니다. VLAN 등으로 분리된 네트워크라면 상관없지만 공유 세그먼트의 경우 완전하게 분리할 수 없습니다. 다른 사용자의 서버도 같은 세그먼트에 연결되어 있으므로 따로 확인해야 합니다.

그리고 어떤 사정 때문에 통신 경로로 인터넷을 사용하는 경우도 주의해야 합니다. 오피스 장비에서 클라우드 서비스의 데이터베이스에 연결하거나, 인스턴스에서 데이터베이스 서비스 등을 사용하는 경우입니다. 데이터베이스 통신에서는 ID와 비밀번호를 비롯해 중요한 데이터가 오고 갑니다. 따라서 인터넷 등 신뢰할 수 없는 네트워크를 통과하는 경우, 반드시 SSL 등으로 암호화하기 바랍니다.

데이터베이스의 결과를 신뢰할 수 있는가?

데이터베이스에 접속하는 호스트와 사용자를 한정하면 신뢰할 수 있는 쿼리만 받는다고 생각하는 경우가 많습니다. 하지만 실제로는 그렇지 않습니다.

일단 사용자가 무의식적으로 실수하거나 고장이 발생할 수 있습니다. 또한 내부의 데이터를 보기 위해 권한이 없는데도 접근하는 경우가 있습니다. 따라서 데이터베이스 사용자에게 주는 권한을 최대한 통제하는 것이 좋습니다.

그리고 웹 서버를 공격할 목적으로 데이터베이스 서버에 부정한 쿼리를 보내는 경우도 있는데 데이터베이스 서버에서 쿼리를 차단하는 것은 쉽지 않습니다. 이때는 웹 서버와 연계해서 WAF 등으로 공격을 감지하거나 차단하기 바랍니다.

데이터베이스 서버에 로그인하는 사람을 신뢰할 수 있는가?

예를 들어 데이터베이스 유지 보수를 MSP 사업자에게 아웃소싱했다고 합시다. 이때 MSP 사업자에게 데이터베이스 서버에 로그인하고 데이터에 접속할 수 있는 권한을 줘야 할까요? 답은 "아니요"입니다. 접근을 허용하면 안 됩니다. 로컬 네트워크에서 접근할 때는 따로 신경 쓰지 않아도 되지만 아웃소싱할 경우에는 권한 부여 등을 추가로 생각해 봐야 합니다.

의료, 신용카드, 기밀성이 높은 정보 등을 포함한 경우에는 운용의 자유도를 제약하더라도 권한 등을 신중하게 고려하는 것이 좋습니다.

데이터베이스 서버의 디스크 관리를 신뢰할 수 있는가?

전용 서버 또는 클라우드 서비스의 디스크를 어떻게 폐기하는지 아십니까? 폐기 방법이 명시되어 있거나 처리 증명서를 발급해 주는 사업자도 있지만, 클라우드 서비스의 경우 대부분 그렇게 하지 않습니다. 물론 사업자 대부분은 디스크를 안전하게 폐기하지만, 어떻게 폐기하는지 명확하게 알지 못할 경우 대책을 미리 생각해 보는 것도 좋습니다.

또한 데이터베이스 서버보다 백업 서버 관리가 문제되는 경우도 있습니다. 데이터베이스 서버는 ID 관리 등이 가능하지만, 덤프 데이터를 백업 서버에 저장하면 접근 관리 등이 안 됩니다. 따라서 민감한 정보는 데이터베이스에 저장할 때부터 암호화해서 저장하는 것이 좋습니다.

나중에 증명할 수 있게 하기

보안 사고가 발생했을 때 정보 유출이 없었다는 사실을 증명하는 것은 굉장히 어렵습니다. 지금까지 설명했던 다섯 가지 부분은 서버의 보안 확충과 관련된 내용입니다. 하지만 이러한 부분들을 적절히 설계하거나 운용했더라도, 정보 유출이 발생하지 않았다는 사실을 증명하는 것은 다른 문제입니다.

데이터베이스 서버는 성능이 중요하므로 모든 통신을 기록해 두기 어렵지만 인증 성공, 실패, 오류 정보 정도는 저장하는 것이 좋습니다. 그래야 해당 시간에 로그인하지 않았다는 것을 증명할 수 있기 때문입니다.

3.3.9 메일 서버의 보안

메일 서버의 보안은 크게 두 가지를 주의해야 합니다. 첫 번째는 오픈 릴레이가 되지 않게 하는 것, 두 번째는 통신 경로 암호화입니다.

오픈 릴레이가 되지 않으려면

보통 메일 서버는 두 가지 역할을 합니다. **MTA**^{Message Transfer Agent}와 **MSA**^{Mail Submission Agent}입니다. MSA는 들어본 적이 없을 수도 있는데, 이메일을 적절한 MTA로 전달하는 에이전트입니다. MTA는 메일을 목적지로 보내는 에이전트입니다.

메일 프로그램^{MUA} 또는 웹 서버 등에서 메일을 보내려면 로컬에 있는 MSA를 킥하거나 원격에 있는 MSA에 배송을 의뢰하는 두 가지 방법을 사용할 수 있습니다. 전자는 sendmail 명령 등을 실행해서 메일을 보내고, 후자는 메일 서버 587번 포트 등에 접근해서 메일을 보냅니다. 587번 포트는 인증이 필요하므로 SMTP 인증으로 메일 전송 권리를 인증해야 합니다. 인증이 이루어지므로 인증 정보를 모르는 제3자가 악용할 수 있는 가능성을 배제합니다. 이처럼 권한을 제한하지 않으면 제3자가 메일을 원하는 대로 보낼 수 있으므로 주의해야 합니다.

MTA는 한 번도 언급하지 않았는데 사실 MSA에서 메일을 받은 후 MTA로 전달하므로 최근 새로 구현된 메일 서버에서는 사용자가 MTA를 접할 일이 거의 없습니다. MTA는 DNS 등을 참조해서 메일 서버를 찾고, 메일을 서버에 전달해 메일이 목적지에 도달하게 하는 역할을 담당합니다. 24번 포트는 MTA, 587번 포트(서브 미션 포트)는 MSA 역할이므로 기억해 두면 편리할 것입니다.

통신 경로 암호화

암호화의 목적은 인증 정보 보호와 통신 내용 보호라고 할 수 있습니다. MSA는 SMTP 인증이 필요하지만 소프트웨어 또는 라이브러리 대부분이 지원하는 인증 방식은 비밀번호를 플레인 텍스트 상태로 보냅니다. 이는 쉽게 복호화할 수 있는 형태입니다. 만약 이러한 문자열을 제3자가 가져가면 메일을 원하는 대로 보낼 수 있게 됩니다.

이와 같은 상황을 막으려면 메일 통신 암호화도 실행해야 합니다. **STARTTLS**라는 플레인 텍스트 프로토콜을 암호화 통신에 확장하는 방식이 있습니다. 단, 통신 내용 보호에 대해서는 큰 기대를 하지 않는 것이 좋습니다.

3.4 시스템 구성 예

지금까지 확장 구성과 보안 기술을 살펴봤습니다. 지금부터는 실제로 어떻게 구성하는지 설명하겠습니다. 물리 서버를 기준으로 설명하지만 클라우드에서도 비슷한 형태로 구성할 수 있습니다.

3.4.1 소규모 웹 서비스 구성

일반적인 웹 서비스를 실행할 경우 '절대 서비스가 중지되면 안 된다'라는 것은 통상적인 클라이언트의 요구입니다. 따라서 다음 같은 형태가 많습니다.

- 로드밸런서
- 웹 서버 × 2대
- 데이터베이스 서버 × 1~2대

이는 매우 단순한 구조인데 로드밸런서로 2대의 웹 서버에 밸런싱하는 형태입니다.

보통 부하를 줄이려고 밸런싱을 하는 경우가 많지만 이번과 같은 경우는 부하를 경감하는 것보다 가용성 때문에 사용합니다. 이러한 구조를 사용하면 로드밸런서에서 웹 서버 한 대를 분리해 시스템 유지 보수, 콘텐츠 수정, 업데이트 등의 작업을 수행할 수 있습니다.

데이터베이스 서버 주의하기

웹 서버는 앞 부분과 같은 형태로 '중지되지 않는 구성'이 가능하지만, 데이터베이스 서버의 경우 그렇게 간단하지 않습니다. 데이터베이스의 데이터는 실시간으로 계속 갱신되기 때문입니다. 이때 갱신이란 레코드 갱신을 의미합니다. 단순한 레코드 갱신이라고 생각하기 쉽지만, 서비스 차원에서 보면 레코드 하나하나가 애플리케이션과 밀접하게 관계되어 있습니다. 따라서 서비스 정지를 최소한으로 해야 합니다.

또한 데이터베이스로 세션 정보를 관리하는 경우, 이러한 세션 정보까지 유지한 상태로 Act/Sby를 변경해야 합니다. 세션이 제대로 유지되지 않으면 어떻게 될까요? 전자상거래 사이트를 예로 들어 봅시다. 인터넷 쇼핑을 하다가 장바구니에 상품을 잔뜩 넣고 로그인하려는 순간 세션 정보가 초기화되면 지금까지 장바구니에 넣었던 모든 상품이 사라집니다. 사용자 입장에서는 이러한 일을 납득할 수 없으므로 해당 사이트를 이용하지 않을 가능성도 있습니다.

그렇다면 어떤 대책을 세워야 할까요? 몇 가지 대책은 다음과 같습니다.

- 데이터베이스 서버의 레플리케이션 기술로 확장하기
- 데이터베이스 이외의 위치에 데이터 레플리케이션하기
- 애플리케이션 수정으로 세션 정보 공유하기

여기서 잠깐 **장애 지점**이라는 용어를 살펴봅시다. 장애 지점은 장애가 발생할 수 있는 장소, 장비, 애플리케이션 등을 말합니다. 이 세상에 문제가 발생하지 않는 것은 없으므로 기본적으로 장비가 추가되면 해당 장비, 해당 장비와 다른 장비 사이의 지점을 모두 장애 지점으로 간주합니다. 애플리케이션도 마찬가지입니다. 버그가 없는 애플리케이션이란 없으므로 애플리케이션과 미들웨어를 모두 장애 지점으로 간주합니다. 이러한 점을 의식하고 장비를 구성하는 것이 중요합니다.

| 데이터베이스 서버의 레플리케이션 기술로 확장하기 |

미들웨어가 제공하는 데이터베이스 레플리케이션 기술을 사용해 데이터베이스를 레플리케이션합니다. 성능, 신뢰성 등은 미들웨어에 따라 다를 수 있으므로 여러 가지 사항을 검토한 후 도입하기 바랍니다.

장애 지점이 될 수 있는 부분은 미들웨어 하나이므로 장애 등이 발생해도 비교적 쉽게 대응할 수 있을 것입니다.

| 데이터베이스 이외의 위치에 데이터 레플리케이션하기 |

데이터베이스가 아닌 다른 곳에서 레플리케이션하는 것입니다. 데이터베이스에 레플리케이션하지 않는다는 의미는 데이터베이스가 동작하는 계층보다 아래에서 실행한다는 의미입니다. 즉 파일 시스템 동기화를 의미합니다.

제품에 따라 다르지만, 커널 부분까지 들어가서 디스크에 데이터를 기록할 때 네트워크를 통해 데이터를 다른 서버에 똑같이 기록하는 것입니다. 따라서 2대의 서버에 같은 데이터가 존재하게 됩니다. 물론 이러한 경우에는 미들웨어 외의 장애 지점이 하나 늘어난다는 단점이 있습니다. 만약 장애 발생 시 원인이 명확하지 않으면 어디서 문제가 생긴 것인지 찾아야 합니다. 그리고 지원할 수 있는 문의 대상이 있더라도 원인이 명확하지 않으면 계속해서 책임을 회피할 가능성이 있으므로 빠른 대응이 힘들어집니다.

| 애플리케이션 수정으로 세션 정보 공유하기 |

이 방법의 경우 근본적인 문제는 해결할 수 없지만 '서비스를 유지한다'는 관점에서 해 두면 손해 보지 않는 방법이라고 생각합니다.

세션 정보는 웹 서버 각각에 저장하는 경우도 있습니다. Memcached처럼 공유할 수 있는 장소를 만들어 세션을 공유할 수 있다면 상관없습니다. 하지만 특정 서버의 파일 또는 메모리에 세션을 저장하는 경우 해당 서버가 중지되었을 때 다른 서버로 전환하면 세션 정보가 초기화됩니다. 세션 정보를 공유하는 형태로 애플리케이션을 수정하면 해결할 수 있는데 이 책과 크게 상관 없는 내용이므로 알아만 두기 바랍니다.

3.4.2 대규모 사이트

대규모 사이트도 소규모 사이트와 크게 다르지 않지만, 구성이 약간 복잡해지므로 패턴이 많아집니다.

3계층 구성3 Tier Architecture 또는 **Web-AP-DB 구성**이라는 용어를 들어본 적이 있을 것입니다. 아무리 커져도 구조는 크게 달라지지 않습니다. 중심에 Web(웹)-AP(애플리케이션)-DB(데이터베이스)를 두고, 이 주위로 인증을 위한 인증 서버, 세그먼트 분리를 위한 방화벽, 보안 요구사항 충족을 위한 IPS 또는 로그 서버, 물리 서버로 구축한 데이터베이스 서버 접근을 위한 스위치 등이 추가로 늘어나는 것입니다.

데이터베이스 서버도 1대가 아니라 여러 대로 확장하는 경우가 많습니다. 이 경우 질의 대상을 나누려고 내부에 로드밸런서를 구성합니다. 신용카드 정보를 내부 데이터베이스에 저장할 경우 PCIDSS[15] 등에 대응해야 하므로 구성을 역할별로 분할하고, 각각의 데이터에 어떻게 접근하는지 추가로 설계해야 합니다.

전체 구성은 이전과 같지만 서버 1대 1대를 구성할 때 좀 더 많은 부분을 고려해야 합니다.

서버 특성에 주의하기

대규모 사이트는 대량의 접근을 처리할 수 있어야 합니다. 따라서 웹 서버의 동시 접속 수를 최대한으로 올려야 합니다. 이때 반드시 기억해야 할 것이 **동시 파일 접근 수**라는 커널의 매개변수입니다. 이를 올리지 않으면 웹 서버의 동시 접속 수를 올려도 성능이 제대로 발휘되지 않으므로 주의해야 합니다.

추가로 **데이터베이스 서버의 동시 접속 수**도 올려야 합니다. MySQL의 연결 수를 올리지 않고 웹 서버의 동시 접속 수만 올리면, MySQL 접속 상한에 이르러 성능을 제대로 발휘할 수 없습니다. 다만 연결 수를 올리면 그만큼 메모리 소비량도 많아집니다. 하나의 연결에 필요한 메모리는 수~수십MB지만, 연결 수가 올라가면 16GB, 32GB, 64GB 등과 같이 용량이 큰 메모리를 탑재해야 합니다. 이를 확보하지 않고 단순하게 연결 수 설정만 올리면 메모리 용량이 부족해져 예상치 못한 상황이 발생할 수 있습니다.

---

15 Payment Card Industry Data Security Standard(PCI 데이터 보안 표준)의 줄임말로, 신용 카드 정보 또는 거래 정보를 보호하기 위한 표준입니다.

3.4.3 게임 전용 시스템

게임 전용 시스템을 구성하는 요소는 웹 서버를 구성하는 요소와 크게 다르지 않습니다. 하지만 매우 높은 실시간성을 요구하므로 구성하는 장비의 스펙은 처리 능력이 우수한 것들로 준비해야 합니다. 한마디로 많은 비용을 투자해야 좋은 시스템을 구축할 수 있습니다.

게임이라고 해도 통신 구조는 웹 서비스와 다르지 않으며, 정보 교환에 HTTP를 많이 사용합니다. 보통 프런트는 로비 서버라는 것이 1~2대 있고 게임 서버, 애플리케이션 서버가 여러 대 있으며, 그 뒤에 매우 높은 성능의 데이터베이스 서버를 놓는 경우가 많습니다.

이외에도 확장할 수 있는 게임 서버 부분과 데이터베이스의 경우, 구성을 변경하거나 하이브리드 형태로 구축하는 경우도 있습니다. 물리 서버를 사용해서 구축할 경우 클라우드 서비스가 설치된 데이터 센터에서 물리 장비가 설치된 데이터 센터까지는 인터넷을 통과하므로 경로를 지나며 손실과 지연이 있을 수 있습니다. 그래서 클라우드에 데이터베이스 서버를 구축하는 것보다 장점이 없다고 생각할 수 있습니다. 하지만 클라우드 서비스가 설치된 데이터 센터 내부에 물리 장비를 배치할 수 있다면 **구내 배선**과 같이 인터넷보다 손실과 지연이 적은 방법으로 프런트 서버와 데이터베이스 서버를 연결할 수 있습니다.

데이터베이스 I/O

게임의 경우 데이터베이스 I/O 때문에 자주 문제가 발생합니다. 데이터베이스 I/O의 성능을 높이려면 MySQL 등의 RDBMS가 아니라, Key-Value Store^{KBS}형 데이터베이스 또는 Memcached 등으로 쿼리 캐시 등을 실행하기 바랍니다. 그리고 데이터베이스 서버의 구성은 일반 서버보다 I/O에 특화되게 구성하는 것이 좋습니다. 예를 들면 SSD, PCIe Flash 스토리지 등 I/O 속도가 빠른 디스크 장치를 사용하는 것입니다.

3.4.4 기업용 시스템

기업의 중심이 되는 시스템을 마이그레이션하는 경우도 생각해 봅시다. 옛날에는 회사 내부의 서버 룸에 서버들이 있었고, 시스템 부서 사람들이 서버를 관리했습니다. 당연히 운용 면에서도 시스템 부서 사람이 장비 고장, 장비 지원 상태 파악, 네트워크 문제, 무선 LAN 설치, 설정 변경 등과 같은 다양한 상황에 모두 대응해야 했습니다. 게다가 시스템 부서와 별로 관계가 없는 각 부서의 계정 관리, 문제 조사, 컴퓨터 고장 등도 담당해야 했습니다.

이때는 네트워크 대역이 좁았으므로 시스템을 회사 외부에 놓는다는 생각을 떠올릴 수 없었습니다. 하지만 시대가 변하면서 네트워크 대역이 넓어졌습니다. 공중 회선으로도 1Gbps의 속도를 낼 수 있고, VPN으로 암호화 등 통신 경로 암호화 기술이 발전함에 따라 중간에 도청해도 복호화할 수 없게 하는 통신이 가능해졌습니다.

그리고 회사 외부에 시스템을 놔둬도 된다는 생각에 데이터 센터로 서버를 옮기게 되었습니다. 그 결과 운용과 관련된 일을 외부에 맡기면서 서버 유지 보수와 관련된 업무에서 해방되었습니다. 최근에는 사내 파일 서버, 인증 서버, 사내 관리를 위한 웹 서버까지 모두 외부 업체에게 관리를 위탁하는 경우도 있습니다.

이와 같은 기업용 시스템은 지금까지 언급했던 웹 서버, 데이터베이스 서버 구성과 조금 다릅니다. 클라이언트에 따라 환경이 다르며, 서버의 역할도 한꺼번에 포괄해서 설명하기가 어렵습니다.

> ### NOTE_ 기업용 시스템에서 VPN을 사용할 때 주의 사항
>
> 기업용 시스템에서 VPN을 사용하는 경우 현재 가동하는 시스템을 새로운 환경으로 차근차근 옮기는 상황이 대부분일 것입니다. 이때 클라이언트 서버 룸에서 데이터 센터로 서버 일부를 옮기고, 데이터 센터와 클라이언트 거점을 VPN으로 연결하여 기존처럼 서버를 사용하면서 마이그레이션하는 경우가 많습니다. 보통 VPN은 이러한 상황에서 거점끼리 연결할 때 **IP-SEC**이라는 암호화 방식을 많이 사용합니다.
>
> 암호화할 때 주의해야 할 것이 있다면 암호화라는 것이 서버의 자원을 꽤 많이 사용한다는 것입니다. 일반 방화벽에 암호화 통신 기능을 갖게 해서 거점끼리 통신할 경우, 방화벽의 기본 역할인 패킷 조작을 위한 자원 외에 암호화를 위한 자원이 필요합니다. 처리 능력이 높은 장비의 경우 패킷 연산 장치와 애플리케이션을 위한 연산 장치가 따로 있어서, 패킷 조작이 애플리케이션에 영향을 주지 않도록 하는 경우가 많습니다. 그만큼 암호화·복호화에 많은 자원을 소모한다는 의미입니다.
>
> 이를 염두에 두고 웹 사이트 등에서 100Mbps의 대역이 필요한 경우를 생각해 봅시다. 거점 사이 통신에서 IP-SEC를 사용하는 경우 처리량throughput이 100Mbps 정도인 장비를 선택해도 IP-SEC의 연산을 병행해서 실행하는 경우의 절반인 50Mbps도 나오지 않습니다.
>
> 특히 기업용 시스템에서는 파일 전달 또는 메일과 관련된 기능을 주로 사용하므로 처리 성능을 충분하게 확보해야 클라이언트를 만족시킬 수 있을 것입니다. 제품 카탈로그에 처리량과 관련된 내용이 나오지만 실제 원하는 성능이 나오는지 확인할 수 없으므로, 여러 가지 사항을 더 확인한 후 장비를 선정하기 바랍니다.

## CHAPTER 4

운용 체제 구축, 장애 대응, 예방 운용

'운용'이라고 하면 감시 도구 등을 사용해 24시간, 365일 동안 시스템을 감시하고, 어떤 상황이 발생할 경우 필요한 조치를 취하는 것뿐이라고 생각하는 경우가 많습니다. 하지만 운용에는 이외에도 다양한 일이 포함되어 있습니다. 예를 들어 안정적인 운용에는 배포 전 테스트를 빼놓을 수 없으므로 설계 단계부터 제대로 된 운용 설계를 하는 것이 중요합니다.

이 장에서는 운용을 중심으로 설명합니다. 시스템의 라이프 사이클에서 가장 오래 시스템 곁에 머무는 사람은 운용 담당자라고 할 수 있습니다. 운용 담당자는 평소 업무를 통해 더 좋은 서비스 운용이 이루어지도록 제안도 해야 하므로 이와 관련된 내용도 설명하겠습니다.

4.1 운용이란?

감시 도구를 사용해서 24시간, 365일 동안 시스템 이상을 감시하는 것은 서비스 지속성과 관련된 것이므로 굉장히 중요합니다.

하지만 이러한 대응만으로는 근본적인 운용을 한다고 말할 수 없습니다. 이는 안정적인 운용과 거리가 있으며 계속해서 같은 문제가 반복될 때마다 대응해야 한다는 악순환이 이어집니다. 그리고 클라이언트, 애플리케이션 담당자, 서비스 전체를 관리하는 프로젝트 관리자에게는 운용 담당자의 조언이 필요합니다.

실제로 현재 요구하는 운용 담당자의 스킬은 다음 세 가지며 모두 기업의 가치로 이어집니다.

> **1** 운용 경험을 기반으로 배포 전에 필요한 준비와 조언을 할 수 있습니다.
>
> **2** 시스템을 안정적인 운용 상태로 빠르게 이끌 수 있습니다.
>
> **3** 지속적 및 안정적으로 서비스를 유지하고 더 나은 서비스 운영으로 이어지도록 제안할 수 있습니다.

이 장에서는 기업에 가치를 제공할 수 있도록 시스템을 운용하는 데 어떤 관점이 필요한지, 어떤 준비가 필요한지 등을 필자의 경험을 토대로 설명하겠습니다.

4.1.1 운용 단계에 들어가기 전에 생각해야 할 것

이번에는 장애 발생 시 대응 방법과 장애를 미연에 방지하는 방법을 설명할 것이며, 그 전에 운용할 시스템과 관련해서 준비해야 할 부분을 먼저 알아보겠습니다.

3장에서 언급했던 것처럼, 새로운 서비스를 배포하는 과정을 각 단계로 나누면 다음과 같습니다. 이때 운용과 밀접하게 관련된 부분은 '설계 단계', '배포 단계', '운용 단계'입니다.

그림 4-1 시스템 라이프 사이클과 운용

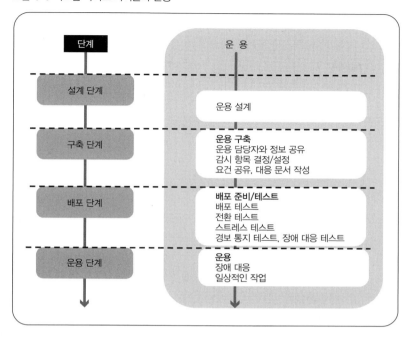

'운용'이라고 하면 운용 단계만 관련 있다고 생각할 수 있지만 운용 담당자는 설계 단계부터 관여해야 합니다. 그리고 배포 전에는 시스템이 요건을 충족하는지 등을 테스트해야 합니다. 이러한 일들을 모두 끝내야 본격적으로 시스템 배포를 실행하고 운용 업무를 시작하게 됩니다.

운용 담당자가 설계 단계나 배포 단계에 관여해야 하는 이유는 무엇일까요? 수많은 장애를 겪어 왔던 운용 담당자의 경험을 미리 밝히면, 시스템을 실제 운용하기 전 다양한 문제들을 미리 막을 수 있기 때문입니다. 설계 · 구축 담당자 입장에서 소개한 3장에서도 **운용과 관련된 중요성**을 계속 언급했었습니다.

그럼 일단 설계 단계 때 **운용 설계**를 하면서 운용 담당자가 신경 써야 하는 것들을 살펴보겠습니다.

4.1.2 운용 설계

운용 설계는 설계 단계에서 하는 것이 좋습니다. 한 번 만들기 시작하면 비용 측면과 프로세스 측면 모두 시스템 상태를 쉽게 되돌릴 수 없으므로 이 시점부터 해야 합니다.

설계 단계에서는 구축 담당자가 요건에 맞게 필요한 장비와 소프트웨어를 선정합니다. 이때 운용 담당자가 의식하는 부분은 **장애 허용성**과 **보안 대책**입니다. 시스템의 성질에 따라서 고려해야하는 장애 허용성과 보안 대책이 다릅니다. 이들은 운용 방침을 결정할 때 축이 되는 부분이므로 미리 결정해야 합니다.

개요와 관련된 것들은 대부분 구축 담당자가 고려하지만 과거의 운용 경험을 기반으로 구축 담당자가 의식하지 못하는 부분은 없는지, 서비스의 성질 때문에 추가 보안 대책을 세워야 하는 것은 아닌지 등도 이때 확인하는 것이 좋습니다.

허용할 수 있는 다운 타임

장애 허용성과 보안 대책을 설계할 때는 해당 시스템에서 허용할 수 있는 다운 타임이 얼마나 되는지부터 생각하는 것이 좋습니다.

"허용할 수 있는 다운 타임은?"이라고 질문을 받으면 대부분 "가급적 짧은 것이 좋다"라고 답변할 것입니다. 이는 어떤 조직이라도 마찬가지며 아웃소싱할 때도 마찬가지입니다. 따라서 이 질문을 계속하는 것은 의미가 없습니다.

따라서 다음과 같은 질문으로 판단하기 바랍니다. 최종적으로는 예산과 자원의 범위를 기반으로 결정하게 됩니다.

| 돈을 다루는 시스템인가? |

돈을 다루는 시스템의 종류는 매우 다양합니다. 대출, 송금, 상품 판매, 결제 대행 등의 시스템이 있습니다. 또한 신용카드 번호를 보유하거나, 직접 돈을 다루지 않더라도 금융 기관 사이트와 연관된 경우도 있습니다. 당연히 높은 가용성이 필요합니다.

또한 신용카드 번호를 유지하는 시스템이나 금융 기관과 연관된 사이트라면 높은 수준의 보안이 필요합니다.

| 생명과 관련된 시스템인가? |

생명과 관계된 시스템이라면 의료 시스템 또는 소방 · 경찰 시스템을 먼저 떠올리겠지만, 이외에도 전화처럼 긴급한 상황에 사용할 수 있는 것들은 모두 생명과 관련된 시스템이라고 할 수 있습니다.

이러한 시스템을 운용할 경우에도 매우 높은 가용성이 필요합니다.

| 개인 정보나 민감한 정보를 다루는 시스템인가? |

개인 정보를 다루는 시스템은 어느 정도 접근 제한이 있어야 합니다. 사용자는 접근할 수 있지만 운용 그룹에서는 접근할 수 없거나, 접근할 수 있어도 암호화해서 읽을 수 없게 해야 합니다.

기밀 정보나 주민등록번호 등을 다루는 시스템이라면 운용 시 부정한 접근 여부를 어떻게 확인할 것인지 등의 대책까지 생각해 두어야 합니다.

| 인허가 사업과 관련된 시스템인가? |

인허가 사업과 관련된 시스템은 장애 발생 등을 관련 정부 부서에 보고해야 하는 경우가 있습니다. 따라서 장애 자체가 발생하지 않도록 장애 억제 대책을 미리 세우고, 장애가 발생하더라도 빠르게 복구할 수 있도록 해야 합니다.

예를 들어 데이터베이스에 저장된 정보를 암호화해서 덤프해도 내부의 정보를 볼 수 없게 하는 방법을 사용할 수 있습니다. 또한 데이터베이스 서버에 접근할 수 있는 엔지니어를 한정하는 방법도 사용할 수 있습니다. 다만 이때는 사람에게 의존해서 운용하거나 대응 속도가 늦어지는 경우, 엔지니어가 은퇴한 후 인수 인계가 제대로 되지 않은 경우 등 제대로 운용할 수 없는 위험 상황이 발생할 수 있으므로 주의하기 바랍니다.

인허가 사업과 관련된 시스템의 요구 사항에 대해 묻는 질문은 다음과 같습니다.

- 장애 허용성과 보안 대책을 어느 정도 요구하는가?
- 다운 타임을 어느 정도로 짧게 해야 하는가?
- 비용을 어느 정도 줄여야 하는가?
- 장애 발생을 어느 정도 허용하더라도 복구를 빠르게 하는 접근 방법을 사용할 것인가?

요구 사항을 엄격하게 하면 당연히 매일 실행해야 하는 항목도 늘어납니다. 시스템은 대부분 예산이 정해져 있으며 해당 예산 범위 안에서 운용해야 합니다. 적자가 나더라도 가용성을 높인다는 것은 말도 안 됩니다. 무조건 엄격하게 한다고 좋은 것은 아니며, 예산 등을 고려해서 적절한 균형을 찾는 것이 중요합니다.

> **NOTE_ 아무리 생각해 봐도 실행할 수 없는 요구 사항이 있는 경우**
>
> 현재 가진 예산과 자원의 한계로 어떤 요구 사항을 실행할 수 없는 경우가 있습니다.
>
> 요구 사항을 실행하지 않았을 때의 위험을 감수Risk Taking할지 판단하는 것은 경영진의 몫입니다. 따라서 반드시 조직 내부 또는 관련 조직과 연계해서 요구 사항을 실행할지 승인받기 바랍니다. 현장에서 위험을 직접 감수하는 일은 절대로 하지 않기 바랍니다. 승인받을 때는 어떤 요구 사항을 '하지 않았을 때 발생하는 위험을 정량화(돈으로 나타낸 것)한 비용'과 '했을 때 발생하는 비용'을 비교해야 합니다.
>
> 위험을 정량화하는 것은 굉장히 어려운 일입니다. 그래도 과거 사례를 기반으로 신뢰 하락, 회원 이탈, 배상금, 발생 빈도 등을 고려한 예를 들어 정보 유출이 일어날 경우 어떻게 되는지 경영진에게 제시하는 것이 좋습니다.

4.2 운용 체제 구축

설계 단계에서 시스템 구성이 결정되면 구축 담당자는 시스템 구축을 시작합니다. 이와 동시에 운용 담당자는 구축 담당자와 시스템 구성을 공유하여 감시 항목을 결정하거나 설정한 후 영업, 구축, 운용 팀과 조건을 공유하는 문서를 만듭니다.

4.2.1 운용 단계에 들어가기 전에 생각해야 할 것

운용 담당자가 고려해야 하는 것은 **구성에 단일 지점이 있는지 확인하기, 장애가 발생했을 때의 다운 타임이 있는지 확인하기, 특수 설정 확인하기, 보안 정책 파악하기**라고 할 수 있습니다.

구성에 단일 지점이 있는지 확인하기

일단 중요한 것은 구성에 단일 지점이 있는지 확인하는 것입니다. 운용할 때 특히 주의해야 하는 것은 실제 시스템 환경의 단일 지점 유무입니다. 개발 환경은 단일 서버 구성이라도 문제 없지만, 실제 환경에서는 단일 서버 구성으로 하면 안 됩니다. 단일 서버 구성은 서버와 애플리케이션이 중지되었을 때 서비스 전체에 영향을 줄 수 있습니다. 따라서 단일 서버 구성으로 되어 있는 서버의 역할과 장애가 발생했을 경우의 영향 등을 미리 파악해야 합니다.

물론 구축 담당자가 애플리케이션을 만들지 않는 경우도 있으며, 확장 서버 구성이라도 서버 개발 상태에 따라 단일 지점이 발생하는 경우도 있습니다. 따라서 반드시 애플리케이션 개발 담당자와 함께 정보를 공유하며 작업해야 합니다.

장애 발생 시 생길 수 있는 다운 타임 가능성 확인하기

다음은 장애가 발생했을 때의 다운 타임 가능성입니다. 단일 지점과도 관계가 있습니다. 단일 지점이 있는 경우에는 서비스 자체를 제공하지 못할 수도 있습니다.

확장 서버 구성의 경우에도 자동 전환(페일 오버/페일 백)을 제대로 하지 않으면 다운 타임이 발생합니다. 구축 담당자가 데이터 오류 발생을 피하려고 자동 전환하지 않는 경우도 있습니다. 따라서 구조와 다운 타임 발생 등을 의뢰자(클라이언트 또는 서비스 운영자) 쪽에서 인식하고 있는지 확실히 파악하는 것이 좋습니다.

특수 설정 확인하기

특수 설정도 확인해야 합니다. 확장 구성에서 장애가 발생했을 때 직접 전환해야 하는지, 클러스터가 제대로 구성되어 있는지, 라이선스 갱신이 필요한 소프트웨어가 있는지, 소스 설치 여부, PHP 등의 미들웨어에 특수 설정이 있는지 등을 모두 확인해야 합니다(역시 다운 타임과도 관련이 있습니다). 잘못 설정했을 때 서비스에 영향을 줄 수 있는 부분은 모두 확인해야 합니다.

보안 정책 파악하기

마지막으로 중요한 부분은 보안 정책 파악입니다. 2015년에는 OpenSSL의 취약성, BIND 취약성 등 비교적 큰 취약성이 발견되었습니다. 이와 관련한 내용은 5장에서 자세히 설명할 것이므로, 일단 서버가 어떤 보안 정책을 사용하는지 등을 파악해야 한다고 기억해 두기 바랍니다.

방화벽을 설치했어도 제대로 설정하지 않은 웹 사이트 등은 모든 접근을 허가합니다. 이런 서비스는 공격의 주요 표적이 됩니다. 공격자는 대부분 해외에서 접속합니다. 따라서 국내 사용자만 대상으로 하는 서비스라면 국내 사용자만 접속할 수 있게 만들어 보안 위험을 크게 줄일 수 있습니다.

높은 보안을 요구하는 서비스라면 의도치 않은 접근이 들어오지 않는지 주기적으로 확인하는 시스템 구축과 솔루션 도입도 검토해야 합니다. 취약성 진단과 관련된 리포트 분석 등을 한다면 판단 기준도 확실하게 결정해 두어야 합니다. 또한 관리자라면 데이터 보호도 따로 의식해야 합니다.

4.2.2 감시 항목 결정과 설정

구성 관리자와 구성을 공유했다면 감시 항목을 결정합니다. 감시 항목을 설정할 때 모든 것을 감시 대상으로 등록하고 메일로 통지하는 경우가 있습니다. 하지만 이렇게 하면 정말로 어떤 문제가 발생했는지 파악하기 힘들어집니다.

감시 항목을 결정할 때의 핵심은 서비스에 영향을 줄 수 있는 부분을 찾는 것입니다. 메일로 통지해야 하는 것과 데이터로 수집해야 하는 것으로 나눈 후 대처해야 할 것만 파악해서 대응하기 바랍니다. 구체적으로 분류하면 [그림 4-2]와 같습니다.

그림 4-2 메일로 통지해야 하는 것과 데이터로 수집해야 하는 것

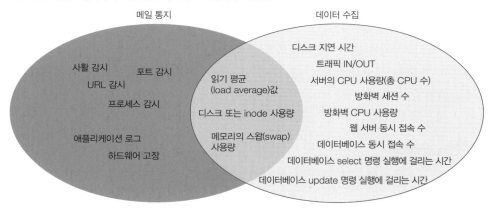

메일로 통지해야 하는 것

Nagios[1], Zabbix[2], Munin[3] 등 감시 도구들이 있습니다. 이 도구들을 이용하면 이상이 발생

---

1 https://www.nagios.org/

2 http://www.zabbix.com/

3 http://munin-monitoring.org/

했을 때 메일로 통지해 주므로, 365일 24시간 동안 서비스를 계속 살펴보지 않아도 이상이 발생했을 때 대응할 수 있습니다.

표 4-1 메일로 통지해야 하는 것

감시 종류	감시할 내용	개요
URL 감시	웹 사이트 출력 속도 확인	출력 지연 등의 이상을 파악해서 기회 손실을 줄일 수 있음
포트 감시	Listen 상태 확인	포트 통신을 확인해서 포트 상태를 확인할 수 있음
프로세스 감시	프로세스 수 확인	수신할 수 없는 것 또는 포트를 수신하지만 프로세스에 문제가 생긴 경우를 감지할 수 있음
디스크 또는 inode 사용량	디스크 또는 inode 사용량	디스크 또는 inode의 사용량이 상한에 가까운지 감지할 수 있음
읽기 평균(load average)값	시스템 전체의 부하 상태를 나타내는 값	처리 실행 대기 행렬을 확인할 수 있음
메모리의 스왑(swap) 사용량	메모리의 스왑 사용량	메모리가 부족할지 미리 감시할 수 있음
애플리케이션 로그	오류 문자열	애플리케이션 때문에 발생한 오류를 감지할 수 있음
하드웨어 고장	하드웨어 관련 고장	하드웨어와 관련된 이상을 감지할 수 있음

| URL 감시 |

웹 사이트를 운영하는 경우 사용자가 열람하는 페이지에 감시 기능을 설정해 두면, 사용자보다 먼저 이변을 감지하고 대응할 수 있습니다. 웹 사이트의 출력 속도가 느리거나 사용하기 힘들면, 사용자가 해당 사이트를 찾을 확률이 줄어 경쟁 사이트에 사용자를 빼앗길 수 있습니다. 이처럼 출력 속도는 기회 손실로 이어지므로 웹 사이트에는 반드시 URL 감시 기능을 넣어 두는 것이 좋습니다.

| 디스크 사용량과 inode 사용량 |

디스크 사용량과 inode 사용량의 경우 데이터를 수집하는 것 외에 경보도 설정해 두는 것이 좋습니다. 누군가 데이터를 대량으로 업로드하거나 로그를 정기적으로 압축하지 않으면 두 가지 모두 사용량이 100%에 도달할 수 있습니다. 이렇게 되면 더 이상 파일을 생성할 수 없으므로 메일 송수신 오류가 발생하거나 로그를 추가로 저장할 수 없는 상황이 발생합니다.

inode(파일 생성 가능 수) 부분은 자주 깜박할 수 있습니다. 메일을 서버에 남겨 두도록 설정하면, inode가 쉽게 100%까지 오릅니다. 이때 '디스크 용량에는 전혀 문제가 없는데?'라며 디스크 용량만 주목하면서 무엇이 문제인지 눈치채지 못하는 경우가 많습니다. inode가 100%로 되었을 때도 같은 오류가 발생하므로 inode와 디스크 용량 모두 주목해서 살펴보기 바랍니다.

그리고 이러한 문제가 발생해도 포트와 프로세스는 정상적으로 동작합니다. 따라서 포트 감시와 프로세스 감시만으로는 디스크 용량과 inode 때문에 발생한 문제를 파악할 수 없습니다. 따라서 warning과 critical 값을 설정해서 warning 단계에 들어서면 통지하여 대응할 수 있도록 설정하기 바랍니다.

| 읽기 평균 |

읽기 평균$^{load average}$ 또한 데이터를 수집하는 것 외에 경보도 설정하는 것이 좋습니다. warning 과 critical 값을 설정해서 시스템에 이상이 발생하기 전에 대응하는 것이 좋습니다.

읽기 평균은 서버 스펙과 애플리케이션에 따라 적절한 값이 변경됩니다. 따라서 이후에 설명하는 배포 테스트를 통해 운용 중 조금씩 조정해 주는 것이 좋습니다.

| 메모리의 스왑 사용량 |

스왑^{swap}이란 메인 메모리를 모두 사용하거나 부족할 때 보충해 주는 하드디스크 영역입니다. 하드디스크 영역을 이용하므로 메모리의 처리 속도보다 매우 느립니다. 따라서 스왑 영역에 읽고 쓰는 횟수가 많으면 서비스 전체 성능에 영향을 줍니다. 읽고 쓰는 횟수는 vmstat의 si/so, iostat의 %util이 100%에 가까워지지 않았는지 확인하는 것으로 알 수 있습니다.

메일 통지의 최소 빈도는 애플리케이션 사용률에 따라 달라지므로 데이터를 수집한 후 결정하기 바랍니다.

| 애플리케이션 로그 |

OS나 미들웨어의 동작 이상이 아니라도 애플리케이션에 문제가 있으면 서비스의 성능이 나빠집니다. 애플리케이션의 치명적인 오류를 로그로 남겨두면 로그를 감시해서 오류를 확인할 수 있습니다. 애플리케이션 로그는 치명적인 오류를 감시하는 것 이외에도 개발자와 소통할 때 사용할 수 있으므로 꼭 감시 기능을 설정하기 바랍니다.

| 하드웨어 고장 |

전용 서버를 사용하는 경우 하드웨어 고장 때문에 서버가 정지될 수 있으므로 주의가 필요합니다. 팬fan, CPU, 하드디스크의 상태는 하드웨어 벤더가 제공하는 도구 등을 사용하면 확인할 수 있습니다. 따라서 cron 등을 통해 명령을 호출해서 정기적으로 상태를 확인하고 이상이 있는 경우 메일을 보내게 해서 감시하면 됩니다.

각 도구에는 다양한 기능과 플러그인들이 공개되어 있으므로 이를 활용해 자동화하는 것이 좋습니다. 여러 대의 서버를 똑같이 감시할 때는 템플릿을 만들어 감시 설정에 드는 시간과 노력을 최소한으로 만드는 것이 좋습니다.

데이터로 수집해야 하는 것

정상 상태에서 데이터를 수집해 두는 것은 매우 중요합니다. 수집하지 않으면 장애가 발생한 이후에 **정상적인 상태가 어떤 상태**였는지 파악할 수 없기 때문입니다.

수집한 정보를 기반으로 Cacti[4], Zabbix 등의 도구를 사용해 그래프로 그려서 시각적으로 보기 쉽게 만드는 것이 좋습니다.

표 4-2 데이터로 수집해야 하는 것

감시 항목	의미	효과
읽기 평균값	시스템 전체의 부하 상태를 나타내는 값	처리 실행 대기 행렬을 확인할 수 있음
메모리 또는 swap 사용량	메모리 또는 swap 사용량	메모리 또는 swap 사용량 추이를 확인할 수 있음
디스크 지연 시간	디스크를 읽고 쓰는 응답 속도	데이터베이스 등의 응답 성능 영향을 확인할 수 있음
트래픽 IN/OUT	트래픽 흐름 추이	과금 또는 네트워크 보틀넥을 확인할 수 있음
서버의 CPU 사용량	서버의 총 CPU 사용량	총 CPU 사용량을 확인할 수 있음
방화벽의 세션 수	방화벽에 연결하려 온 세션의 합계	동시 접속 수에 도달하지 않았는지 확인할 수 있음
방화벽의 CPU 사용량	방화벽의 CPU 사용량	방화벽의 CPU 사용량이 서비스에 영향을 주는지 확인할 수 있음
디스크 또는 inode 사용량	디스크 또는 inode 사용량	디스크 또는 inode 사용량이 상한에 근접하지 않았는지 확인할 수 있음
웹 서버의 동시 접속 수	웹 서버의 동시 접속 수	동시 접속 수 이상의 접속이 계속되는지 확인할 수 있음
데이터베이스의 동시 접속 수	데이터베이스의 동시 접속 수	동시 접속 수 이상의 접속이 계속되는지 확인할 수 있음
데이터베이스의 select 명령 실행에 걸리는 시간	데이터베이스의 select 명령 실행에 걸리는 시간	select 명령 때문에 지연이 발생하는지 확인할 수 있음
데이터베이스의 update 명령 실행에 걸리는 시간	데이터베이스의 update 명령 실행에 걸리는 시간	update 명령 때문에 지연이 발생하는지 확인할 수 있음

무엇을 감시해야 하는지는 시스템에 따라 다릅니다. 시스템에서 장애가 발생했다고 가정하고 원인이 될 수 있다고 생각되는 부분의 데이터를 수집하면 됩니다. 예를 들어 웹 사이트 로딩이 느린 경우를 가정해 봅시다. 로딩 지연이 발생한다면 다음 같은 부분에 문제가 있을 수 있습니다.

- 디스크 I/O(HTML 또는 이미지 파일 등의 읽고 쓰기에 영향)
- 웹 애플리케이션 실행 시간

---

4 http://www.cacti.net/

- 로드밸런서의 세션 부족
- 데이터베이스의 읽고 쓰는 시간
- 파일 전송 시간
- 대역 압박과 폭주
- 자바스크립트 전송 지연
- 자바스크립트로 인한 렌더링 지연
- 클라이언트 렌더링 지연

파일 전송 이후의 모든 상태는 웹 브라우저 확장 기능 등으로 확인할 수 있습니다. 예를 들어 크롬의 개발자 도구에서는 [그림 4-3]처럼 '어떤 부분에서 로딩 시간이 오래 걸렸는가?'를 확인할 수 있습니다. 하지만 이는 어디까지나 표면으로 보이는 시간이므로 내부에서만 알 수 있는 정보는 따로 로그 등으로 기록하는 것이 좋습니다.

그림 4-3 크롬의 개발자 도구

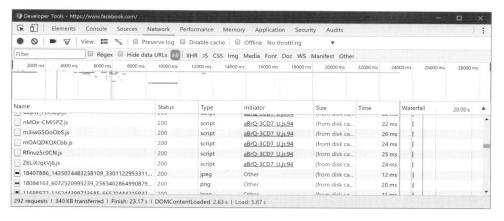

콘텐츠에 따라서는 외부 사이트에서 자바스크립트를 읽어 들이는 경우도 있습니다. 이런 사이트 때문에 우리 사이트가 영향을 받는 경우도 굉장히 많습니다.

4.2.3 조건을 공유하는 문서 만들기

운용 단계에 들어간 시스템은 관리가 이루어집니다. 인프라 관리는 안정성을 요구하므로 관리하는 사람의 수도 늘어납니다. 이때 중요한 것은 모든 사람이 거의 **같은 수준으로 대응**해야 한다는 것인데 그 핵심이 바로 **조건 공유**입니다.

조건 공유

시스템 구성이 대규모일수록 시스템에 특별한 동작 순서가 있습니다. 장애 하나가 발생했을 때 관련 서버가 여러 개일 수도 있습니다. 또한 구성이 복잡하지 않더라도 AWS 등 클라우드 서비스를 조합하면 장애가 발생할 수 있는 부분이 많습니다.

사람에 따라 어디서 장애가 발생했는지 파악하는 시간이 달라진다면 같은 수준으로 대응한다고 할 수 없습니다. 따라서 조건 공유가 중요한 것입니다.

조건을 공유하는 문서를 작성할 때 필요한 요소는 다음과 같습니다.

- 제공하는 서비스의 개요
- 시스템 개요, 사용하는 인프라 기반
- 구성도, 관계 자료
- 안건과 관련된 회사 이름과 담당자 이름
- 커뮤니케이션 도구의 계정과 사용 용도 공유(Backlog, GitHub 등)
- 장애 발생 시 대응 절차
- 긴급 상황이 발생했을 때의 연락망
- 정시 작업

그럼 좀 더 자세히 살펴봅시다.

| 제공하는 서비스의 개요 |

필요한 내용은 서비스 개요와 서비스를 이용하는 최종 사용자 정보입니다. 돈과 관련된 서비스를 제공하는 경우 어떤 부분을 운용하는지 구체적으로 적어야 합니다.

그리고 최종 사용자 정보를 공유하면 영향 범위를 의식할 수 있습니다. 이렇게 되면 운용하는 사람 모두 공통된 서비스 인식을 공유할 수 있으며, 운용 팀 전체의 대응 수준을 '담당자'까지 올릴 수 있습니다.

| 시스템 개요, 사용하는 인프라 기반 |

구축 담당자와 공유한 '구성상의 단일 지점', '장애 발생 시의 다운타임 가능성', '특수 설정', '보안 정책'에 더해 사용 인프라 기반과 관련된 정보도 모아 두어야 합니다.

새로운 서비스를 배포하려고 시스템을 구축한 경우는 물론, 운용을 인수하는 사람도 반드시 수집하고 공유했으면 하는 항목입니다. 이러한 정보를 준비하지 않으면 운용을 시작한 후 장애가 발생했을 때 제대로 대응하지 못할 수 있습니다.

서버의 로그인 정보밖에 없으면 네트워크 등 다른 부분에서 문제가 발생했을 때 신경 쓸 수 없습니다. 따라서 시스템에 중대한 문제가 발생했을 때 판단 및 대응이 늦어질 수밖에 없습니다. 그렇게 되면 시간이 오래 걸리며 장애의 영향이 매우 커집니다.

미리 준비할 수 있다면 불필요한 시간Loss Time을 최대한 줄일 수 있을 것입니다.

| 구성도, 관계 자료 |

지금까지 설명한 내용을 통해 운용 담당자도 구축 담당자와 같은 수준으로 전체 서비스의 큰 그림이나 서비스 개요를 알 필요가 있음을 이해했을 것입니다. 이 중에서 빠뜨릴 수 없는 자료는 구성도와 물리 배선도 등의 관계 자료입니다. 자료가 제대로 준비되어 있지 않으면 운용을 인수한 담당자가 정리해서 공유하는 것이 좋습니다.

구성도와 관계 자료 등은 한 곳에서 집중 관리하고 버전별로 나눠 관리하는 것이 좋습니다. 집중 관리의 장점은 수정된 부분들을 잊지 않고 확인할 수 있으며, 인수인계하기 쉽다는 것입니다. 버전별로 관리하면 과거부터의 변화를 쉽게 추적할 수 있으므로 정보를 찾는 데 쓸데없는 시간과 노력을 들이지 않아도 됩니다. 이러한 용도로 사용하는 도구에는 Git과 Subversion 등이 있습니다.

| 안건과 관련된 회사 이름과 담당자 이름 |

큰 도움이 되는 요소입니다. 예를 들어 다른 부서에서 담당했던 안건을 자신이 담당할 경우 인수인계가 제대로 되지 않는 경우가 있습니다. 이는 서비스와 관련해 어떤 회사가 어떤 역할(개발 또는 제작 등)을 했는지, 누가 만들었는지, 누가 운용했는지 등이 명확하지 않거나 정보가 제대로 모아지지 않았기 때문에 발생하는 문제입니다.

안건과 관련된 회사 이름과 담당자 이름을 알면 전화를 걸어 필요한 것들을 구할 수 있을 것입니다. 또한 사내에 구축 담당자와 운용 담당자가 남아 있지 않은 경우, 이름이라도 안다면 관련 정보를 찾을 때 도움이 될 것입니다.

회사의 규모가 커질수록 이와 같은 상황이 많이 발생하므로 필요한 정보를 미리미리 공유해 두도록 합시다.

| 커뮤니케이션 도구의 계정과 사용 용도 공유 |

메일 이외의 도구로 정보를 관리하거나 기록을 남기는 경우가 있습니다. 이때 자주 사용하는 도구로 Backlog와 GitHub 등이 있습니다. 이를 활용하면 정보를 모아 놓을 수 있습니다.

| 장애 발생 시 대응 절차 |

운용할 때 대응해야 할 다양한 절차를 만들었거나 살펴본 경험 중 가장 알기 쉬웠던 것은 **정상**

성 확인, 대응 절차, 대응 레벨 구분이라는 3개의 요소가 있는 경우였습니다. '정상성 확인 → 대응 레벨 구분 → 대응 절차'라는 흐름으로 만들면 보기 쉽습니다.

표 4-3 감시 설정 내용 예

호스트 이름	IP 주소	감시 항목	감시 방법(Critical 최소 빈도)	비고	장애 레벨	연락 대상 그룹	대응 방법
esxi1. vsphere. aaa.ne.kr	xxx.xxx.xxx.xxx	Ping	RTT 3000ms 이상 혹은 패킷 손실(Packet loss) 100%	호스트 OS	L2	A	1-1
vip- example. com	xxx.xxx.xxx.xxx	check_url	https://example.com의 상태 코드		L1	A	1-2
lb1- example. com	xxx.xxx.xxx.xxx	Ping	RTT 3000ms 이상 혹은 패킷 손실 100%	가상 머신	L2	A	1-1
		읽기 평균	15분 평균 3.0 이상		L3	A	1-3
		디스크	디스크 사용률 80% 이상 혹은 inode 사용률 90% 이상		L3	B	1-4
		스왑	스왑 사용률 50% 이상		L3	B	1-5
		corosync	cososync에 오류가 발생한 경우		L2	A	담당자가 대응하도록 인계
lb2- example. com	xxx.xxx.xxx.xxx	Ping	RTT 3000ms 이상 혹은 패킷 손실 100%	가상 머신	L2	A	1-1
		읽기 평균	15분 평균 3.0 이상		L3	A	1-3
		디스크	디스크 사용률 80% 이상 혹은 inode 사용률 90% 이상		L3	B	1-4
		스왑	스왑 사용률 50% 이상		L3	B	1-5
		corosync	corosync에 오류가 발생한 경우		L2	A	담당자가 대응하도록 인계
backup_ example. com	xxx.xxx.xxx.xxx	Ping	RTT 3000ms 이상 혹은 패킷 손실 100%	호스트 OS	L4	A	1-1

표 4-4 장애 레벨

	장애 레벨			
	L1	L2	L3	L4
장애 내용	모든 서비스에 영향을 주는 장애(전면 장애)	서비스 일부에 영향을 주는 장애(부분 장애)	장애가 쌓이면 서비스에 영향을 줄 수 있는 장애	서비스에 영향을 주지 않는 장애
장애 예	인터넷 회선, 네트워크 장비 등의 다운 또는 통신할 수 없는 경우	서버 1대 다운	자원 이용 장애 발생	감시용 SNMP 또는 nrpe 다운
	확장 구성된 서버들의 다운 또는 통신 불가능한 경우	일부 서비스를 사용할 수 없는 경우	FTP 등 서비스와 직결되지 않는 것들의 장애	RAID로 구성된 서버의 디스크 고장
연락 방법	전화 또는 메일	전화 또는 메일	메일	없음

정상성 확인의 예로 웹 사이트를 실행하는 서버의 읽기 평균load average을 생각해 봅시다. 읽기 평균값이 어떤 최소 빈도를 넘었을 때 웹 사이트가 로딩되지 않는지 알아야 합니다. 무엇으로 정상이라고 판단할 수 있는지 알고 공유해 두면 대응해야 하는 하한선을 판단한 후 미리 대응할 수 있습니다.

대응 레벨 구분의 예는 '모든 서비스에 영향을 주는 장애(레벨 1)', '서비스 일부에 영향을 주는 장애(레벨 2)', '장애가 쌓이면 서비스 전체에 영향을 줄 수 있는 장애(레벨 3)', '서비스에 영향이 주지 않는 장애(레벨 4)'로 생각해 볼 수 있습니다.

일어날 수 있는 경우를 가정해서 백업 또는 장애가 발생했을 때의 복구 방법도 링크 등으로 기록해 두는 것이 좋습니다.

| 긴급 상황이 발생했을 때의 연락망 |

장애가 발생하면 서비스 담당자와 클라이언트는 장애가 있다는 사실을 파악해서 대응해야 합니다. 이는 인프라만의 문제가 아닙니다. 애플리케이션 측에서 동시에 대응해야 할 수도 있습니다.

이러한 경우를 대비해서 긴급 연락망을 미리 만들어 공유하는 것이 좋습니다. 특히 장애 레벨에 따라 상태 파악만으로 괜찮은지, 또는 곧바로 대응해야 하는지 등까지 함께 공유하면 클라이언트와 다른 멤버들의 부담을 줄일 수 있습니다.

비상 연락망의 예는 [표 4-5]를 참고하기 바랍니다.

표 4-5 비상 연락망의 예

[고객 연락처]

평일 영업 시간

회사 이름	고객 이름	전화번호	메일 주소	비고
○○ 주식회사	A	xxx-xxxx-xxxx(회사)	server@xxxx.co.kr	프런트 담당자
○○ 주식회사	B	xxx-xxxx-xxxx(회사)	server@xxxx.co.kr	기술자

야간 또는 휴일

회사 이름	고객 이름	전화번호	메일 주소	비고
○○ 주식회사	A	xxx-xxxx-xxxx(휴대전화)	server@xxxx.co.kr	프런트 담당자
○○ 주식회사	B	xxx-xxxx-xxxx(휴대전화)	server@xxxx.co.kr	기술자

[내부 관리자 연락처]

평일 영업 시간

회사 이름	고객 이름	전화번호	메일 주소	비고
○○ 주식회사	C	xxx-xxxx-xxxx(회사)	server@xxxx.co.kr	애플리케이션 개발 회사
○○ 주식회사	D	xxx-xxxx-xxxx(회사)	server@xxxx.co.kr	기술자

야간 또는 휴일

회사 이름	고객 이름	전화번호	메일 주소	비고
○○ 주식회사	C	xxx-xxxx-xxxx(휴대전화)	server@xxxx.co.kr	프런트 담당자
○○ 주식회사	D	xxx-xxxx-xxxx(휴대전화)	server@xxxx.co.kr	기술자

| 정시 작업 |

라이선스 변경(SSL 또는 유상 소프트웨어 등), 보안 정보 수집 등 정기적으로 해야 하는 요소는 잊지 말고 해야 할 일 목록To-do List 등으로 공유해 두는 것이 좋습니다.

문서는 유지 보수와 공유의 용이성을 고려해서 Wiki, Redmine, Confluence, 구글 드라이브 등을 활용하는 것이 좋습니다. 구성 변경이나 정보 변경이 있을 때 영업 담당자, 구축 담당자, 운용 담당자, 개발 담당자 등이 동시에 변경 내용을 확인할 수 있어야 공유가 효율적으로 이루어집니다.

매뉴얼

이전에 언급했던 것처럼 운용 단계에서 중요한 점은 여러 사람이 같은 수준으로 대응할 수 있어야 한다는 것입니다. 따라서 시스템의 어떤 부분이 어디와 연계되어 있는지, 어떻게 대응해야 하는지 등의 지식을 공유할 수 있어야 합니다. 이때 중요한 역할을 하는 것이 바로 매뉴얼입니다.

여기서 주의해야 할 점은 절차를 나타내는 매뉴얼과 일반적인 설명 문서가 달라야 한다는 것입니다. 설명 문서는 많은 내용을 넣어도 괜찮지만 매뉴얼에는 필요한 항목만 써야 합니다. 또한 매뉴얼은 그것만 읽고도 이해할 수 있도록 최대한 단순하게 만드는 것이 좋습니다. 조건에 따른 분기를 최대한 넣지 말고 바로 읽고 대응할 수 있게 만드는 것이 좋습니다.

그림 4-4 매뉴얼의 예

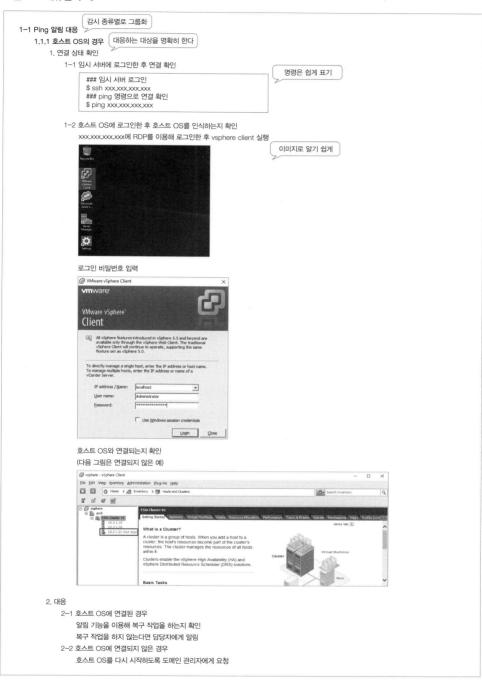

1-1 Ping 알림 대응

[감시 종류별로 그룹화]

  1.1.1 호스트 OS의 경우   [대응하는 대상을 명확히 한다]

    1. 연결 상태 확인

      1-1 임시 서버에 로그인한 후 연결 확인

        [명령은 쉽게 표기]

```
### 임시 서버 로그인
$ ssh xxx.xxx.xxx.xxx
### ping 명령으로 연결 확인
$ ping xxx.xxx.xxx.xxx
```

      1-2 호스트 OS에 로그인한 후 호스트 OS를 인식하는지 확인

        xxx.xxx.xxx.xxx에 RDP를 이용해 로그인한 후 vsphere client 실행

        [이미지로 알기 쉽게]

로그인 비밀번호 입력

호스트 OS와 연결되는지 확인
(다음 그림은 연결되지 않은 예)

    2. 대응

      2-1 호스트 OS에 연결된 경우

        알림 기능을 이용해 복구 작업을 하는지 확인

        복구 작업을 하지 않는다면 담당자에게 알림

      2-2 호스트 OS에 연결되지 않은 경우

        호스트 OS를 다시 시작하도록 도메인 관리자에게 요청

| 다른 사람이 읽어도 쉽게 이해할 수 있게 작성하기 |

매뉴얼은 다른 사람이 봐도 바로 알 수 있도록 작성하는 것이 원칙입니다. 일단 가장 중요한 것은 매뉴얼을 읽는 사람의 수준을 설정하는 것입니다. 가상의 대상을 설정해서 어떻게 작성할지를 판단합니다. 대상을 결정하는 것만으로도 무엇을 어떻게 작성할지 최소한의 기준을 결정할 수 있습니다.

- 대상이 자사의 엔지니어, 파트너, 클라이언트인가?
- 리눅스의 기본 명령어를 이해하는가?

대상을 설정하면 매뉴얼 형식을 통일합니다. 물론 매뉴얼에 따라 내용은 다르더라도 레이아웃과 항목 순서 등은 통일해 두기 바랍니다. 그러면 작성 시 가독성이 높아져 효율이 향상됩니다.

| 패턴을 구분해 상황 구별하기 |

매뉴얼의 작업 패턴은 적은 것이 좋습니다. 작업 패턴을 늘리면 관리 비용도 늘어납니다. 매뉴얼은 어떤 의미에서 관리 비용을 낮추려고 만드는 것입니다. 따라서 작업 패턴을 늘려 관리 비용이 늘어나면 주객이 전도된 것입니다. 그러므로 상황의 작업 패턴을 분류하고, 매뉴얼 하나로 대응할 수 있는 범위를 넓혀야 합니다. 단, 매뉴얼 하나로 너무 많은 범위를 대응하려고 하면 매뉴얼 내부에 조건 분기가 발생해서 읽기 어려워지므로 주의하기 바랍니다.

필자는 매뉴얼을 Confluence[5]라는 도구로 관리합니다. 이 도구의 장점 중 가장 좋은 것은 공통 절차를 한 곳에 모아서 관리할 수 있는 기능이라고 생각합니다. 예를 들어 로그의 경우 출력 결과가 다양하므로 '성공 사례', '다른 예', '문제 없는 사례' 등을 최대한 기재하면 도움이 됩니다. 이때 매뉴얼의 공통 부분을 정리할 수 있는 도구를 사용하면 편리합니다.

매뉴얼을 만들었을 때 가장 중요한 이점은 스스로 애매하다고 생각하는 것을 정리할 수 있게 해 준다는 것입니다. 매뉴얼을 읽는 사람에게 어떤 의문이 있을지 생각하면서 작성하면 평소에 신경 쓰지 못했던 부분을 생각해 볼 수 있고 옵션의 의미와 동작, 다른 옵션의 존재도 알 수 있습니다. 따라서 기초 개념을 생각보다 더 많이 이해할 수 있습니다.

----

5 https://atlassian.com/

4.3 테스트와 배포

4.3.1 테스트 실시

애플리케이션을 실행하는 공개 가능 상태의 시스템이 예상한 수준의 사용자를 무리 없이 수용
할 수 있도록 설계되어 있을까요? 의도한 대로 동작하는지 확인해, 운용 후 발생할 수 있는 상
황을 미리 파악해서 보완한다면 더 안정적으로 운용할 수 있을 것입니다.

이번에는 인프라와 관련이 깊은 스트레스 테스트, 취약성 테스트, 장애 대응 테스트, 배포 전
테스트를 설명하겠습니다.

4.3.2 스트레스 테스트

스트레스 테스트는 현재 시스템 구성이 부하를 어느 정도 버틸 수 있는지 확인하는 테스트입니다.
실제 운용에 들어간 이후에는 할 수 없으므로 운용 전에 반드시 실행해야 하는 테스트입니다.

설정상 '이 정도까지 부하를 견딜 수 있다'고 되어 있을 때 실제 그 정도의 부하를 견디는지, '이

정도'라는 값을 넘으면 어느 부분이 보틀넥으로 작용하는지 등을 확인할 수 있으므로 스트레스 테스트는 굉장히 중요합니다.

가장 간단한 방법은 '[F5](새로 고침) 키를 연타'하는 것입니다. 사실 이 정도로 시스템에 문제가 생긴다면 시스템 구성에 큰 결함이 있는 것이지요. 어쨌든 이러한 테스트에는 비용이 들어가며, 어느 정도의 사용자가 접근할지 예상하기 힘들 수 있다는 과제가 있습니다.

스트레스 테스트 도구

ApacheBench 테스트를 사용하면 전체 요청을 특정 요청 수만큼 실행해 여러 클라이언트가 접근하는 시뮬레이션을 실행할 수 있습니다. 아파치 프로젝트의 일부인 성능 계측 전용 자바 애플리케이션 JMeter[6]도 편리합니다. JMeter의 경우 시나리오를 작성하여 기본 인증 및 로그인 화면에서 사용자 인증 등을 할 수 있습니다. 여러 가지 상황에 맞게 시나리오를 작성할 수 있으므로 실제 환경과 비슷하게 테스트할 수 있습니다.

시스템은 매일 업데이트되며 데이터도 매일 증가합니다. 업데이트되면 성능이 나빠질 수 있고, 데이터가 증가하면 인덱스를 사용하지 않는 쿼리 실행이 늦어지는 등 처음에는 예상하지 못했던 일들이 발생할 수 있습니다. 이전에 언급한 것처럼 스트레스 테스트는 출시 전에만 할 수 있다는 것이 단점입니다. 서비스하는 시스템에 스트레스 테스트를 하면 시스템 성능에 영향을 줄 가능성이 있으므로 서비스 중에는 할 수 없는 것입니다.

> **NOTE_ 테스트 시나리오 작성 시 고려해야 할 것**
>
> 부하 테스트를 실행할 때 반드시 고민하게 되는 것으로 시나리오 정의가 있습니다. 예를 들어 확인하고 싶은 요건이 '동시 접속 수 5,000을 견딜 수 있을까?'라는 제목이라면 시나리오를 작성할 때 다음 같은 의문이 들 수 있습니다.
>
> - 하나의 요청이 어느 시점에 완료되었다고 볼 것인가?
> - 지속적인 접근을 어느 정도 견딜 수 있는 인프라를 요구하는가?
>
> 일단 첫 번째 의문에 관해 이야기해 봅시다. 외부 도구를 사용할 경우 외부 서비스의 응답 속도에 따라 요청하고 응답받을 때까지의 시간이 달라질 수 있습니다. 따라서 원하는 대로 측정되지 않을 수 있습니다. 따라서 '하나의 요청이 어느 시점에 완결되는가'라는 정의를 좀 더 확실하게 내리는 것이 좋습니다.

---

6 http://jmeter.apache.org/

두 번째 의문에 관해서도 자세히 설명하겠습니다. 1시간에 5,000개의 접근이 있는 경우와 1분에 5,000개의 접근이 있는 경우는 초당 접속 수가 다릅니다. 부하를 거는 서버 수에 따라서도 부하가 크게 달라집니다. 따라서 '견딜 수 있는'이라는 정의 자체가 달라집니다. 필자의 경우 JMeter를 사용해 초당 5,000개의 요청을 30초 동안 지속할 때 다음 같은 구성이 필요했습니다.

테스트 환경이 AWS인 경우: 시나리오 서버 1대(윈도우, c3.xlarge), 부하 실행 서버 19대(리눅스, c3.8xlarge)

그리고 부하 실행 서버는 Java Heap을 조정한 후 1대에서 2개의 JMeter를 실행했습니다. 시나리오는 5,000개의 요청을 서버 각각에 분할하고 스크립트를 동시에 실행시켜 40초 동안 실행했습니다. 앞과 끝의 5초는 미세한 변동이 있을 수 있으므로 자르고, 중간 30초를 기반으로 테스트를 확인했습니다.

필자가 자바를 잘 알았다면 더 잘 테스트할 수 있었겠지만 이 정도로도 '30초 동안 5,000개의 동시 요청을 처리하는 데 어느 정도의 스펙이 필요한가' 등을 알 수 있었습니다.

그림 4-5 스트레스 테스트의 예

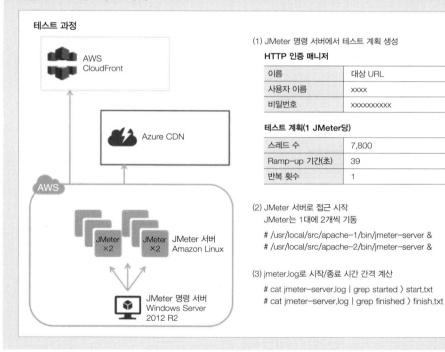

테스트 과정

AWS CloudFront

Azure CDN

AWS

JMeter ×2 JMeter ×2 JMeter 서버 Amazon Linux

JMeter 명령 서버 Windows Server 2012 R2

(1) JMeter 명령 서버에서 테스트 계획 생성

HTTP 인증 매니저

이름	대상 URL
사용자 이름	xxxx
비밀번호	xxxxxxxxxxx

테스트 계획(1 JMeter당)

스레드 수	7,800
Ramp-up 기간(초)	39
반복 횟수	1

(2) JMeter 서버로 접근 시작
JMeter는 1대에 2개씩 기동

/usr/local/src/apache-1/bin/jmeter-server &
/usr/local/src/apache-2/bin/jmeter-server &

(3) jmeter.log로 시작/종료 시간 간격 계산

cat jmeter-server.log | grep started > start.txt
cat jmeter-server.log | grep finished > finish.txt

4.3.3 장애 대응 테스트

장애 대응 테스트는 작성한 운용 매뉴얼이 제대로 동작하는지, 이해하는 데 어려움은 없는지, 설계·설정 실수는 없는지 등을 확인하는 테스트입니다.

장애 테스트 시 모든 패턴을 테스트하는 것이 현실적으로 어려운 때도 있습니다. 이때는 실행 가능성이 큰 항목, 발생했을 때 서비스에 큰 문제를 끼칠 수 있는 중요한 항목을 우선 테스트하는 것이 좋습니다.

보통 네트워크부터 서버 단위까지 차례대로 테스트하게 만드는 것이 쉽습니다. 물리 구성상의 장애 대책 테스트, 소프트웨어의 장애 테스트로 구분해서 테스트하는 것도 좋습니다.

물리 구성상의 장애 테스트

예를 들어 [그림 4-6]의 구성을 생각해 봅시다. 서버상에서 여러 대의 가상 서버가 가동되고 있습니다.

그림 4-6 장애 테스트 대상의 구성

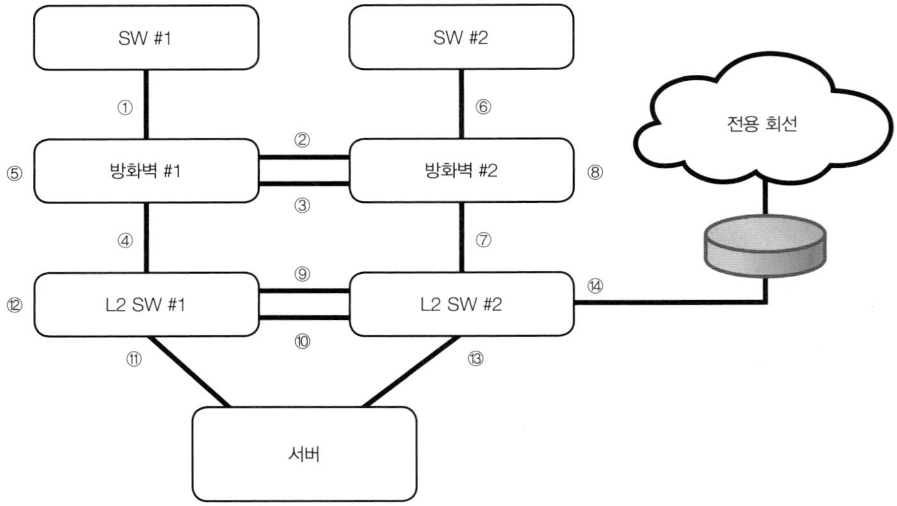

장애 테스트는 접속할 수 있는 모든 서버에 실행해야 합니다. 장애 테스트 항목을 고르고 '무엇으로 확인'했다는 등을 자세히 적어야 합니다([표 4-6] 참고). [그림 4-6] 구성에서 345개의 장애 테스트를 했을 때 3시간 정도 걸렸으므로 참고하기 바랍니다.

표 4-6 장애 테스트의 예

테스트 시점	큰 항목	작은 항목	테스트 내용	확인	상태	확인일	확인자
전반	정상	정상성 확인	모든 가상 서버와의 통신 테스트	ExPing으로 모든 가상 서버와 통신하 는지 확인			
			방화벽 #1이 마스 터인지 테스트	https://xxx.xxx.xxx.xxx/index에 로그인하고, 대시보드 → 상태에서 가 상 클러스터1의 방화벽 #1이 마스터, 방화벽 #2가 슬레이브인지 확인			
			방화벽 #2가 슬레 이브인지 테스트	https://xxx.xxx.xxx.xxx/index에 로그인하고, 대시보드 → 상태에서 가 상 클러스터1의 방화벽 #1이 마스터, 방화벽 #2가 슬레이브인지 확인			
	장애 테스트	방화벽 #1	① 방화벽 #1의 wan1 테스트	ExPing으로 모든 가상 서버와 통신하 는지 확인			
				https://xxx.xxx.xxx.xxx/index에 로그인하고, 대시보드 → 상태에서 가 상 클러스터1의 방화벽 #1이 슬레이 브, 방화벽 #2가 마스터인지 확인			
				https://xxx.xxx.xxx.xxx/index에 로그인하고, 대시보드 → 상태에서 가 상 클러스터1의 방화벽 #1이 슬레이 브, 방화벽 #2가 마스터인지 확인			
			① 방화벽 #1의 wan1 테스트	ExPing으로 모든 가상 서버와 통신하 는지 확인			
				https://xxx.xxx.xxx.xxx/index에 로그인하고, 대시보드 → 상태에서 가 상 클러스터1의 방화벽 #1이 마스터, 방화벽 #2가 슬레이브인지 확인			
				https://xxx.xxx.xxx.xxx/index에 로그인하고, 대시보드 → 상태에서 가 상 클러스터1의 방화벽 #1이 마스터, 방화벽 #2가 슬레이브인지 확인			
			② 방화벽 #1의 internal6 테스트	ExPing으로 모든 가상 서버와 통신하 는지 확인			
				https://xxx.xxx.xxx.xxx/index에 로그인하고, 대시보드 → 상태에서 가 상 클러스터1의 방화벽 #1이 마스터, 방화벽 #2가 슬레이브인지 확인			

테스트 시점	큰 항목	작은 항목	테스트 내용	확인		상태	확인일	확인자
				https://xxx.xxx.xxx.xxx/index에 로그인하고, 대시보드 → 상태에서 가상 클러스터1의 방화벽 #1이 마스터, 방화벽 #2가 슬레이브인지 확인				
			② 방화벽 #1의 internal6 테스트	ExPing으로 모든 가상 서버와 통신하는지 확인				
				https://xxx.xxx.xxx.xxx/index에 로그인하고, 대시보드 → 상태에서 가상 클러스터1의 방화벽 #1이 마스터, 방화벽 #2가 슬레이브인지 확인				
				https://xxx.xxx.xxx.xxx/index에 로그인하고, 대시보드 → 상태에서 가상 클러스터1의 방화벽 #1이 마스터, 방화벽 #2가 슬레이브인지 확인				

소프트웨어 장애 테스트

소프트웨어 장애 테스트에서는 다음 부분을 의식하면서 테스트 항목을 작성합니다.

1 데이터베이스 서버가 다운되었을 때 페일 오버 또는 페일 백하는가(그동안 읽고 쓰는 데이터가 있다면 데이터는 어떻게 되는가)?

2 로드밸런서 아래의 서버가 정지한 경우 로드밸런서가 해당 서버로 분산하는가?

3 부하를 걸었을 때 오토스케일이 정상적으로 작동하는가?

NOTE_ 본딩 전환 테스트

본딩^{Bonding}이란 2개의 네트워크 인터페이스를 하나로 묶어 하나가 정지해도 다른 하나에서 통신할 수 있게 하는 확장 구성을 의미합니다.

본딩 전환 테스트는 '무엇 때문에 한쪽 네트워크 인터페이스가 정지했는지 판단할 수 있는가'를 정의하는 것이 중요합니다. 즉, 정지했다고 판단하는 기준이 서버 네트워크 인터페이스의 다운인지, 설정된 라우터 또는 스위치와 통신이 안 되는 것인지 정해야 합니다.

본딩 전환 테스트를 할 경우에는 modprobe.conf 또는 ifcfg 설정 등을 확인해서 계획을 세우기 바랍니다.

4.3.4 배포 전 테스트와 마이그레이션 테스트

'배포 전 테스트'는 배포 전에 기능이 제대로 동작하는지 확인하는 정상성 테스트입니다.

배포 전 테스트

제대로 통신할 수 있는지, 통신을 금지한 곳과 통신하는지 등을 확인해야 합니다. 주요 확인 항목은 다음과 같습니다.

- 보안 DNS 서버 설정과 응답 확인
- NTP 동기 확인
- 로드밸런서와 분산된 서버들의 통신 테스트
- 웹 서버, 애플리케이션 서버, 데이터베이스 서버의 통신 테스트

마이그레이션 테스트

마이그레이션(이행)할 때는 OS 버전 차이, 미들웨어 버전 차이 등으로 사용하는 함수가 지원되지 않거나, 호출 방법이 달라질 수 있습니다. 따라서 마이그레이션과 관련된 체크 리스트를 만들어 문제가 없는지 하나하나 확인해야 합니다.

- 버전 차이
- 데이터베이스 버전 차이: 쿼리 실행 여부, 문자 코드 차이, MySQL 등에서의 문자 코드 변환 기능 차이
- 스크립트 버전 차이
- 메일 송신 환경 차이
- 도메인 소유자
- cron 태스크가 정상적으로 실행되는가

마이그레이션 테스트는 확인할 것이 굉장히 많습니다. 웹 사이트라면 PC에 hosts 설정 후 동작을 확인하는 것이 좋습니다. 새로 구축했다면 구축한 것이 제대로 동작하는지 확인하고, 다른 환경에서 마이그레이션해 왔다면 이전 환경에서 동작한 것처럼 동작하는지 하나하나 확인합니다.

4.3.5 배포

테스트를 무사히 완료했다면 이제 배포할 차례입니다. 신규 구축한 시스템의 경우 접근 제한이 있다면 접근 제한을 해제하고 공개합니다. 다른 환경에서 마이그레이션했다면 DNS 변환, 네임 서버 전환 후 새 환경에 접근할 수 있게 해서 공개합니다.

배포를 시작한 직후는 긴장감을 가져야 합니다. 예상치 못했던 문제 등이 발생하는 시기이므로 단순하게 운용 설계에서 만든 단계를 수행하는 것뿐만 아니라, 문제가 발생하면 그 이유까지 조사하는 것이 좋습니다.

4.4 감시와 장애 대응

배포가 무사하게 끝나면 운용을 시작합니다. 설정한 감시 기능을 사용해서 장애 징조 또는 장애 자체를 검사하면서 운용하는 단계입니다. 이번 절에서는 구체적인 장애 패턴의 사례 연구를 통해 대응 방법을 알아보겠습니다. 다양한 관점과 문제 해결에 접근하는 생각의 흐름 등을 흡수하기 바랍니다.

4.4.1 사례 연구 1: 웹 사이트에 접근할 수 없는 경우

웹 사이트에 접근할 수 없는 상황이 발생했다고 생각해 봅시다. 장애가 발생한 원인은 다음과 같이 추정할 수 있습니다.

- DNS 문제
- 서버 문제
- 네트워크 문제

가설과 확인 방법: DNS 문제

웹 사이트에 접속하려면 도메인 이름 분석, DNS 서버에서 IP 주소 받기, 서버에 도달하기라는 과정을 거칩니다. 이때 도메인 이름을 분석하지 않으면 서버에 도달할 수 없으므로 웹 사이트가 보이지 않습니다.

| 웹 사이트를 설정한 직후 접근이 안 되는 경우 |

웹 사이트를 설정한 직후 접근이 안 되는 경우는 'whois' 등록이 되어 있는가, 그리고 DNS 서버에 제대로 레코드를 지정했는가를 살펴봐야 합니다.

whois 등록이란 도메인의 전화번호부와 같은 것으로, DNS 서버(실제 레코드가 있는 서버) 위치를 등록해 두는 것입니다. 여기에 등록하지 않으면 원래 DNS 서버가 어떤 서버인지 알 수 없으므로 레코드 문의 자체가 불가능합니다.

그리고 DNS 서버는 호스트 등록이 필요합니다. 호스트 등록은 DNS 서버로 사용한다고 등록하는 것입니다. 이는 도메인을 받은 회사에서 해 주는 것으로, 호스트 등록이 되어 있지 않으면 whois 등록이 안 될 가능성도 있습니다.

whois 등록의 확인 방법은 다음과 같습니다.

```
$ whois <도메인 이름>
Name Server ns.example.com
Name Server ns2.example.com
```

다른 가능성은 '앞에서 지정한 DNS 서버에 레코드 정보가 제대로 등록되어 있는가?'입니다. DNS 서버 자체를 서버에 설치하고 설정하는 것은 어떤 서버에서든지 할 수 있습니다. 하지만 앞에서 언급했던 것처럼 whois 등록을 하지 않았다면 외부에서 이름을 확인할 수 없습니다.

| 설정을 바꾸지 않았는데도 갑자기 웹 사이트에 접근할 수 없는 경우 |

설정을 바꾸지 않았는데도 갑자기 웹 사이트에 접근할 수 없다면 도메인의 유효 기간이 지나지 않았는지와 세컨더리 DNS에 정보가 있는지를 확인해봐야 합니다.

일단 의심해야 하는 것은 도메인의 유효 기간입니다. 도메인은 1년에 1회 또는 계약 기간마다 다시 계약해야 합니다. 이 계약을 잊어 버리면 도메인이 해지되어 네임 서버 정보가 자동으로 바뀌며, 웹 사이트에 접근할 수 없습니다.

이때는 도메인을 계약했던 곳에서 복구 작업을 수행해야 합니다. 유예 기간이 지나면 다른 사람이 해당 도메인을 계약할 수도 있으므로 주의해야 합니다.

도메인 유효 기간 확인 방법은 다음과 같습니다.

```
$ whois example.com
[상태]                            Connected (2016/10/31)
```

도메인의 종류에 따라 출력 내용이 조금씩 다릅니다. 하지만 보통 오른쪽에 도메인 유효 기간이 적혀 있으므로 이를 확인하면 만료 여부를 알 수 있습니다.

두 번째로 의심해야 하는 것은 세컨더리 DNS에 정보가 등록되어 있는지 여부입니다. 프라이머리 DNS만 설정해도 테스트할 때는 프라이머리 DNS에서 IP 주소 정보를 가져오므로 아무 문제 없다고 생각할 수 있습니다. 하지만 세컨더리 DNS에 프라이머리 DNS의 존 정보를 전송하도록 설정해 두어야 합니다. 프라이머리 DNS가 어떤 이유 때문에 반응하지 않는 경우 DNS 캐시가 사라지는 순간부터 IP와 관련된 정보를 얻을 수 없습니다. 레코드를 설정한 경우에는 각각의 DNS 서버를 지정해서 존과 관련된 정보를 얻을 수 있게 합니다.

프라이머리와 세컨더리 DNS에 정보가 등록되었는지 확인하는 방법은 다음과 같습니다.

```
$ dig @ns.example.com example.com
$ dig @ns2.example.com example.com
```

가설과 확인 방법: 서버 문제

DNS에 문제가 없는 경우 서버에 문제가 있는지 확인합니다.

| 80번 포트를 수신할 수 있는가? 프로세스가 제대로 실행되고 있는가? |

우선 메모리 부족 등의 이유로 서버 기능이 중지되어 정상적으로 동작하지 않는 경우를 생각할 수 있습니다.

netstat-tlnp로 서버에서 수신하는 포트 목록을 출력합니다. grep 명령으로 80번만 확인해도 되는 경우가 많지만, 톰캣Tomcat 등과 함께 사용하는 경우 80번 포트만 확인해서는 문제를 알기 어려울 수 있습니다. 따라서 다른 포트도 확인해 보는 것이 좋습니다.

```
$ netstat -tlnp
$ ps auxwwwf | grep -i "httpd"7
```

| 동시 접속 수의 상한을 넘지 않았는가? |

웹 서버에는 아파치, Nginx 등 다양한 종류가 있으며 모두 동시 접속 수라는 설정이 있습니다. 이름 그대로 서비스에 동시 접속할 수 있는 숫자를 뜻합니다.

예를 들어 동시 접속 수가 256(아파치의 기본 설정값)이고 어떤 상황으로 동시 접속 수가 256에 도달했다고 합시다. 이후 257번째 접속한 사람은 대기자로 취급하며 다른 처리가 끝날 때까지 기다려야 합니다. 만약 웹 브라우저의 타임아웃 시간보다 기다리는 시간이 길어지면 페이지에 접속할 수 없습니다.

동시 접속 수의 상한을 확인하는 방법은 다음과 같습니다.

```
# ps auxwwwf | grep httpd
# grep -i "include" /etc/httpd/httpd.conf
# netstat -tanp | grep -i "ESTABLISH" | wc -l
```

아파치의 경우 ESTABLISH라는 변수로 수를 세어 MaxClient 값에 도달하면 접속 대기 상태가 발생합니다. 아파치를 소스 기반으로 설치한 경우 ps 명령으로 출력되는 경로의 설정 파일을 확인하세요.

이때 Include 등으로 읽어 들이는 파일에 MaxClient 설정 부분이 있는지 확인하는 것이 좋습니다. 아파치 설정은 뒤에 적힌 설정이 앞에 적힌 설정을 덮어씁니다. 따라서 뒷부분에 Include를 사용해서 앞쪽 설정을 덮어쓰는 경우가 있을 수도 있습니다. 예를 들어 다음과 같은 경우입니다.

httpd.conf 일부 발췌

```
MaxClients 256
ServerLimit 256
Include conf.d/*.conf
```

---

7 사용하는 웹 서버가 Nginx라면 grep -i 뒤에 있는 문자열을 nginx로 지정해 주세요.

conf.d/example.conf 일부 발췌

```
MaxClients 80
ServerLimit 80
```

이 경우 Include로 설정 파일(conf.d/example.conf)을 읽어 들이는 부분이 뒤에 있으므로 conf.d/example.conf에 적혀 있는 MaxClients와 ServerLimit이 이전 값들을 덮어씁니다.

| 데이터베이스 처리에 시간이 너무 오래 걸리지 않는가? |

데이터베이스를 사용할 때 처리 시간이 오래 걸리는 쿼리가 있는 경우, 데이터베이스 접속 상한에 도달한 경우, CPU 사용률이 굉장히 높은 경우 등은 웹 서버 쪽 문제가 아니라 데이터베이스 서버 쪽 문제일 수 있습니다. 데이터베이스 응답 시간이 오래 걸려 웹 브라우저의 타임아웃 때문에 웹 페이지를 볼 수 없는 경우입니다. 이를 확인하는 방법은 다음과 같습니다.

```
# top -d 1
```

다음은 어떤 프로세스가 CPU를 사용하는지 확인하는 명령입니다.

```
# mysql -u root -p
ERROR 1040 (00000): Too many connections
```

이와 같은 오류가 발생하면 접속 수 상한에 도달했다는 것을 알 수 있습니다. query−log를 확인해서 처리가 느린 쿼리가 있는지 살펴보고, 이를 수정해서 개선하도록 검토하기 바랍니다 (애플리케이션 개발자와 함께 수정해야 합니다).

| 이름 분석을 하는지 확인하기 |

만약 데이터베이스 접속과 처리에 문제가 없다면 데이터베이스 문제가 아닐 가능성이 높습니다. 데이터베이스 접속에 이르기까지의 흐름을 생각하면 중간에 이름을 분석하는 과정이 있습니다. 접속과 결과 반환에 문제가 없다면 이름 분석 문제일 수 있습니다.

MySQL은 접속하는 곳의 IP 주소를 역방향으로 조회합니다. 따라서 캐시 DNS 서버의 성능이 부족해지면 가끔 MySQL 접속 오류가 발생할 수 있습니다. 그럼 MySQL에서의 이름 분석이 어디에서 필요할까요? 바로 host 테이블의 접속을 허가하는 경우입니다. localhost라고 써서 허가하는 경우가 많으며 localhost도 이름 분석을 실행합니다. 따라서 'localhost'가 아니라 '127.0.0.1'이라고 지정하면 이름 분석을 실행할 필요가 없습니다. 오버헤드를 쉽게 없앨 수 있으므로 127.0.0.1로 설정하고, 'skip-name-resolve' 옵션을 설정해 두기 바랍니다.

가설과 확인 방법: 네트워크 문제

DNS 서버의 문제가 아니라면 네트워크 경로상에 어떤 문제가 발생해 연결되지 않는 상태일 가능성이 있습니다. 이 경우 어디서 연결 문제가 발생했는지 확인해야 합니다. 이후에 경로 재계산이 일어날 수 있으므로 장애가 발생하는 동안 확인해야 의미가 있다는 점에 주의하기 바랍니다.

확인 방법은 다음과 같습니다.

PC에서 서버로

```
$ traceroute <서버 IP>
```

서버에서 PC로

```
$ traceroute <PC IP>
```

두 방향 중 하나에 문제가 있을 수 있으므로, 양쪽 모두 traceroute 명령으로 확인하는 것이 좋습니다.

4.4.2 사례 연구 2: 메일 송수신이 불가능한 경우

메일 송수신이 불가능한 상황이 발생했다고 생각해 봅시다. 장애가 발생한 원인은 다음과 같이 추정할 수 있습니다.

- DNS 문제
- 서버 문제
- 네트워크 문제

가설과 확인 방법: DNS 문제

웹 사이트에 접근할 수 없는 경우입니다. 사례 연구 1을 참고해 주세요.

가설과 확인 방법: 서버 문제

| 디스크 용량이 꽉 찼거나 inode를 모두 사용한 경우 |

디스크 영역마다 할당된 용량이 꽉 찼거나 inode를 모두 사용한 경우일 수 있습니다. 두 경우 모두 파일을 추가로 생성할 수 없으므로 메일을 송수신할 수 없습니다. 또한 이 때문에 애플리케이션이 불안정해지거나 파일에 큰 문제가 생길 수도 있습니다.

디스크 사용량을 확인하는 방법은 다음과 같습니다.

디스크 사용량 확인(서버에 로그인해서 df 명령 사용하기)

```
$ df -h
Filesystem      Size    Used    Avail   Use%    Mounted on

/dev/sda3        20G    924M      18G     5%     /
tmpfs           3.9G       0     3.9G     0%     /dev/shm
/dev/sda1       243M    110M     120M    48%     /boot
/dev/sda8       190G    163G      18G    91%     /home
/dev/sda5       9.7G    1.5G     7.7G    16%     /usr
/dev/sda2        39G    549M      36G     2%     /var
/dev/sda6       9.7G    4.1G     5.1G    45%     /var/log
```

파티션을 여러 개 나누었을 경우 Mounted on 항목에 파티션과 연결된 디렉터리 경로가 적혀 있으며, 파티션 각각에서 사용할 수 있는 디스크 크기는 Size 항목에서 확인할 수 있습니다. 예를 들어 /home 디렉터리의 사용량(use%)은 91%입니다. 남은 9%가 꽉 차면 /home 디렉터리에 파일을 업로드할 수 없습니다.

이 예에서는 서버를 실행하는 프로그램이 들어 있는 파티션이 /home 디렉터리와 다른 영역으로 구분되어 있으므로 서버의 실행에 큰 영향을 주지 않습니다. 하지만 파티션을 하나만 설정했을 때 이런 상황이 발생하면 서버 동작에 큰 영향을 주므로 주의하기 바랍니다.

이제 inode 사용량을 확인하는 방법을 살펴보겠습니다. 다음과 같습니다.

inode 사용량 확인(서버에 로그인해서 df 명령 사용하기)

```
$ df -i
Filesystem      Inodes     IUsed      IFree    IUse%  Mounted on
/dev/sda3      1281120     18690    1262430      2%   /
tmpfs          1006830         1    1006829      1%   /dev/shm
/dev/sda1        64000        63      63937      1%   /boot
/dev/sda8     12632064    386025   12246039      4%   /home
/dev/sda5       640848     90735     550113     15%   /usr
/dev/sda2      2564096      6072    2558024      1%   /var
/dev/sda6       640848       473     640375      1%   /var/log
```

예를 들어 메일 송수신에 사용되는 큐를 살펴봅시다. Postfix와 Sendmail의 경우 큐가 /var/spool/mqueue/ 디렉터리에 생성됩니다. 비밀번호 정보가 유출됨에 따라 의도하지 않은 메일을 서버에서 대량으로 보낸 경우를 생각해 봅시다. 이때는 메일을 보낼 때 큐에 파일이 계속해서 생성되므로 할당한 파일 생성 가능 수를 넘어 버립니다.

이 예에서는 /var 디렉터리가 용량 상한에 이르렀으므로, 메일을 송수신할 수 없습니다. 특히 inode가 상한에 이르면 디스크 용량이 남아 있어도 파일을 생성하지 못합니다. 눈치 채기 힘든 부분이므로 주의하기 바랍니다.

| 송신이 안 되는 경우 |

송신이 안 되는 경우로는 주로 상대 서버가 받을 수 없는 경우, 메일러 설정에 문제가 있는 경우, 대량 메일 전송이 이뤄지는 경우를 들 수 있습니다.

상대 서버가 받을 수 없는 경우에는 여러 가지 이유가 있는데 그중 블랙 리스트에 등록된 상황이 많습니다. 비밀번호가 유출되어 대량으로 스팸 메일을 보냈을 때 상대 서버가 블랙 리스트로 등록하면 메일을 받을 수 없게 됩니다.

블랙 리스트에 등록되어 있는지 확인할 수 있는 사이트가 있으므로 그곳을 확인한 후 등록되어 있다면 해제 신청을 보냅니다. 물론 서버 측에서 비밀번호 등을 정비하여 스팸 메일을 보내지 않도록 해야 하며 대처한 후 해제 신청을 해야 합니다.

메일을 보내는 서버에 SPF 레코드가 없으면 메일을 차단하는 경우도 있습니다. SPF 레코드는 메일을 보내는 서버를 인증하는 스팸 메일 방지 대책입니다. SPF 레코드가 있으면 해당 이메일이 비교적 안전한 메일이라고 판단할 수 있습니다. SPF 레코드의 유무는 다음 명령으로 확인할 수 있습니다.

```
$ dig -t txt example.com
```

메일러 설정에 문제가 있는 경우 서버 회사의 정책에 따라서는 송신 포트로 25번을 사용하는 것을 금지하는 경우가 있습니다. 이 경우 메일을 보낼 수 없으므로 587번 포트로 송신하기 바랍니다. 그리고 메일을 송신할 때 ID와 비밀번호로 한 번 로그인해서 성공한 사용자만 메일을 보낼 수 있게 하는 SMTP 설정이 되어 있는지도 확인하기 바랍니다.

대량 메일 전송이 이뤄지는 경우의 예로는, 메일 사용자가 간단하게 설정한 비밀번호가 뚫려 외부에 대량으로 스팸 메일이 송신되는 상황이 있습니다. 심하면 수십만 개의 메일이 큐에 들어가기도 하며 큐가 꽉 차 버리면 메일을 보낼 수 없게 됩니다.

이때는 큐를 비우고 메일 큐를 초기화해야 합니다. 이때 송신 메일은 물론 수신 메일도 큐에 들어 있을 수 있습니다. 수신 메일까지 모두 사라지면 문제가 생길 수 있으므로 주의해야 합니다. 블랙 리스트에 등록되면 상대 서버에 메일을 보낼 수 없으므로 이러한 내용은 따로 확인하기 바랍니다.

큐에 있는 메일 수 확인하기(Postfix의 경우)

```
$ mailq
```

큐의 내용 제거(Postfix의 경우)

```
$ postsuper -d ALL
```

4.5 예방 운용

운용에는 장애 경고 대응 외에도 중요한 부분이 있습니다. 미래의 장애 또는 위험 등을 예방하는 일입니다. 장애 경고 대응은 장애가 발생한 이후의 리액티브 대응(사후 대응)이라고 할 수 있습니다. 반대로 예방 운용 업무는 장애 등과 같은 사건이 발생하기 전의 **프로액티브 대응(사전 대응)**이라고 할 수 있습니다.

프로액티브 대응 기반 운용에는 운용 설계에서 했던 '장애 전조 감시', '정기 성능 평가', '소프트웨어와 같은 취약성 정보 수집·대응' 등이 포함됩니다.

- 장애 전조 감시 → 장애 예방
- 정기 성능 평가 → 미래의 성능 열화 예방
- 소프트웨어와 같은 취약성 정보 수집·대응 → 미래의 위험 최소화

이러한 작업들은 시스템을 중지시키지 않고 안정적으로 운용하는 것이 목표입니다. 이제 예방 운용을 자세히 살펴보겠습니다.

---

8 https://developers.google.com/speed/public-dns/docs/security#rate_limit

4.5.1 장애 전조 감지

장애 전조 감지는 이름 그대로 장애가 발생하는 전조를 감시하는 것입니다. 장애가 발생하면 서비스가 중지될 가능성이 있습니다. 확장 구성이라도 예상하지 못한 오류가 발생하면 그에 대응하느라 새로운 기능 배포 등이 늦어질 수 있습니다. 따라서 장애가 발생하기 전에 장애 전조를 감지할 수 있으면 유지 보수 등을 계획적으로 실행할 수 있으므로 일정을 잘 지킬 수 있습니다.

그렇다면 장애 전조 감지는 어떻게 해야 할까요? 가장 알기 쉬운 예로는 디스크와 inode를 그래프로 그려서 모니터링하는 것이 있습니다. 매달 한 번 디스크와 inode를 감시해서 꽉 차는 일이 발생하지 않는지 확인합니다. 디스크와 inode 때문에 발생할 수 있는 문제를 사전에 감지하면 미리 디스크를 늘리거나 해서 대처할 수 있습니다.

또한 매달 데이터를 수집하면 지난 달에 없었던 트래픽 증가가 발생했을 때 네트워크 쪽 문제 등을 미리 파악할 수 있습니다. 따라서 1개월에 한 번은 데이터를 수집해서 장애가 발생할 가능성이 있는지 등을 확인하는 것이 좋습니다.

참고로 이러한 데이터를 사용하면 연간 서비스 사용량 분석 등에도 활용할 수 있습니다.

4.5.2 성능 열화 감시와 정기 성능 평가

정기적인 성능 열화 감시와 성능 평가도 필요합니다. 특히 4.2절에서 소개한 데이터로 수집해야 하는 항목([표 4-2] 참고)을 참고해서 애플리케이션 각각의 성능 추이에 주목해야 합니다. 장애가 발생하지 않아도 구축 시점에서부터 시간이 흐르면 데이터의 양과 접속 트래픽이 늘어나므로 운용 당시에 생각했던 성능에 문제가 생길 수 있습니다.

또한 소프트웨어 도입 후 사용자가 증가하면 소프트웨어에서 처리하는 작업이 보틀넥이 되는 경우도 있습니다. 이때는 시스템 재검토와 업그레이드를 제안·계획해야 합니다. 서비스가 발전하면 당연히 인프라도 최적화해야 합니다.

중요한 점은 감시할 때 시간 변화에 따른 값을 비교해야 한다는 사실입니다. 예를 들어 현재와 10분 전의 값이 2배 이상 차이가 나면 경고 설정을 하는 등입니다. 시간에 따라 무언가 크게 변한다면 장애 또는 부하 증가의 전조라고 할 수 있습니다. 이는 실시간으로 무언가를 감지해서 대응한다기보다 향후 어떻게 운용해야 하는지 등에 활용할 수 있는 중요한 정보입니다. 이러한 데이터 분석을 적절하게 하는 힘을 기르기 바랍니다.

이러한 감시를 **매트릭스 감시**라고 합니다. 매트릭스^{metrix}는 측정 기준이라는 의미입니다. 정기적으로 측정한 데이터를 기반으로 기준을 잡고 감시하므로 이러한 이름으로 불립니다.

NOTE_ 의미 있는 감시가 되기 위해 해야 하는 것

최근에는 AWS. 애저 등의 클라우드 환경을 사용하는 경우가 많습니다. 이때 호스트 이름과 IP 주소가 정해지지 않거나 오토스케일 때문에 서버 수가 바뀌게 됩니다. 이로 인해 Nagios와 같은 '감시 서버가 호스트 정보를 갖고 있다'라는 형태로 감시하기 어려워졌습니다.

기존의 감시 시스템에서는 오토스케일로 추가된 서버를 인식할 수 없습니다. 또한 오토스케일로 지금까지 감시하던 가상 서버가 정지되거나, 호스트 이름과 IP 주소가 변경되면 서비스가 중지되지 않았는데도 중지되었다는 경고를 알립니다.

제대로 된 데이터가 없으면 각 서버에서 정기적으로 정보를 추출해서 경향을 본 후 어디를 개선해야 하는지 등을 분석할 수 없습니다. 이렇게 되면 장애가 발생하기 전까지 어떤 부분에 문제가 있는지 전혀 찾을 수 없습니다.

따라서 감시에 신경 써야 합니다. 여러 가지 도구를 선택할 수 있는데 다음 두 가지 기능은 꼭 필요합니다.

- 가상 서버를 어떻게 감시 서버 측에서 인식할 수 있게 하는가?
- 추출한 데이터를 쉽게 해석할 수 있도록 도와주는 그래프 분석 도구. 태그 붙이기 기능 등이 있는가?

예를 들어 Zabbix에는 가상 서버가 동작할 때 자동으로 감시 서버에 등록하는 등의 기능이 있습니다. 또한 Datadog 등으로 수집된 데이터에 태그를 붙일 수 있으며 이렇게 모인 데이터를 분석할 수 있습니다.

시스템의 특징(오토스케일한다 등)을 감안해서 기존의 감시 방법으로 충분한지, 새로운 감시 방법을 사용해야 하는지 등을 검토하기 바랍니다.

4.5.3 취약성 정보 수집과 대응

마지막으로 소프트웨어의 취약성 정보 수집과 대응에 대해 살펴보겠습니다. 소프트웨어도 매일매일 업데이트하지 않으면 도입 당시에 고려하지 못했던 버그나 취약성을 발견할 수 있습니다. 장애가 발생해서 원인을 조사하다가 벤더에게 문의했을 때 그러한 버그와 취약성이 원인인 경우가 생각보다 많습니다.

소프트웨어, 미들웨어, OS 등을 도입하면 관련 정보 수집 사이트를 계속 확인하며 항상 최신 정보를 수집해야 합니다. 정보 수집과 관련된 내용은 5장에서 설명하겠습니다.

취약성이 발견되면 긴급 유지 보수가 필요합니다. 특히 원격으로 서버나 스위치에 접속할 수 있는 취약성이 발견되어 전 세계에 공개된 경우 위험성이 매우 크므로 빨리 대응해야 합니다.

이처럼 예방 운용을 실행할 때는 **유지 보수**가 필요합니다. 즉, 예방 운용에서 발견한 사건 또는 개선 시책을 실제 환경에 반영하는 것입니다. 다음 절에서는 유지 보수의 종류, 유지 보수 시 고려해야 할 점들을 살펴보겠습니다.

4.6 유지 보수

시스템 설계에 따라 유지 보수의 용이성이 크게 달라집니다. 확실히 이해하기 위해 상황을 분류해 보고, 특징을 살펴봅시다.

4.6.1 활성 유지 보수와 비활성 유지 보수

유지 보수를 성질로 분류하면 크게 두 가지로 나눌 수 있습니다. 바로 **활성 유지 보수**와 **비활성 유지 보수**입니다.

활성 유지 보수는 서비스를 중단하지 않고 실행할 수 있습니다. 대표적으로 RAID 핫스왑으로 디스크 교환, 가상화 환경의 라이브 마이그레이션 등을 들 수 있습니다. 실행하는 동안 성능 문제가 발생할 수 있지만 서비스가 중지되지 않으므로 서비스의 종류에 따라 유지 보수를 공지하지 않아도 되며 가볍게 작업할 수 있다는 것이 특징입니다.

반대로 비활성 유지 보수는 서비스를 중단할 필요가 있는 유지 보수입니다. 예를 들어 서버를 중지하고 메모리를 교환하거나 추가하는 경우 등입니다.

웹 서버 등 순간적으로 중단이 발생하는 경우, 회사에 따라서 이를 활성 유지 보수로 볼 것인지 비활성 유지 보수로 볼 것인지가 다릅니다. 간단한 서비스 문제라면 활성 유지 보수로 할 수 있을 것이고, 치명적인 상황을 해결하는 유지 보수라면 로드밸런싱으로 분리한 후 비활성 유지 보수로 할 수 있을 것입니다.

4.6.2 계획 유지 보수와 긴급 유지 보수

유지 보수를 긴급한 정도로 구분하면 **계획 유지 보수**와 **긴급 유지 보수**로 나눌 수 있습니다.

계획 유지 보수는 다시 '비활성'과 '활성'으로 나눌 수 있습니다. 계획 유지 보수면서 활성 유지 보수라면 서비스를 정지하지 않고 실행할 수 있으므로 자유로운 시간에 할 수 있습니다. 반대로 계획 유지 보수이면서 비활성 유지 보수라면 관계자에게 공지하고 복원 계획 등을 세운 후에 실행해야 합니다. 엔지니어라면 사실 별로 하고 싶지 않은 유지 보수 형태입니다.

긴급 유지 보수는 이름 그대로 어떤 긴급한 사태가 발생했을 때 실행하는 유지 보수입니다. 하드웨어 고장, 설계 시 의도하지 않았던 트러블 등이 여기에 속합니다. '비활성'일 수도 있고, '활성'일 수도 있는데 보통 비활성인 경우가 많습니다.

그림 4-7 활성과 비활성, 계획과 긴급 매트릭스

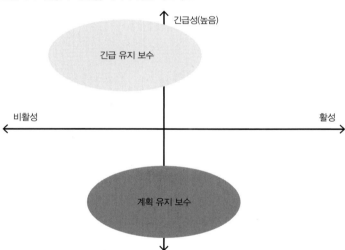

계획 유지 보수

계획 유지 보수는 긴급 유지 보수와 비교했을 때 준비 시간을 둘 수 있습니다. 따라서 시간이 얼마나 필요할지 미리 예측할 수 있습니다.

| 유지 보수 시간 예측 |

작업 시간을 제대로 예측하지 않으면 여러 가지 문제가 발생할 수 있습니다. 서비스와 관계된 곳이 많을수록 더 꼼꼼히 시간을 예측해야 합니다.

(⟨작업 시간⟩ + ⟨복구 시간⟩ 또는 ⟨문제 대응 시간⟩) × 1.5~2배

먼저 어떤 것을 생각해야 할까요? 당연히 '작업 시간'입니다. 대략적인 작업 절차가 정해지면 어느 정도 쉽게 계산할 수 있습니다. 다만 '명령 1개를 실행할 예정이므로 10초면 충분해!'라는 형태로 예측하는 것은 위험합니다. 유지 보수 당일은 긴장할 수 있으므로 신중하게 명령어를 입력하려면 작업 하나의 최소 시간을 1분 정도로 계산하는 것이 좋습니다.

예를 들어 도메인 관리가 클라이언트일 때 전환해서 곧바로 복구할 수 없는 경우가 있습니다. 또한 데이터베이스 서버처럼 원래 서버에 변경이 가해졌을 때 껐다 켜야 할 수도 있습니다. 이처럼 껐다 켜야 하는 시점을 복구 불가능 시점이라고 합니다.

- 복구 불가능 시점 이전 → 복구 작업(시간)
- 복구 불가능 시점 이후 → 문제 대응(시간)

복구 시간과 트러블 대응 시간의 길이가 다를 경우 긴 것을 채택합니다. 그리고 '작업 시간'과 '복구 시간' 또는 '문제 대응 시간'이나 '복구 시간과 문제 대응 시간 중에 긴 것'을 더하면 점검 시간을 구할 수 있습니다.

하지만 시간을 미리 예측할 때는 조금 짧게 예측하는 경우가 많습니다. 사전 시뮬레이션을 여러 번 할수록 복잡한 작업이라도 쉽게 느껴지는 경향이 있기 때문입니다. 하지만 유지 보수 당일에는 예상했던 것보다 설정이 잘 되지 않을 수 있으며 전혀 예상하지 못했던 일이 발생할 수도 있으므로, 사전 시뮬레이션 때보다 1.5~2배 정도 더 걸린다고 생각하는 것이 좋습니다. 적절한 허용 범위에 맞게 조정하기 바랍니다.

| 영향 범위 예측 |

활성 유지 보수는 공지하지 않고 작업해도 괜찮지만 비활성 유지 보수는 사전에 영향 범위까지 함께 공지해야 합니다.

비활성 유지 보수가 결정되면 영향 범위를 최대한 줄이려고 하지 말고 과감하게 넓게 잡기 바랍니다. 그래야 관계된 곳에서 사전에 대응을 준비할 수 있습니다. 무리해서 최대한 줄이다 보면

예상하지 못했던 이유로 영향 범위가 커져 준비 없이 대응해야 하는 문제가 생길 수 있습니다.

필자의 경험에서 봤을 때 영향 범위를 너무 넓게 잡는 경우보다, 영향 범위가 제대로 공지되지 않을 때 불편이 훨씬 크다고 생각합니다. 따라서 영향 범위를 최대한 줄이려고 하지 않기 바랍니다. '영향은 ○○ 정도에 있을 예정이지만, ○○에도 영향이 있을 수 있습니다'와 같이, 영향 범위가 추가로 늘어날 수 있다는 형태로 공지하는 것도 좋은 방법입니다.

| 계획 유지 보수 시점 |

업무 상태에 따라서 야간에 실행해야 하는 경우도 있습니다. 하지만 야간에 우수한 엔지니어들을 많이 활용할 수 있는 회사는 드뭅니다.

예상하지 못한 문제로 장애가 발생했을 때 담당자가 대처하지 못할 경우 대기하는 다른 엔지니어를 호출해야 합니다. 만약 야간 유지 보수라면 유지 보수 시간이 크게 늘어날 수 있습니다.

유지 보수, 특히 비활성 계획 유지 보수는 사전에 영향 범위와 영향 시간을 공지한 후 실시하므로 영향 범위와 영향 시간이 늘어나면 큰 문제가 발생할 수 있습니다. 따라서 오히려 인적 자원에 여유가 있는 영업 시간 안에 실행하는 것이 만약의 상황에 대비할 수 있습니다. 야간에도 인적 자원에 여유가 있다면 큰 문제가 없지만 그런 회사는 그렇게 많지 않다고 생각합니다.

NOTE_ 클라이언트의 말을 100% 믿어서는 안 돼요!

운용과 관련된 일을 하다 보면 클라이언트에게 많은 문의를 받습니다. 경험에 비춰 보면 클라이언트가 사용하는 용어와 문의를 받는 사람의 용어에는 큰 차이가 있습니다. 클라이언트는 인프라와 관련된 전문가가 아니므로 가끔 기술적으로 잘못된 말을 하기도 합니다. 이럴 때 문제점을 빨리 인식해 해결하려면 어떻게 해야 할까요? 클라이언트와 같은 시선에서 이야기해야 합니다.

예를 들어 '메일이 안 보내져요'라는 문의가 있을 수 있습니다. 기술자라면 대부분 SMTP부터 생각할 것입니다. 하지만 클라이언트는 생각보다 자신의 상황을 명확하게 이해하지 못할 가능성이 많습니다. 따라서 '어디에서 어디로 메일을 보내는 것인지', '모든 직원이 같은 문제가 발생하는지' 등을 추가로 하나하나 질문하며 문제를 해결하는 것이 좋습니다.

긴급 유지 보수

긴급 유지 보수를 하는 경우는 다음처럼 큰 문제가 발생한 경우입니다.

- 취약성 공표 등의 보안 업데이트
- 보안 사고(공격 피해 등)
- 미들웨어, 애플리케이션 동작 문제
- 장비 등의 고장

대부분의 경우 비활성 유지 보수입니다. 비활성 유지 보수는 원래 회사 내부 및 외부와 조정해야 하므로 기본적으로 2주일~1개월 정도 전에 서비스와 관계된 곳에 사전 공지하는 것이 일반적입니다. 하지만 이름 그대로 긴급한 사태이므로 사전에 공지할 시간이 없습니다. 따라서 어떻게 대응할지를 미리 명확하게 해 두는 것이 좋습니다.

가장 중요한 것은 조사 또는 실제 대응하는 사람 외에 중재자를 두는 것입니다. 중재자의 일은 필요한 때 필요한 정보를 수집해서 필요한 사람에게 전달하는 것입니다. 예를 들어 '어떤 사태가 발생했을 때 대응하는 데 얼마나 걸릴지 사용자와 최종 사용자에게 알리는 역할', '사업에 미치는 영향을 계산해서 사업 부문 사람들에게 전달하는 역할', '사업 부서와 사용자의 의견을 인프라 부문 사람들에게 전달하는 역할'입니다. 그리고 여러 사람의 인식이 같아질 수 있도록 상황과 설명을 정리하는 역할도 합니다.

이러한 일을 인프라 부문 사람들이 하는 경우도 있지만 따로 담당을 두는 것을 추천합니다. 물론 필자도 전부 혼자서 하는 경우가 많지만, 다른 담당자를 두는 것이 좋다고 요구해서 지원받을 수 있도록 합시다.

4.6.3 활성 유지 보수 접근 방법

비활성 유지 보수를 최대한 피해야 다운 타임을 짧게 할 수 있다고 지금까지 설명했습니다. 그리고 비활성 유지 보수를 하지 않고 활성 유지 보수를 하는 것이 엔지니어의 행복과 연결된다고도 할 수 있습니다.

그러면 다운 타임이 거의 발생하지 않는 활성 유지 보수를 도입하려면 어떻게 해야 할까요? 인프라가 활성 유지 보수를 할 수 있는지의 여부는 설계에 의해 결정된다고 생각하면 됩니다. 좀더 나아가면 견적을 내는 시점에 결정되기도 합니다. 어쨌든 활성 유지 보수를 할 수 있도록 인프라를 구성하는 데는 많은 비용이 들어갑니다. 따라서 운용 방침은 매우 빠른 시점부터 결정해야 합니다.

단일 지점이 있어서 비활성 유지 보수가 되는 부분은 설계 시 확장 구성하여 단일 지점을 없앤 후 활성 유지 보수가 가능하도록 만드는 것이 좋습니다. 인프라에서 비활성으로 되는 부분은 애플리케이션 측에 큐를 만들어 두는 등, 애플리케이션 쪽에서 유지 보수에 대응하는 구조를 만드는 방법도 사용할 수 있습니다.

4.6.4 유지 보수 방침

유지 보수 방침은 지금까지 설명한 '활성 유지 보수'와 '비활성 유지 보수', '계획 유지 보수' 등을 어느 정도 예상하는가로 결정합니다.

물론 가장 이상적인 것은 모두 활성 유지 보수로 하는 것입니다. 하지만 예산과 자원 측면에서 불가능하다면 유지 보수를 영업시간 안에 하도록 계획한 후 비활성 유지 보수로 할 수 없는지 검토합니다. 만약 이것도 어렵다면 영업 시간 외에 하도록 계획한 후 비활성 유지 보수로 할 수 있는지 검토합니다. 단, 영업 시간 외에 유지 보수하는 것은 서비스에 끼치는 영향이 적어도 가장 비용이 많이 드는 방법이므로, 항상 영업 시간 안에 비활성 유지 보수로 할 수 없는지 생각하면서 대응하는 것이 좋습니다. 운용 방침에서는 기본적으로 활성 유지 보수를 하는 방향으로 확장 구성을 전제하는 것이 좋습니다.

4.6.5 마지막으로

지금까지 설명했던 것처럼 운용 담당자가 해야 하는 작업의 범위와 요구되는 능력은 점점 다양해지며 어려워지고 있습니다.

인프라는 제대로 작동하는 것이 당연하다고 여기며 제대로 작동하지 않으면 운용 담당자를 탓하고 비난하는 경우가 많습니다. 항상 손해 보는 역할이고 무시도 많이 받습니다. 그래서 운용 담당자를 배려한 여러 가지 구축 방법, 인프라를 위한 프로젝트 관리와 스케줄링 등의 항목과 지식이 늘고 있습니다. 힘들기는 하지만 공부할수록 실력이 점점 늘어나는 분야라고 할 수 있습니다.

## CHAPTER 5

인프라 엔지니어를 위한 보안 입문

3장과 4장에서는 시스템 설계, 구축, 운용의 각 단계에서 인프라 엔지니어가 어떤 역할을 해야 하는지, 어떤 기술이 필요한지 등을 살펴보았습니다. 이 장에서 다루는 것은 좀 다른 주제로, 인터넷을 사용할 때 알아야 하는 '보안 대책'입니다. 대표적인 보안 상황을 설명하고 어떤 형태로 대응해야 하는지 살펴보겠습니다. '보안 대책'은 사전 대책뿐만 아니라 사후 대책도 중요합니다. 따라서 사후 대책으로 어떤 일을 할 수 있는지도 다루겠습니다.

5.1 컴퓨터 보안 사고

최근 웹 사이트에 부정 접근, 정보 유출, 피싱 사이트, 웹 사이트 해킹, 맬웨어 감염, DoS(DDoS), 인터넷 뱅킹 정보 탈취를 기반으로 하는 부정 송금 등 다양한 사건이 발생하고 있습니다. 이처럼 정보 시스템 운용의 보안 문제 때문에 발생하는 현상을 **컴퓨터 보안 사고** 또는 간단하게 **보안 사고**라고 합니다.

'부정 접근'이라는 말을 들어본 적 있을 것입니다. 정보 보안에서 보안 침해와 같은 의미로 사용되는 경우도 있지만, 부정 접근은 사고 중 하나입니다. 컴퓨터 보안 사고는 컴퓨터 바이러스, 서비스 운용을 방해하는 공격, 정보 유출처럼 컴퓨터 시스템의 정상적인 운용과 사용을 저해하는 것뿐 아니라 그러한 것으로 이어질 가능성이 있는 취약성을 찾는 활동 등을 모두 포함합니다.

5.1.1 사고 대응의 필요성

사고가 발생하면 대응을 하게 되는데요. 이러한 대응을 **사고 대응**이라고 합니다. 구체적으로 다음과 같은 활동들을 말합니다.

- 사고 발생 감지 또는 보고를 기반으로 인지하고 사고의 영향 확대를 막는 것
- 사고와 관련된 정보를 수집·분석해서 상황과 원인을 파악한 뒤 복구하고 재발을 방지하는 것

지금까지 정보 보안과 관련된 대책은 바이러스 대책 소프트웨어, 방화벽 도입처럼 사고 발생을 미연에 막는 것을 목적으로 했습니다. 물론 적절한 사전 대책으로 사고 발생 확률을 줄이는 것은 필수입니다. 하지만 사전 대책을 했다고 해서 사고를 완전히 막을 수 있는 것은 아닙니다. 따라서 사고가 발생했을 때 영향이 확대되는 것을 막고 복구하며 재발을 방지하는 등의 사후 대책도 신경 써야 합니다.

그러면 어떤 요인으로 인해 사고가 발생하는지, 어떻게 대처해야 좋은지 살펴봅시다.

5.2 사고의 종류와 경향

실제로 발생한 사고들의 원인을 분석하면 다음처럼 분류할 수 있습니다.

- 보안 패치 적용을 잊는 등 인위적 원인에 의한 사고

- 알려지지 않은 취약성을 악용한 사고

- 기술적인 대응 한계로 인한 사고

- 리터러시(literacy)[1]에 의존하는 운용으로 인한 사고

인위적 원인에 의한 사고가 매우 초보적인 것이라고 생각할 수 있지만 완전히 없앨 수 없는 부분입니다. 취약성을 공격하는 사고의 경우 굉장히 많이 발생하지만 확인된 모든 취약성에 보안 패치가 제공되는 것도 아닙니다.

시스템 설계 문제로 특정 사고의 발생을 막을 수 없는 경우도 있습니다. 한마디로 시스템을 근본적으로 교체하지 않는 한 대응할 수 없는 경우도 있다는 뜻입니다(예를 들어 관리 기능에 접근할 때의 비밀번호를 따로 설정할 수 없는 장비 등).

보안 관련 사항은 굉장히 많으므로 완벽하게 보안 정책을 정하는 것은 사실상 불가능합니다. 리터러시에 의존하는 운용은 개인의 생각과 취향에 따라 보안 정책이 좌우될 수 있습니다.

이처럼 내부 요인 때문에 발생하는 사고 외에, 외부 요인으로 인해 발생하는 사고도 있습니다. 그러면 일단 컴퓨터 시스템을 운용할 때 실제로 발생할 수 있는 사고 몇 가지를 살펴봅시다.

5.2.1 스캔

1장에서 언급했던 것처럼 웹 사이트 등의 서비스를 제공하는 서버는 사용자가 접근할 수 있도록 애플리케이션마다 포트를 열고 통신할 수 있도록 기다립니다. 이러한 구조를 이용해서 어떤 포트가 대기 상태인지, 어떤 애플리케이션이 해당 포트에서 가동되는지 찾는 행위를 **스캔**이라고 합니다.

스캔의 목적

스캔의 목적은 보안에 취약한 애플리케이션이 동작하는지 검사하는 것입니다. 스캔으로 보안에 취약한 애플리케이션을 확인하면, 취약성을 공격해서 정보 유출이나 부정한 코드 실행 등과 같은 사고를 발생시킬 수 있습니다.

---

1 역자주_ IT 쪽에서 리터러시라는 용어가 나올 경우 간단히 '개인의 역량'이라고 생각하면 됩니다.

취약한 서버를 수집해 공격하려는 목적으로 넓은 범위를 대상으로 스캔하는 경우도 있습니다.

주요 공격 방법

서버 인증을 뚫는 것을 목적으로 하는 **부르트 포스**Brute Force[2] 공격도 보통 스캔으로 분류합니다.

FTP 또는 SSH 비밀번호가 공격에 의해 뚫리면, 새로운 공격을 위한 도구를 업로드하거나 서버 정보를 탈취할 수 있습니다. 또한 메일 서버의 인증이 뚫리면, 메일의 대량 송신 또는 맬웨어가 첨부된 메일 송신으로 이어질 수 있습니다.

5.2.2 DoS 공격

서버 또는 네트워크 장비의 기능을 저하시키거나 마비시키는 것을 목적으로, 높은 부하를 일으키는 통신을 대량으로 발생시키거나 애플리케이션의 취약성을 악용하는 공격을 **서비스 운용 방해 공격** 또는 **DoS**Denial of Service **공격**이라고 합니다.

돌발적으로 대량의 통신을 발생시키는 여러 장비를 사용해서 실행하는 DoS 공격을 분산형 DoS 공격 또는 **DDoS**Distribution DoS **공격**이라고 합니다.

UDP와 DoS 공격

DoS/DDoS 공격에는 UDP 통신을 많이 사용합니다. UDP는 TCP와 달리 패킷 송신원과 송신 대상 사이에 세션을 확립할 필요가 없으므로 송신원을 위장해서 통신할 수 있기 때문입니다.

또한 UDP 통신은 IP 주소가 위장된 것을 알아도 어쩔 수 없이 요청받은 서버가 응답하도록 되어 있습니다. 이와 같은 방법을 악용해 공격 대상 IP 주소를 위장해서 DNS, NTP, SSDPSimple Service Discovery Protocol처럼 UDP를 사용하는 서버에 통신하여 응답 패킷을 공격 대상에 보내는 공격 방법을 **반사 공격** 또는 **리플렉션 공격**이라고 합니다.

------

2 역자주_ 무차별 대입 공격이라고도 합니다. 비밀번호가 될 수 있는 값을 하나하나 입력해서 비밀번호를 찾는 방법입니다.

DNS 증폭 공격

DoS 공격에 사용하는 대표적인 방법으로 **DNS 증폭 공격**이 있습니다. DNS 증폭 공격은 재귀 질의가 설정된 DNS 서버에 공격 대상 IP 주소를 위장하여 크기가 큰 패킷을 반환하는 쿼리를 전송하는 것입니다. 이렇게 하면 크기가 큰 패킷을 공격 대상에 전해서 공격합니다.

그림 5-1 오픈 리졸버를 사용한 공격[3]

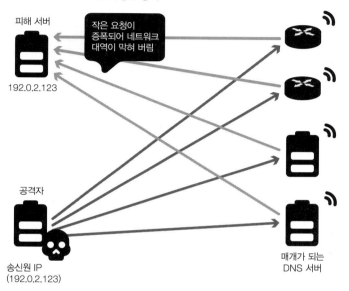

DNS 서버는 인터넷에서 이름 분석 쿼리를 받고, 이름 분석 결과를 쿼리를 제공한 쪽에 반환합니다. 이처럼 DNS 쿼리에 응답하는 서버를 **권위 있는 DNS 서버**라고 합니다. 권위 있는 DNS 서버는 내부 네트워크에서 이름 분석을 하는 **DNS 캐시 서버**와 달리 재귀 질의를 하지 않아도 됩니다. 하지만 권위 있는 서버와 캐시 서버가 함께 있는 DNS 서버 또는 설정을 제대로 하지 않은 DNS 서버는 인터넷에서의 재귀 질의에 응답하게 됩니다.

이처럼 외부에서 재귀 질의를 받는 형태가 되어 버린 DNS 서버를 **오픈 리졸버**Open resolver라고 합니다. 오픈 리졸버는 DNS 증폭 공격에 사용할 수 있으므로 문제가 됩니다.

---

3 'JPCERT/CC 오픈 리졸버 확인 사이트 공개' 공지 참고(https://www.jpcert.or.jp/pr/2013/pr130002.html).

DDoS 공격의 기반이 되는 봇

DDoS 공격에는 맬웨어^{Malware}에 감염된 컴퓨터(이하 봇)를 사용합니다. 봇은 공격자가 관리하는 서버에서 명령을 받아 공격을 실행하는 등과 같은 동작을 합니다. 공격자가 봇에 지시할 때 사용하는 서버를 **C&C**^{Command&Control} **서버**라고 합니다. 그리고 대규모 봇 집합을 **봇넷**이라고 합니다. 공격자는 C&C 서버를 사용해 명령을 내려 수많은 봇이 공격 대상 서버에 패킷을 보내도록 만들 수 있습니다.

서버가 외부에서 침입을 받으면 봇 또는 C&C 서버로 악용될 수 있습니다. 의심스러운 통신이 발생하거나 의도치 않은 통신을 실행하는 프로세스가 있는지 감시하려면 통신량과 프로세스들을 감시하는 장치가 필요합니다.

DoS 공격으로 웹 서비스 운용을 방해한 후 공격을 정지하는 대신 금전을 요구하는 사건도 발생하고 있습니다. 서비스 정지가 금전적 손실로 이어지므로 판단이 흐려져 금전을 지급하는 경우도 있는데, 금전을 지급했다고 공격이 정지된다는 보장은 없습니다. 반대로 이러한 사례가 발생하면 공격이 계속 이뤄질 수도 있습니다. 따라서 공격자의 요구를 들어주는 것을 추천하지 않습니다.

5.2.3 웹 사이트 해킹

과거의 **웹 사이트 해킹**은 실력을 과시하는 목적 또는 정치적인 목적으로 웹 사이트의 이미지 또는 글자를 수정하는 정도였습니다. 하지만 최근에는 컴퓨터들을 맬웨어에 감염시키려고 웹 사이트에 부정한 코드를 심는 해킹이 많아지고 있습니다.

드라이브 바이 다운로드 공격

웹 브라우저 또는 웹 콘텐츠를 실행할 때 사용하는 애플리케이션에 취약성이 있다면 취약성을 공격하는 코드가 있는 웹 페이지에 접근하는 것만으로도 컴퓨터가 맬웨어에 감염될 수 있습니다. 이처럼 웹 페이지에 접근하는 것만으로 컴퓨터를 맬웨어에 감염시키는 공격 방법을 **드라이브 바이 다운로드**^{Drive by Download} **공격**이라고 합니다.

공격자는 웹 페이지를 조작해서 자바스크립트 코드 또는 iframe 태그를 삽입합니다. 이렇게 하면 해당 페이지를 여는 사람 모르게 공격 사이트에 접근하게 만들어 버릴 수 있습니다. 웹 페이지에 넣는 부정한 코드, 그러한 코드를 기반으로 공격 사이트로 유도하는 공격은 패키지로 만들어서 판매하고 있습니다. 이와 같은 패키지를 **익스플로잇 킷**Exploit Kit이라고 합니다.

이전에는 '의심스러운 사이트에 접근하지 않는 것'만으로도 어느 정도 맬웨어 감염에 대응할 수 있었지만, 최근에는 접근해도 아무 문제 없다고 생각되는 유명한 웹 사이트가 해킹되는 사례도 확인되고 있습니다. 게다가 웹 사이트에 출력되는 광고를 악용해 맬웨어를 감염시키는 방법도 있습니다. 따라서 어떤 웹 사이트라도 항상 맬웨어 감염 위험이 존재합니다.

5.2.4 피싱

인터넷 뱅킹 또는 메일 서비스를 위장한 페이지로 사용자를 유도한 후 인증과 관련된 정보를 입력하게 해서 정보를 탈취하는 공격을 **피싱**이라고 합니다. 피싱 사이트에 입력한 정보는 서버에 저장하거나 메일로 전송해 공격자의 손에 들어가게 됩니다.

현재는 인증을 요구하는 웹 사이트 대부분이 통신 경로 암호화, 정식 사이트 증명을 위한 HTTPS 통신을 채택합니다. 증명서가 있는 웹 사이트는 웹 브라우저의 주소 표시줄에서 증명서를 확인할 수 있으므로 웹 사이트가 정식 사이트인지 확인할 수 있는 기준이 됩니다.

피싱 사이트는 대부분 증명서가 없으며 HTTPS 통신을 사용하지 않습니다. 하지만 일부 피싱을 목적으로 새로운 도메인을 받은 후 증명서까지 준비해서 사용하는 공격자도 있습니다.

피싱과는 조금 다르지만 인증 정보 탈취를 목적으로 DNS 서버 정보, OS의 이름 분석에 참조하는 파일을 수정해서 정식 사이트의 이름 분석 위치를 변경하는 경우도 있습니다. 이렇게 되면 원래 사이트 주소를 입력해도 공격자의 피싱 사이트로 접속됩니다. 이러한 공격 방법을 **파밍**이라고 합니다.

5.2.5 표적형 공격

개인 또는 특정 조직을 대상으로 하는 공격을 **표적형 공격**이라고 합니다. 이 공격의 목적은 개인 또는 조직에 있는 정보의 탈취, 다른 공격을 위한 발판 구축 등입니다.

스피어 피싱

표적형 공격은 **위장 메일**을 보내 첨부된 맬웨어를 실행시키는 방법, 메일 링크를 기반으로 드라이브 바이 다운로드 공격을 위한 사이트로 유도하는 방법 등을 많이 사용합니다. 위장 메일에 첨부하는 맬웨어는 악성 코드라는 것을 알아채기 힘들게 아이콘 또는 확장자를 통상적인 문서 파일로 위장하는 것이 일반적입니다.

일반적인 피싱은 정식 서비스로 위장한 메일을 광범위하게 보내지만, 표적형 공격은 특정 인물 또는 조직 등 좁은 범위의 관련된 사람이나 조직에 위장 메일을 보냅니다. 이처럼 대상이 한정된 피싱을 **스피어 피싱**이라고 합니다.

소셜 엔지니어링

표적형 공격에 사용하는 방법 중 사람에게 직접 정보를 묻는 공격도 존재합니다. 전화 또는 메일로 표적과 관련 있는 사람으로 위장하고, 표적에게 기밀 정보를 물어보거나 표적으로 위장해서 해당하는 사람이 사용하는 서비스의 계정 정보를 탈취하는 것을 **소셜 엔지니어링**이라고 합니다. 다른 공격과 다르게 조직 내부의 **시스템 관리 또는 서비스를 운용하는 인프라 엔지니어도 주의해야 하는 공격**입니다.

Advanced Persistent Threat

Advanced Persistent Threat(이하 APT)란 고도화된(**Advanced**) 지속적(**Persistent**) 위협(**Threat**)을 나타냅니다.[4] 공격자는 목적을 달성하는 데 필요한 최소한의 도구를 사용해 표적 조직의 네트워크에 오랫동안 머물고, 오랜 기간에 걸쳐 기업 또는 조직의 중요한 정보를 탈취합니다. 이러한 활동(위협)에는 공격하는 데 필요한 기반 기술을 가진 사람이 연계되어 다양한 공격용 도구를 판매하기도 합니다.

공격자는 표적이 되는 조직의 컴퓨터를 맬웨어에 감염시키고 조직 내부에 네트워크 침입 경로를 확보합니다. 예를 들어 활성 디렉터리Active Directory 관리 계정을 탈취하거나, 파일 서버의 파일을 악성 코드로 변환해서 조직 네트워크 내부의 맬웨어 감염을 확대합니다. 조직 내부의 여러 컴퓨터에 백도어를 설치하면 공격이 발생했다는 것을 깨닫는다고 해도 침입 경로를 완전히

---

4 역자주_ 안랩에서 제공하는 관련 기사를 참고하면 좋을 것 같습니다. '고도화된 보안 위협의 생산, APT'(http://www.ahnlab.com/kr/site/securityinfo/secunews/secuNewsView.do?seq=16854)

제거하기 어려워집니다. 최종적으로 공격자는 조직 내부의 컴퓨터들에서 수집한 정보를 외부로 보내 정보를 탈취합니다.

5.3 사고 발생 원인과 그 대책

그렇다면 지금까지 언급했던 사고는 실제로 어떻게 발생할까요? 사고 발생 장소를 외부에 공개한 서버와 내부 네트워크로 구분해서 각각의 구체적인 원인과 대책 방법을 소개하겠습니다.

5.3.1 외부에 공개된 서버의 사고

외부에 공개된 서버에서 발생하는 대표적인 사고로는 어떤 것이 있을까요? 다음과 같습니다.

- 서버가 공격 받아 스캔 또는 DoS에 사용되는 도구가 설치/실행되는 경우
- 웹 서버의 파일이 해킹되는 경우
- 웹 서버에 부정한 콘텐츠가 배치되는 경우
- 메일 서버가 공격 받아, 외부로 다량의 메일을 발송하는 경우
- DNS 서버가 오픈 리졸버로 되어, DDoS 공격의 발판으로 사용되는 경우
- DoS 공격으로 서버가 정지되는 경우

원인

이러한 사고가 발생하는 원인은 [표 5-1]과 같습니다.

표 5-1 외부 공개 서버의 사고 발생 원인

원인	설명
애플리케이션의 취약성	애플리케이션의 버전이 낮아 취약성을 노린 공격을 받았을 때 의도하지 않은 동작이 이루어짐
서버 인증 정보의 부정 사용	제3자가 쉽게 예측할 수 있는 비밀번호를 사용하거나 서버를 관리하는 컴퓨터가 맬웨어에 감염되어 저장된 인증 정보를 탈취함
애플리케이션 추가 설정 미확인	기본 설정으로는 적절한 접근 제어가 이루어지지 않음

DoS 공격은 애플리케이션의 취약성, 설정, 서버 스펙, 회선 대역 부족 등이 원인인 경우도 있

습니다. 하지만 이러한 대책을 미리 세워도 예상치 못한 양의 통신이 발생해 피해를 입을 수 있습니다. 이 경우에는 계약된 통신 사업자에게 연락해서 이상적으로 통신의 흐름을 제어할 수 없는지 물어보며 검토하기 바랍니다.

대책

각각의 사고 발생 원인을 어떻게 대처하면 좋을지 생각해 봅시다.

| 애플리케이션의 취약성 |

취약성을 이용한 공격에 영향을 받지 않도록 애플리케이션을 항상 최신 버전으로 유지하는 것이 좋습니다. 사용하는 애플리케이션들의 배포 정보를 항상 확인해서 업데이트가 공개되었다면 적용을 검토하기 바랍니다.

다만 업데이트 때문에 호환성 문제 등이 발생하면 운용에 지장을 줄 수 있으므로 신중하게 업데이트해야 합니다. 이때는 미리 업데이트를 검증하는 환경을 준비하고, 업데이트했을 때 어떤 오류가 발생하는지, 그 오류를 해결하는 데 어느 정도 노력이 필요한지를 명확하게 해두면 좋습니다.

업데이트가 어려운 환경이라도 직접 시스템에 영향을 주지 않게 할 수 있는 경우도 있습니다. 예를 들어 웹 서버에서 **WAF**^{Web Application Firewall}를 사용해 취약성을 공격하는 요청이 애플리케이션으로 넘어가기 전에 막는 방법입니다. 물론 최종적으로는 애플리케이션을 업데이트하는 것이 좋지만 검증 등에 시간이 오래 걸린다면 일시적인 대책으로 이런 회피 방법을 사용하는 것도 검토하기 바랍니다.

직접 만든 애플리케이션도 취약한 부분이 있으면 악용될 수 있습니다. 따라서 직접 만든 애플리케이션도 외부에 공개하기 전에 취약성을 진단하는 것이 좋습니다. 취약성 진단과 관련된 내용은 이후에 설명하겠습니다.

> **NOTE_ CMS, 테마, 플러그인의 취약성에도 주의하기!**
>
> 웹 사이트를 해킹하는 경우 중 CMS, 테마, 플러그인의 취약성을 악용하는 사례가 꽤 많습니다. CMS 자체를 최신 버전으로 업데이트해도 오래된 버전의 테마와 플러그인이 설치되어 있으면 취약성이 될 가능성이 있습니다. 따라서 불필요한 테마와 플러그인은 삭제하고 필요에 따라 최신 버전으로 업데이트하기 바랍니다.

| 서버 인증 정보의 부정 사용 |

서버 인증에 사용하는 비밀번호로 추측하기 쉬운 문자열을 사용하면 브루트 포스 공격 또는 사전 공격으로 비밀번호가 쉽게 뚫릴 수 있습니다. 따라서 비밀번호는 숫자, 기호, 대문자와 소문자 등이 조합된 길고 복잡한 문자열을 사용하는 것이 좋습니다.

그리고 조직 내부 또는 외부 서비스의 인증 정보에 같은 비밀번호를 사용하면 정보가 누설되었을 때 누설된 정보를 사용해 인증을 뚫고 들어올 수 있습니다. 따라서 **같은 비밀번호를 여러 곳에 사용하는 것은 피해야 합니다.**

단시간 동안 서버에 대량의 로그인 시도가 발생하거나 인증 오류가 발생하면 해당 IP를 차단하는 것도 효과적인 보안 방법이라고 할 수 있습니다.

로그인 시도로 보이는 통신이 사전에 탐지되지 않고 공격자가 한 번에 로그인해 버리는 사례도 자주 발생합니다. 이는 서버를 관리하는 장치가 맬웨어에 감염되어 장치에 저장된 인증 정보를 탈취한 것입니다. 이 경우 바이러스 소프트웨어로 검사하거나 OS를 클린 설치해서 맬웨어를 확실하게 제거한 후 비밀번호를 변경하기 바랍니다.

| 애플리케이션 설정 |

서버 애플리케이션 중에는 기본 설정으로 실행했을 경우 접속이 제한되지 않고 곧바로 인터넷에 공개되는 것이 있습니다. 외부에 공개되어 있으므로 공격 발판으로 사용되어 정보가 누설될 가능성이 있습니다.

서버 애플리케이션 설정 파일 대부분은 애플리케이션이 사용할 IP 주소와 포트 번호, 접근을 허가할 IP 주소 범위 등을 적는 부분이 있습니다. 서버 애플리케이션을 가동할 때는 설정이 제대로 되어 있는지, 문제가 발생할 가능성은 없는지 충분히 확인하기 바랍니다.

5.3.2 내부 네트워크와 관련된 사고

내부 네트워크와 관련된 사고의 발생 원인으로 컴퓨터의 맬웨어 감염을 생각해 볼 수 있습니다.

- 맬웨어에 감염된 장치가 출입 통로 역할을 하여 조직 내부의 네트워크가 공격 받음
- 맬웨어에 감염된 장치로부터 조직 내부의 메일 서버를 사용해 부정한 메일이 발송됨

맬웨어에 감염되는 주요 원인은 다음과 같습니다.

- 부정한 메일에 첨부된 파일을 실행함
- 부정한 코드가 포함된 웹 사이트에 접근해서 드라이브 바이 다운로드 공격을 당함

대책

| 맬웨어가 첨부된 메일 |

의심스러운 메일을 열지 않고, 수상한 첨부 파일을 실행하지 않는 대응은 맬웨어가 첨부된 메일의 대책으로 자주 활용합니다. 하지만 메일을 수신한 사람 모두가 의심스러운 점을 알아챌 수는 없습니다. 표적형 공격 메일의 경우 확장자 또는 아이콘을 문서 파일로 위장하고, 이전에 받은 메일을 기반으로 '이전에 잘못 보냈으니 다시 열어 주세요'라고 보내 재전송을 가장하기도 합니다. 따라서 단순히 주의하는 것만으로는 맬웨어를 확실하게 막기 힘듭니다. 메일 서버에서 특정 종류의 파일 첨부를 금지하거나 프리 메일 수신을 거부하는 대책이 바람직하지만 업무 편의성은 나빠집니다.

| 드라이브 바이 다운로드 공격 |

드라이브 바이 다운로드 공격은 컴퓨터에 설치된 애플리케이션의 취약성을 사용합니다. 그리고 이러한 애플리케이션을 기반으로 맬웨어를 설치합니다.

애플리케이션의 보안 업데이트를 항상 바로바로 적용하면 공격받을 가능성이 굉장히 낮습니다. 하지만 드물게 보안 업데이트가 잡지 못한 취약성을 기반으로 공격하기도 합니다. 공개되지 않은 취약성을 **제로 데이 취약성**이라고 합니다. 제로 데이 취약성을 사용한 공격은 대책이 어렵지만, 윈도우의 경우 마이크로소프트가 제공하는 EMET[5]를 도입하면 어느 정도 공격을 회피할 수 있습니다.

제로 데이 취약성이 확인되는 즉시 관련 애플리케이션을 비활성화하거나 제거하는 것도 매우 효과적인 대책입니다.

---

5 https://technet.microsoft.com/ko-kr/security/jj653751.aspx

5.3.3 사고의 원인과 대책

지금까지 인프라 운용 시 감지될 가능성이 있는 사고와 원인, 대책 방법을 소개했습니다. 그런데 여기서 소개한 예는 어디까지나 대표적인 예일 뿐이라는 사실을 기억해 주기 바랍니다.

보안은 매일 새로운 취약성이 발견되고, 새로운 공격 방법도 만들어지는 분야입니다. 따라서 사고를 미연에 방지하려면 정보를 계속해서 수집해야 합니다(보안 관련 정보를 모으는 방법은 5.5절에서 소개합니다).

또한 모든 대책을 세웠다고 해서 절대로 사고가 발생하지 않는 것은 아닙니다. 사고가 발생할 가능성이 있다는 것을 항상 염두에 두고, 사고가 발생했을 때는 빠르게 대응할 수 있게 준비하는 것이 중요합니다.

조직에 따라서는 CSIRT[6] 또는 보안 팀이 따로 있을 것입니다. 하지만 전문 팀이나 부서가 없는 조직에서 사고가 발생하면 보통 시스템 관리자 또는 네트워크 운용 당당자가 사고에 대응합니다.

인프라 사고가 발생할 경우 보통 외부에서 네트워크가 공격받아 자신이 피해자가 되는 경우가 많습니다. 하지만 반대로 자신의 조직 인프라가 공격의 발판이 되어 다른 조직을 공격하는 경우도 있습니다. 이 경우 외부 회사에서 '귀사에서 부정 통신을 우리 회사로 송신하고 있습니다'라는 연락을 받을 수도 있습니다. 이때는 가급적 빨리 사고에 대응하여 영향을 최소화하는 것이 좋습니다.

5.4 클라우드의 보안

2장에서 설명했던 것처럼 클라우드에는 클라우드 호스팅 사업자 등이 제공하는 자원을 사용하며 사용자를 한정하지 않는 공용 클라우드, 자신의 조직에서만 사용할 수 있는 사설 클라우드, 두 가지를 조합한 하이브리드 클라우드라는 사용 형태가 있습니다.

사용할 수 있는 서비스도 시스템을 애플리케이션으로 사용하는 SaaS, VPS처럼 서버와 네트워크 인프라 등을 제공받을 수 있는 IaaS 등 다양한 형태가 있습니다.

---

6 Computer Security Incident Response Team을 뜻합니다. 컴퓨터 보안 사고에 대응하는 전문 팀입니다.

클라우드는 온프레미스 시스템(사내 시스템)과 달리, 클라우드 호스팅 사업자가 제공하는 외부 자원을 사용합니다. 따라서 보안 관련 기본 운용 방식도 클라우드와 온프레미스가 조금 다릅니다. 이번 절에서는 클라우드 서비스의 보안을 살펴보겠습니다.

5.4.1 클라우드를 사용할 때의 보안

시스템이 **클라우드에 있다고 해서 맬웨어, 부정 접근 등의 피해가 줄어드는 것은 아닙니다.** 서버나 애플리케이션의 기본 보안과 관련된 주의 사항은 온프레미스와 크게 다르지 않습니다.

온프레미스와 다른 점은 사용자가 복잡한 시스템과 애플리케이션 서버를 간단하게 조작할 수 있다는 것입니다. 사용자는 클라우드를 따로 의식하지 못합니다. 웹 브라우저에서 직접 조작할 수 있는 서비스가 잘 만들어져 있고, 사용자 인터페이스도 일반 애플리케이션과 같아서 사용자가 인터넷 서비스를 사용하고 있다는 의식이 약화되기 때문입니다. 이는 클라우드의 장점이지만 그로 인해 비밀번호를 대충 만들거나 반복해서 사용하거나 어떤 의도를 담지 않고 서비스를 설정하는 등 보안을 크게 신경 쓰지 않는 경우가 많습니다. 따라서 온프레미스 시스템처럼 방화벽으로 접근을 제한하는 등의 경우와 비교하면, 인터넷으로 공격을 받을 수 있는 위험이 커질 수 있습니다.

다른 차이점도 있습니다. 온프레미스의 경우 논리 보안이므로 사내 네트워크와 시스템에 신뢰 모델을 적용할 수 있지만, 클라우드는 온프레미스처럼 신뢰 모델을 적용할 수 없으므로 논리 보안을 따로 생각해야 합니다.

두 가지 경우를 생각해 봅시다. 첫 번째는 클라우드에 있는 파일 서버에 고객 데이터를 저장하는 경우입니다. 제3자에게 데이터를 맡기는 것이므로 클라우드 호스팅 사업자의 물리 · 인적 · 논리 보안을 의식해야 합니다. 두 번째는 메일 시스템을 클라우드에 마이그레이션하는 경우입니다. 최근에는 검색이 빨라져 필요한 메일 관련 정보를 쉽게 추출할 수 있지만 부차적인 데이터들은 어떻게 다루어야 할까요? 데이터 소유자를 의식해야 합니다.

이렇게 클라우드를 사용할 경우 온프레미스에서는 따로 의식하지 않았던 문제까지 고려해야 합니다. 클라우드를 도입할 경우 관리자 입장에서는 작업 플로 변경뿐만 아니라 장애 시 대응 방법, 사용자의 문의와 관련된 응답 수준도 변경해야 합니다. 또한 시스템 로그를 확인하고 싶어도 실시간으로 확인할 수 없는 경우도 고려해야 합니다.

클라우드 자체가 어떻게 구성되어 있는지는 대부분 자세히 알려져 있지 않습니다. 관리자가 실제로 확인할 수 있는 온프레미스와 달리 블랙박스가 되는 부분이 발생할 수 있다는 뜻입니다. 이러한 이유로 클라우드 도입을 망설이는 관리자도 적지 않습니다.

5.4.2 클라우드 보안의 책임 분담

관리자가 클라우드 도입을 망설이는 가장 큰 이유 중 하나는 책임 분담이 명확하지 않다는 점입니다. 예를 들어 VPS를 사용하는 경우 제공되는 가상 서버 이미지에 백도어가 설치되어 있지 않은지, 하드디스크를 파기하고 싶을 때는 어떻게 해야 하는지 등 관리자가 책임지기 힘든 문제들이 있습니다.

클라우드 사용을 고려했을 때 물리 자원은 클라우드 호스팅 사업자에게 제공받습니다. 사용자는 그 기반 위에서 가상 서버와 애플리케이션을 작동시킵니다. 따라서 물리 기반은 클라우드 호스팅 사업자가 책임을 지는 범위며, 가상 서버는 클라우드 관리자가 책임을 집니다. 이것이 클라우드의 공유 책임 모델입니다.

하지만 이러한 공유 책임 모델이 자신의 조직에 얼마다 타당한지는 조직마다 다를 수 있습니다. 온프레미스도 일정한 기준을 잡는 조직이 있는 것처럼, 클라우드 사용에도 비슷한 수준의 기준을 요구하는 경우가 있습니다. 따라서 관리자의 조직과 클라우드 호스팅 사업자 사이에서 기준과 규칙을 확실하게 정해야 합니다.

예를 들어 **ISMS**(ISO/IEC 27001)를 지켜야 하는 조직을 생각해 봅시다. ISMS를 지키려면 정보 보안의 개별 대책 외에도 조직 관리 차원에서 스스로 위험을 평가하고 필요한 보안 수준을 결정해야 합니다. 그 후 계획을 세운 뒤 자원을 배분하며 시스템을 운용해야 합니다.

ISMS에서 정의한 자원이 클라우드 위에 있다면 어떻게 해야 할까요? 이전에 언급했던, 누가 어디까지 책임지는가와 관련된 공유 책임 모델은 이 질문의 답이 될 수 있습니다. 관리자에게 사업자의 물리 기반은 처음부터 관리할 수 있는 범위 밖에 있습니다. 또한 사업자에게 관리자의 가상 서버 사용도 관리할 수 있는 범위 밖에 있습니다. 정보 보안은 사업자와 관리자끼리 공유합니다. 공유 보안 수준을 사업자와 관리자가 각각 조직에서 요구하는 기준에 맞출 수 있다면, 자원이 클라우드에 있어도 사용하는 데 큰 문제가 없습니다.

클라우드상에서 요구하는 보안 관련 규칙으로 **ISO/IEC 27017**이라는 국제 규격이 있습니다.

이 규격을 사용하면 사업자는 자신의 보안 대책 수준을 나타낼 수 있습니다. 따라서 관리자에게 보안과 관련된 대처를 적극적으로 요구할 수 있습니다. 또한 관리자는 서비스를 비교하기 쉬워집니다.

5.5 운용 중의 시스템 취약성 대응

여러분이 매일 운용하는 시스템은 어떤 식으로 구성되어 있나요? 마이크로소프트의 제품으로만 구성된 시스템을 운용할 수도 있고, 매년 장비를 추가해서 여러 벤더의 제품들이 섞여 있는 시스템을 운용할 수도 있습니다.

네트워크 인프라의 구성 요소 대부분은 소프트웨어가 동작하는 컴퓨터입니다. 네트워크 제품을 제공하는 벤더는 이러한 소프트웨어에 새로운 기능을 추가하거나, 발견된 버그를 수정하는 업데이트를 제공합니다. 시스템 운용자는 업데이트의 존재를 파악한 후 운용하는 시스템에 적용할 것인지, 적용할 경우에는 어떤 절차로 작업할 것인지 검토해야 합니다.

특히 취약성을 수정하는 업데이트는 가능하면 바로 도입하는 것이 좋습니다. 업데이트를 하지 않으면 어느 날 갑자기 외부에서 가해지는 공격 때문에 인프라에 큰 피해가 발생할 수 있습니다. 따라서 운용하는 시스템과 관련된 취약성이 발표되면 신속하게 업데이트하는 것이 좋습니다.

사용자를 보호해야 하는 벤더 입장이라면 취약점을 빨리 찾아서 이를 해결하도록 업데이트를 제공해야 합니다. 그리고 업데이트 제공 시 어떤 취약점이 있는지 설명하고 업데이트를 하도록 설득해야 합니다. 반대로 인프라 엔지니어는 이러한 제품의 업데이트 정보를 확인하면서 어떤 제품에 어떤 취약성이 있는지, 어떤 공격이 들어올 수 있는지 역추적할 수 있습니다.

5.5.1 시스템 구성 파악하기

취약성 대응의 첫걸음은 운용하는 시스템 구성을 파악하는 것입니다. 자신이 운용하는 시스템이라면 어떤 구성인지 알 것입니다. 만약 조금이라도 구성을 이해할 수 없다고 생각하면 다시 확인해 두기 바랍니다.

다음 질문에는 곧바로 대답할 수 있도록 해 둡시다.

- 운용하는 시스템에서 어떤 서비스를 제공하는가?
- 운용하는 시스템에서는 어떤 (누가 제공하는) 소프트웨어를 사용하는가?

5.5.2 신뢰할 수 있는 정보원 파악하기

취약성에 대응하는 첫걸음은 신뢰할 수 있는 정보원을 파악하는 것입니다. 시스템 구성과 시스템에 포함된 구성 요소를 파악하고 이를 제공하는 개발자를 확인하도록 합시다.

신뢰할 수 있는 정보원 중 하나는 개발자입니다. 해당 소프트웨어를 가장 잘 아는 사람은 해당 소프트웨어를 개발한 개발자일 것입니다. 개발자가 공개하는 웹 사이트 또는 메일링 서비스 등을 확인하고 등록하는 업데이트 정보와 취약성 정보를 놓치지 않는 것이 중요합니다.

어떤 개발자에게 물어보는 것이 좋을까?

여러 개발자가 개발하는 경우 누구에게 무엇을 물어봐야 좋을지 잘 모를 수 있습니다. 예를 들어 리눅스 서버를 운용한다면 누구에게 궁금한 사항을 물어봐야 할까요?

리눅스라는 시스템은 리눅스 커널, 라이브러리, 서버 프로그램이 '패키지'라는 단위로 뭉쳐서 구성됩니다. 이러한 패키지가 모두 합쳐져 '디스트리뷰션Distribution'이라는 이름으로 배포되는 것입니다.

이러한 디스트리뷰션 벤더가 핵심 개발자인 것은 당연하지만 대부분의 디스트리뷰션은 패키지마다 관리자가 있습니다. 이처럼 패키지로 된 소프트웨어에는 원래 디스트리뷰션과 관계 없는 외부 개발자가 만든 것도 많이 포함되어 있습니다. 따라서 **소프트웨어 개발자, 패키지 개발자, 디스트리뷰션 개발자**와 같이 세 종류의 개발자가 존재합니다.

활동이 활발한 디스트리뷰션이나 패키지 관리에 적극적인 개발자라면 소프트웨어 업데이트에 빠르게 대응할 것입니다. 하지만 보통 디스트리뷰션에서 제공하는 정보에만 의존하면 대응이 조금씩 늦습니다. 운용하는 시스템의 중요도를 고려해서 패키지 개발자 각각의 동향을 모두 파악하는 것이 좋습니다.

지금까지는 이상적인 상황을 소개한 것입니다. 현실에서는 다음 같은 문제가 있습니다.

- 개발자가 적절한 정보를 주지 못하는 경우
- 개발자가 취약성을 정확하게 이해하고 대응하지 못하는 경우

- 검토해야 하는 정보원이 너무 많은 경우
- 시스템 구성 요소가 여러 개 있을 경우
- 개발자와는 별도로 취약성 연구자가 정보를 발표하는 경우

| 개발자가 적절한 정보를 주지 못하는 경우 |

소프트웨어를 가장 잘 아는 것은 개발자 자신이라고 했지만, 취약성과 대응 방법까지 잘 안다고는 할 수 없습니다. 따라서 해당 개발자가 다른 취약성에 어떻게 대응했는지 등을 알아 두는 것이 좋습니다.

| 정보원(개발자)이 많은 경우 |

큰 시스템을 운용한다면 개발자 정보를 하나하나 확인하는 데 큰 비용(시간과 노력)이 들 수 있습니다. 따라서 각각의 패키지를 별도로 모아 사용하는 것보다 디스트리뷰션의 패키지를 사용하는 것도 좋습니다. 예를 들어 리눅스 디스트리뷰션의 패키지를 사용하면 정보 수집, 취약성 대응과 관련된 비용을 줄일 수 있습니다. 하지만 이전에 언급했던 것처럼 디스트리뷰션 벤더의 대응 품질, 비용 등을 모두 검토해야 합니다.

| 개발자와는 별도로 취약성 연구자가 정보를 발표하는 경우 |

보안 벤더 또는 대학원 등의 연구자가 취약성을 조사하고 발표하는 경우가 있습니다. 이러한 조사 결과는 보안과 관련된 유명한 컨퍼런스(BlackHat, USENIX Security 등) 전후로 많이 발표됩니다. 영향 범위가 크면 뉴스 사이트 등에도 나오므로 볼 수 있는 기회가 많습니다. 보안과 관련된 뉴스 사이트를 몇 군데 정하고 평소에 어떤 뉴스가 나오는지 파악하는 것이 좋습니다.

5.5.3 취약성 정보에 대응하기

수집한 취약성 정보

이전 절에서는 주로 웹에 있는 취약성 정보를 어떻게 모을 수 있는지 설명했습니다. 이번에는 그러한 취약성 정보를 조직 안에 어떻게 적용하고 대응하면 좋을지 알아보겠습니다.

우선 취약성과 관련된 정보를 매일 수집하며 각각의 정보를 어떻게 다룰지 판단해야 합니다.

- 해당 취약성 정보가 우리 회사의 인프라 또는 시스템과 관련된 것인가?
- 긴급히 대응해야 하는 문제인가?
- 해당 취약성 정보가 제대로 된 정보인가?
- 취약성 검증 코드가 존재하는가?
- 공격 코드 또는 도구가 인터넷에 돌아다니는가? 피해(사고)가 발생하는가?

이러한 판단을 제대로 하려면 표준화된 프로세스가 필요합니다.

취약성 대응 모델

취약성 정보 수집, 정보 분석, 대책 검토, 대책 수행과 같은 일련의 과정을 모델로 나타내면 [그림 5-2]와 같습니다.

그림 5-2 취약성 대응 모델

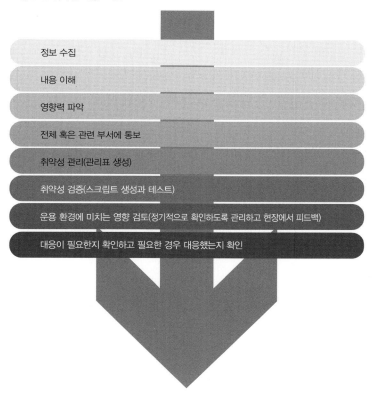

정보 수집

내용 이해

영향력 파악

전체 혹은 관련 부서에 통보

취약성 관리(관리표 생성)

취약성 검증(스크립트 생성과 테스트)

운용 환경에 미치는 영향 검토(정기적으로 확인하도록 관리하고 현장에서 피드백)

대응이 필요한지 확인하고 필요한 경우 대응했는지 확인

차례대로 자세히 살펴봅시다.

| 정보 수집 |

정보 수집은 이전 절에서 이미 살펴보았습니다. 보통 정보원은 다음과 같습니다.

- 벤더 또는 개발 프로젝트 등의 보안 페이지(보안 조언자^{Security Advisor})
- ASEC 보안 권고문
- 각종 보안 뉴스 사이트
- 사내 정보통

주의해야 하는 것은 정보원마다 정보를 다르게 취급한다는 것입니다. 예를 들어 정보원이 제품 벤더 또는 소프트웨어 개발 프로젝트에서 공식적으로 공표한 보안 조언자라면 정보의 신뢰도가 굉장히 높다고 할 수 있습니다. 따라서 정보의 진위를 따로 따질 필요가 없습니다. 하지만 취약성을 발견한 보안 연구자가 공표한 정보라면 연구자의 실적에 따라 신뢰도가 다를 수 있습니다.

기본적으로 신뢰할 수 있는 정보원에게 정보를 수집하는 것이 좋습니다. 또한 정보를 누군가에게 듣거나 어딘가를 통해 보았을 경우 원본을 추가로 검토해야 합니다.

| 내용 이해 |

당연한 이야기지만 취약성에 적절히 대응하려면 취약성의 내용을 확실하게 이해해야 합니다. CVSS^{Common Vulnerability Scoring System[7]}의 점수만 보고 취약성의 심각성을 이해했다고 할 수 없습니다. 영어를 잘 못하더라도 평소에 읽는 습관을 기르는 것이 중요합니다.

취약성을 해설하는 설명이나 PoC^{Proof of Concept[8]}의 코드가 공개된 경우에는 취약성 해설을 차례대로 따라 이해하면서 자신의 것으로 만드는 것이 중요합니다. PoC를 보면 글만 보고 이해하기 어려운 취약성 공격 시나리오를 쉽게 이해할 수 있습니다. 따라서 자신이 소속된 회사의 실제 환경에 맞게 취약성 유무를 검사하는 도구를 만들 때 도움이 됩니다.

---

7 비영리 컴퓨터 보안 단체 FIRST가 추진하는 취약성 평가 시스템입니다.
8 보안 분야에서는 취약성을 증명하는 프로그램을 의미합니다.

| 영향력 파악 |

취약성 정보를 이해한 다음에 해야 하는 것은 영향 범위를 판단하는 것입니다. 구체적으로 다음과 같은 것들을 검토합니다.

- 공격 시나리오가 현실적인가?
- 공격 코드가 인터넷에 돌아다니는가?
- 사고가 실제로 발생하는가?
- 많이 주목 받는가?

공격 시나리오가 명확하지 않다면 취약성과 관련된 이해를 기반으로 실제 자신의 회사에 발생할 수 있는 공격을 공격자 관점에서 상상해 봐야 합니다. 그러려면 취약성과 관련된 내용을 확실히 이해해야 합니다.

공격 코드와 도구가 인터넷에 돌아다닐 경우 공격을 위한 문턱이 매우 낮다고 할 수 있습니다. 따라서 악용할 수 있는 위험이 높다고 판단하고 대응 우선순위를 올려야 합니다. 사고가 발생하는 경우도 마찬가지입니다.

많은 사람이 들어본 취약성이라면 사내 관련 부서 또는 상사에게 문의가 올 수 있습니다. 따라서 곧바로 대답할 수 있도록 미리 준비하는 것도 중요합니다.

| 전체 혹은 관련 부서에 통보 |

보안 담당자로서 취약성 분석을 완료하면 사내 각 부서와 시스템 엔지니어에게 정보를 전달해야 합니다. 회사 등의 현장이 혼란스럽지 않게 평소에 영향력이 크지 않은 취약성 정보도 전달해서 사내에 취약성 정보가 유통되는 시스템을 구축하는 것이 중요합니다.

또한 정보를 전달할 때는 해당 시점에 평가한 영향력, 필요한 대응 속도('지금 당장 대응해야 함', '한 주 안에 대응해야 함', '정기 업데이트 때 대응해도 괜찮음' 등)도 함께 전달해서 보안 담당자로서의 생각을 공유하는 것이 좋습니다.

| 취약성 관리(관리표 생성) |

각 부서에서 대응해야 할 취약성은 관리표 등을 정리해서 대응을 완료할 때까지 상황을 추적하면 좋습니다.

취약성 검증은 검증 코드가 있는 경우와 없는 경우의 대응이 다릅니다. 취약성 검증 코드 또는 공격 코드가 있는 경우에는 코드 내용을 확인한 후 취약성을 테스트할 수 있는 환경을 구축합니다. 그리고 실제로 코드를 검증하여 취약성을 재현해 봅니다.

하지만 검증 코드가 없는 경우도 많습니다. 이때는 검증 코드가 있는 경우와 비슷하게 취약성을 확인할 수 있는 방법을 찾는 것이 좋습니다. 또한 검증 코드를 회사 내부에서 자체로 만들어 보는 것도 하나의 방법입니다. 전문 보안 팀이 있는 경우에는 보안과 관련된 노하우가 있으므로 실제로 실행하기 쉬울 것입니다. 만약 검증 코드를 작성하기 어렵거나 쉽게 확인할 수 없는 경우, 취약성을 검증하지 않고 곧바로 대응(버전업 또는 패치 적용)해도 어느 정도는 문제 없을 것입니다.

취약성 검증 환경은 사내에서만 접근할 수 있는 곳에 설치하고 담당자가 담당 시스템을 확인할 수 있게 하기 바랍니다. 단, 너무 안이하게 관리하면 오히려 외부로 정보가 유출될 수 있으며 취약성이 회사 외부로 퍼질 수 있으니 주의하기 바랍니다.

| 대응이 필요한지 확인하고 필요한 경우 대응 |

보안 담당자 입장에서 '취약성 관리'가 필요하다고 판단되면 관련 부서에 대응하도록 이야기합니다. 여기까지 완료하면 취약성에 관한 대응이 모두 끝났다고 할 수 있습니다.

이와 같이 내용을 확실하게 확인하고 취약성의 영향력을 파악한 후 긴급성을 판단하여 가능하면 취약성을 확인할 수 있는 독자적인 체제를 만드는 등, 빠르게 대응할 수 있도록 대응 플로를 만들어 두는 것이 좋습니다.

5.6 정기 진단의 필요성

사이버 공격은 시스템의 취약성 여부와 관계없이 발생할 수 있습니다. 모든 사이버 공격은 공격자가 공격에 성공했을 때 얻는 이득이 있기 때문입니다. 공격자는 돈이나 명예를 위해 공격합니다. 두 가지 모두 공격자가 들이는 비용보다 얻는 이득이 훨씬 크다고 할 수 있습니다.

아무리 단단한 시스템이라도 공격을 받을 수 있다는 것이 사이버 공격의 또 다른 특징입니다.

물론 시스템의 견고함이 공격 수준을 넘으면 공격이 실패하므로 큰 피해가 발생하지 않습니다. 따라서 취약성에 대책을 세워서 시스템을 미리 견고하게 만들면 사이버 공격의 피해를 줄일 수 있습니다.

사이버 공격은 며칠 만에 상태가 크게 변할 수 있습니다. 취약성을 수정한 웹 서버만 공개하도록 방화벽을 수정한다고 되는 것이 아닙니다. 웹 서버 애플리케이션에서도 취약성이 보고되면 곧바로 대책을 검토해야 합니다.

하지만 취약성은 매일 보고되므로 어떤 시스템에 어떤 취약성이 있는지 지속해서 추적하기가 어렵습니다. 그래서 이를 확인할 수 있는 방법으로 침투 테스트를 활용해 시스템을 진단하는 것이 일반적입니다.

시스템 진단은 건강 검진과 아주 비슷합니다. 정기적인 건강 검진으로도 병을 확인할 수 없는 경우가 있지만, 아예 받지 않는 것보다는 병을 발견할 가능성이 높습니다. 자신의 몸에 이상이 있는지 계속 확인하려고 건강 검진을 받는 것처럼, 시스템도 지속해서 진단을 받아야 조금이라도 안전하다고 할 수 있습니다.

5.6.1 비정상 이벤트 확인

시스템이 정상인지 확인하려면 정상일 때 어떻게 동작하는지 이해해야 합니다. CPU와 메모리를 얼마나 소비하는지, 돌발적인 움직임이 있는지, 통신량이 어느 정도 발생하는지, 로그는 어떻게 나오는지 등 평소부터 시스템의 동작 상태에 주의를 기울여야 합니다.

이러한 주의 없이 시스템을 운용하면 문제가 발생했을 때 늦게 알아챌 수 있습니다. 자원 부족 등이 발생하는 하드웨어를 늦게 알아채서 보완이 늦어지는 경우도 있습니다.

평소보다 웹 페이지의 출력 시간이 오래 걸리거나 애플리케이션 일부가 제대로 동작하지 않는 등은 정상 상태를 이해한다면 쉽게 파악할 수 있습니다. 하지만 기업용 시스템에서 사용자가 표면적으로 비정상적인 상태를 파악했다면 이미 대응이 너무 늦어 버린 상황일 수 있습니다. '비정상적인 상태가 표면에 나타난다'면 이미 비즈니스 기회 손실 등이 발생했을 것입니다. 따라서 이와 같은 실질적인 피해가 발생하기 전에 비정상 이벤트를 확인할 수 있도록 대비해야 합니다.

시스템 리소스 모니터링

시스템의 가동 상태를 파악하는 효과적인 방법으로 시스템 자원 모니터링이 있습니다. 보통 SNMP를 사용해 한번에 모니터링합니다. SNMP는 다양한 OS에서 사용할 수 있으므로 여러 종류의 OS가 섞인 시스템의 모니터링에도 쉽게 사용할 수 있습니다.

예를 들어 Cacti[9]와 같은 모니터링 도구, OpenNMS[10]와 같은 네트워크 관리 시스템Network Management System 구현을 제공하는 경우도 있습니다.

시스템 로그 감시

다음으로 시스템 로그 감시를 들 수 있습니다. 시스템 로그는 SYSLOG 외에도 Windows Eventlog 등 여러 로그를 다루는 형식도 있습니다. 한번에 관리하는 용도로는 적합하지 않지만 최종적으로 텍스트 파일로 내보낼 수 있으므로 큰 문제는 없을 것입니다.

이외에도 ICMP 메시지(PING)를 사용해 폴링하는 방법도 있습니다. 또 NMAP[11]를 사용해 불필요한 포트가 열려 있는지 확인하는 방법도 있습니다.

시스템의 정상 상태를 파악하고 비정상 상태를 인식할 때 사용할 수 있는 다양한 도구가 있습니다. 다양한 시스템들을 살펴보고 자신이 다루는 시스템에 적절한 도구를 찾기 바랍니다.

5.6.2 시스템 보안 진단

앞에서 언급했던 것처럼 시스템에 문제가 있다고 생각하면 빨리 관련 정보를 찾아 업데이트하는 것이 대책의 하나입니다. 하지만 사실 이것만으로는 충분하다고 할 수 없습니다. 시스템이 취약한 이유는 대부분 **추가 설정 미확인** 때문입니다. 따라서 업데이트를 해도 추가 설정을 확인하지 않았다면 다시 문제가 발생할 수 있습니다.

DNS와 NTP 등의 공격은 대표적인 예입니다. 이러한 공격들은 취약성보다 사용자의 설정 내용 때문에 발생하는 것이므로 취약성 관련 정보를 수집해서 발견할 수 있는 것이 아닙니다. 이처럼 의도치 않게 만들어진 취약 부분에 어떤 대책을 세울 것인지가 과제라고 할 수 있습니다.

---

9 http://www.cacti.net/
10 http://www.opennms.org/
11 https://nmap.org/

설정 실수를 포함하여 취약한 부분은 평가하지 않으면 찾기 힘듭니다. 그래서 **침투 테스트**라는 진단을 합니다. 시스템 평가 방법은 생각하는 관점에 따라 여러 가지가 있습니다.

시스템 보안을 진단하려면 시스템 또는 보안과 관련된 지식이 필요합니다. 물론 전문 기술자만 할 수 있다는 의미는 아닙니다. 기능이 조금 적더라도 무료 또는 저렴하게 구입할 수 있는 도구도 있습니다. 이러한 도구를 사용하면 간단하게 진단할 수 있습니다.

그러면 **웹 애플리케이션 진단**과 네트워크 전반을 진단하는 **플랫폼 진단**을 살펴봅시다.

웹 애플리케이션 진단

웹 서비스를 구축할 때는 대부분 웹 애플리케이션을 사용합니다. 웹 애플리케이션의 종류는 워드프레스와 줌라!$^{Joomla!}$ 등의 CMS, 그룹웨어, 프로젝트 관리 소프트웨어, 전자 결제 시스템 등 광범위합니다. 이처럼 인터넷 사용을 지원하는 웹 애플리케이션은 사이버 공격의 대상이 되기 쉽습니다. 웹 애플리케이션의 취약성이 악용되어 웹 사이트 해킹과 정보 유출도 발생합니다.

단, 웹 애플리케이션 공격에는 특정 패턴이 있습니다. 이는 취약한 부분(즉, 공격 받기 쉬운 부분)이 어느 정도 정해져 있기 때문입니다. 예를 들어 SQL 주입 등과 같은 주입 공격, 쿠키 또는 세션을 기반으로 하는 인증 회피, CSRF$^{Cross\ Site\ Request\ Forgery}$[12], 매개변수를 악용한 명령 주입 등이 대표적인 예입니다.

이처럼 공격이 패턴화되어 있으면 대응하기도 쉽습니다. 공격을 막는 보안 제품 도입, 웹 애플리케이션 취약성 수정만으로도 충분히 공격의 영향을 줄일 수 있습니다.

웹 애플리케이션 진단은 대상인 웹 애플리케이션의 취약한 부분을 명확하게 해 줍니다. 대규모 진단에서는 웹 애플리케이션 소스 코드 등의 정보까지 검사해서 문제점을 찾아 줍니다. 물론 대규모 진단이 아니라도 무료로 배포되는 도구 또는 오픈소스 도구를 활용하면 문제점을 진단할 수 있습니다. 다음에 몇 가지 방법을 소개하겠습니다. 단, 진단 대상이 되는 서버에 손해를 입힐 가능성도 있으므로 주의해서 사용해야 합니다. 이는 진단을 외부 조직에 위탁하는 경우도 마찬가지입니다.

---

12 웹 애플리케이션에 있는 취약성 또는 그 취약성을 사용한 공격 방법을 말합니다.

| OWASP ZAP |

OWASP ZAP[13](이하 ZAP)은 로컬 프락시로 웹 브라우저와 웹 애플리케이션 사이의 통신을 확인하여 진단하는 도구입니다. 많은 보안 엔지니어들이 개발에 참여하여 오픈 소스로 공개한 도구입니다. 자동으로 간단하게 스캔할 수 있는 기능은 물론이고, 수동으로 자세히 스캔하거나 특정 취약성을 스캔하는 기능도 있습니다. 애드온을 사용해서 기능을 확장할 수도 있습니다.

ZAP의 스캔 대상인 웹 애플리케이션에 실제로 공격이 이루어지므로, 진단 대상은 자신이 관리하는 웹 애플리케이션 또는 진단을 허가 받은 웹 애플리케이션에 한정해서 ZAP을 사용하기 바랍니다. 또한 웹 애플리케이션의 데이터가 파괴될 가능성도 있으므로 테스트 환경에서 동작시키거나 복원을 위해 미리 백업하는 등의 준비가 필요합니다.

플랫폼 진단

플랫폼 진단은 네트워크상에 존재하는 장비 또는 서버의 공개된 취약성에 대책이 세워져 있는지 확인할 때 사용합니다. 이를 기반으로 업데이트 누락 등을 확인할 수 있습니다. 그리고 특수한 사용 예로, 설정이 완전하게 되어 있는지 확인하는 용도로 사용하기도 합니다.

| OpenVAS |

OpenVAS[14]는 취약성 스캔과 관리 기능이 있는 여러 컴포넌트와 도구로 구성된 오픈 소스 플랫폼 취약성 진단 도구입니다. 구성 요소는 다음과 같습니다.

- OpenVAS CLI: 명령줄 인터페이스 제공
- Greenbone Security Desktop(GSD): GUI 인터페이스 제공
- Greenbone Security Assistant(GSA): 웹 인터페이스 제공
- OpenVAS Scanner: 스캔 기능 제공
- OpenVAS Manager: 스캔 또는 데이터 관리 기능 제공
- OpenVAS Administrator: 서비스 기동 · 중지 또는 사용자 관리 기능 제공

취약성 스캔을 위한 정보는 **네트워크 취약성 테스트**Network Vulnerability Test, NVTs라는 형식으로 정기 배포합니다. 따라서 새로운 취약성에 대응할 수 있습니다.

---

13 https://www.owasp.org/index.php/OWASP_Zed_Attack_Proxy_Project

14 http://www.openvas.org/index.html

5.6.3 자가 취약성 진단을 활용하려면

웹 애플리케이션, 플랫폼, 인프라 엔지니어가 주의해야 하는 시스템 환경을 진단하면 문제점과 취약한 부분을 찾아낼 수 있습니다.

시스템에 어떤 사이버 공격이나 피해가 발생할 수 있는지와 취약성에 관한 결과가 나오면, 사실 어디서부터 손을 대야 할지 모르는 경우가 많습니다. 이때는 대책의 우선순위가 굉장히 중요합니다. 보통 취약성 진단 도구를 사용하면 취약성과 관련된 CVSS 점수(NVD 값)를 기반으로 긴급성이 나옵니다. 단, NVD 값이 낮다고 중요하지 않은 것은 아니며, NVD 값이 높다고 항상 중요한 것도 아닙니다. 어떤 것을 더 우선시해야 하는지는 취약성의 내용에 따라 다르며, 조직 내부에서의 중요도도 함께 고려해야 합니다.

따라서 진단 결과를 적절하게 활용하려면 평소에 서버와 장비들의 중요도를 파악해 두어야 합니다. 그리고 이렇게 파악해 둔 정보들을 기반으로 우선순위를 정하는 것이 좋습니다.

5.6.4 마지막으로

이 장에서는 현재 인터넷을 둘러싼 보안 위협과 관련 보안 가이드 라인, 정보 수집, 수집된 정보 활용처럼 인프라를 안정적이고 안전하게 운용할 때 필요한 지식들을 살펴보았습니다.

공격자의 입장이 되어 무엇을 원하는지, 무엇을 공격할지 생각해 보면 어떤 부분의 대책을 중점적으로 세워야 하는지, 무엇을 해야 하는지 파악할 수 있을 것입니다.

NOTE_ 사고 대응 매뉴얼

기본적인 사고 대응 과정은 다음과 같습니다.

그림 5-3 기본적인 사고 대응 과정

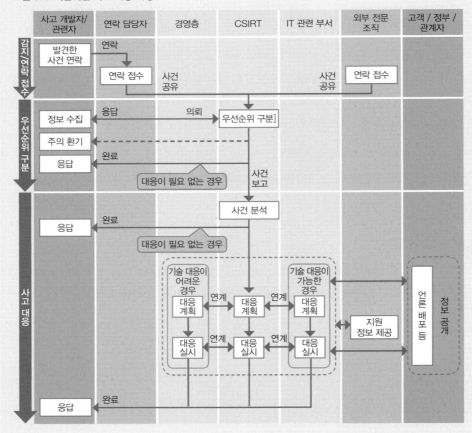

이와 같은 플로를 미리 정의해 두는 것이 중요합니다. '감지·연락 접수 → 우선순위 구분 → 사고 대응'
이라는 흐름에서 각 담당자가 해야 하는 것(흐름 또는 순서도 포함)을 정의해야 합니다.

그리고 사고에 빨리 대응하려면 조직의 시스템에서 발생할 수 있는 사고를 미리 목록으로 만들고 각각
의 대응 매뉴얼을 준비해 두는 것이 좋습니다.

데브옵스 시대에 요구하는 기술

최근 시스템 개발·운용에서는 데브옵스DevOps와 애자일 개발 등이 개발 스타일에 많은 영향을 주었습니다. 이 장에서는 인프라 엔지니어를 둘러싼 환경 변화와 개발 스타일의 변천을 다루고, 그중에서 인프라 엔지니어가 해야 하는 역할을 소개하겠습니다. 그리고 역할을 수행할 때 사용할 수 있는 기술과 도구도 살펴보겠습니다.

6.1 인프라 엔지니어를 둘러싼 환경

클라우드의 등장은 인프라 엔지니어를 둘러싼 환경의 전환점이라고 할 수 있습니다. 2장에서는 클라우드 자체를 소개했는데 이 장에서는 클라우드 등장 이전과 등장 이후에 어떤 변화가 있었는지 소개하고, 현재 상황을 설명하겠습니다. 참고로 이 장에 나오는 클라우드는 IaaS와 PaaS입니다.

6.1.1 클라우드 등장 이전: 모든 것을 직접 하던 시대

클라우드 등장 이전에는 인프라를 구축하는 작업(예를 들어 OS 설정, 미들웨어 설치 등)을 모두 사람이 직접 했습니다. 물론 데이터 센터와 호스팅 사업자처럼 수천 대의 서버를 다뤄야 하는 곳에서는 셸 스크립트 같은 도구를 사용해 자동화를 시도했습니다. 예를 들어 RHEL 계열 리눅스를 자동 설치하는 Kickstart[1]와, Kickstart를 기반으로 DHCP와 DNS 등의 서비스까지 구축해 주는 Cobbler[2] 등이 있었습니다.

하지만 비교적 소규모 환경에서는 인프라 구축과 관련된 작업을 자동화하는 경우가 드물었습니다. 소규모 환경 구축의 경우 같은 작업이 반복되는 것을 줄이는 자동화가 비용 대비 큰 이득을 주지 못했기 때문입니다.

그림 6-1 직접 인프라 구축하기

---

1 https://access.redhat.com/documentation/Red_Hat_Enterprise_Linux/6/html/Installation_Guide/ch-kickstart2.html
2 http://cobbler.github.io/

6.1.2 클라우드 등장 이후: 인프라 구성 관리 개념 보급

이러한 상황 속에서 클라우드라는 개념이 서서히 등장하기 시작했습니다. 클라우드 서비스 중에서도 영향력이 컸던 것은 역시 **AWS**Amazon Web Service였습니다. 클라우드는 여러 가지 개념을 포함하고 있어 수많은 인프라 환경에 영향을 주었습니다. 그중 인프라 엔지니어를 둘러싼 환경에는 다음과 같은 점들이 큰 영향을 주었습니다.

- 서버 자원을 쉽게 조달할 수 있게 되었다.
- 인프라 부분을 프로그램적으로 제어할 수 있게 되었다.

그리고 클라우드 시대에는 '모든 것은 고장 날 수 있다'라고 가정해서 시스템을 설계하게 되었습니다. 특정 서버 하나에서 장애가 발생할 가능성이 있으므로 시스템 전체의 가용성을 확보해야 한다는 발상입니다.

이러한 특징을 기반으로 클라우드 보급의 흐름을 정리하면 [그림 6-2]와 같습니다.

그림 6-2 클라우드의 등장에 의한 변화

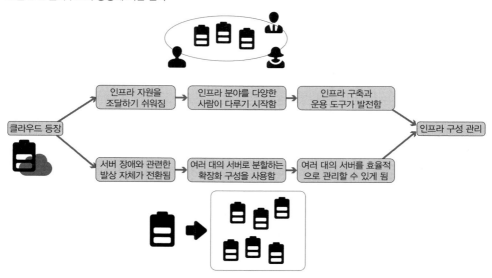

서버 자원 조달이 간단해짐

일단 서버 자원 조달이 매우 쉬워졌습니다. 그 결과 웹 서비스를 간단하게 공개하고 운용할 수 있게 되었습니다. 클라우드 등장 이전에는 어떤 웹 서비스를 만들어도 서버 조달부터 시작해서

OS 설치와 같이 서비스와 직접 관계가 없는 인프라 준비에 오랜 시간이 걸렸습니다. 하지만 클라우드가 등장하면서 이러한 준비 시간이 크게 줄었습니다.

예를 들어 AWS는 서버에 해당하는 **EC2**Elastic Compute Cloud와 디스크에 해당하는 **EBS**Elastic Block Store 등 다양한 서비스를 제공합니다. 이들을 활용하면 서버를 쉽게 준비할 수 있습니다.

인프라 엔지니어 이외의 사람이 인프라를 다룰 수 있게 되었음

서버 자원을 쉽게 조달할 수 있게 되면서 인프라 엔지니어 이외의 사람들(예를 들면 애플리케이션 개발자)도 인프라를 다룰 수 있게 되었습니다. 클라우드 이전에는 인프라를 다룰 때 하드웨어, OS 등 낮은 레벨부터 준비해야 했지만, 클라우드가 등장하면서 적은 비용으로 쉽게 인프라를 다룰 수 있게 된 것입니다.

결과적으로 인프라를 잘 모르는 애플리케이션 개발자도 점차 인프라를 다룰 수 있게 되었습니다. 클라우드가 인프라와 관련된 과제들을 해결한 결과라고 할 수 있습니다.

인프라 구축 및 운용 도구 발전

보통 어떤 분야가 주목 받기 시작하면 관련 도구가 늘어나면서 발전하기 시작합니다. 인프라 분야도 비슷한 흐름이 있었습니다.

클라우드가 등장하기 전에는 인프라 부분을 효율적으로 구성하고 운용하는 접근 방법이나 도구에 별로 관심이 없었습니다. 물론 앞에서 언급했던 것처럼 데이터 센터나 호스팅 사업자 같이 대규모 인프라를 다루는 현장에서는 작업 효율을 우선시했기 때문에 접근 방법과 도구를 준비했지만, 이외의 현장에서는 이들의 우선순위를 굉장히 낮게 생각했습니다.

클라우드가 등장하고 인프라 부분과 관련된 사람들이 늘어나면서, 결과적으로 인프라 구축 및 운용과 관련된 도구들이 발전했습니다.

서버 장애에 관한 발상의 전환

클라우드가 등장하면서 장애와 관련된 발상이 크게 바뀌었습니다. '장애는 가끔 일어나는 것'이 아니라, '장애는 서버 레벨에서 무조건적으로 일어날 수 있는 것'으로 생각하게 된 것입니다. 그래서 시스템 전체가 계속 동작할 수 있도록 설계 패턴 자체가 바뀌었습니다.

하드웨어를 직접 조달하는 온프레미스 환경에서는 하드웨어의 신뢰성을 어느 정도 직접 제어할 수 있었습니다. 이러한 환경에서는 1대 또는 소수의 내결함성이 뛰어난 서버에 여러 가지 역할을 모두 넣는 구성이 합리적이었습니다. 하지만 그런 시스템을 클라우드에 구성할 경우 문제가 발생합니다. **우리 손이 닿지 않는 부분에서 클라우드의 하드웨어 장애가 발생하기 때문입니다.**

> **NOTE_ 결함 주입 테스트**
>
> 클라우드는 장애가 일어날 것을 전제로 사용해야 합니다. 이렇게 전제해야 한다고 강력하게 주장한 곳은 넷플릭스로 FIT^Failure Injection Testing(결함 주입 테스트)라는 개념[3]을 주장합니다. FIT의 기본적인 개념은 일부러 장애를 일으켰을 때도 올바르게 시스템이 동작하도록 운용 구성한다는 것입니다. Chaos Monkey[4]는 의도적으로 시스템 장애를 일으키는 도구입니다. 이것을 사용하면, 예를 들어 AWS의 인스턴스를 랜덤하게 정지하도록 만들거나 폭주하게 하는 스크립트를 실행하고 CPU 부하를 발생시키는 장애 등을 의도적으로 일으킬 수 있습니다.
>
> 장애라는 것은 보통 예상하지 못한 원인 때문에 발생합니다. 따라서 어떻게 대응해야 할지 미리 예상하기도 힘듭니다. 그러한 장애를 평소에 체험하고 대응해 보면 실제로 장애가 일어났을 때도 경험을 기반으로 적절하게 대응할 수 있습니다. 아니면 아예 구성 자체를 처음부터 변경해서 장애가 크게 문제되지 않게 만들 수도 있습니다.

여러 대의 서버로 분할해서 확장성 확보하기

동일한 기능이 있는 서버를 여러 대 준비해서 서버 1대가 정지해도 서비스를 계속 제공할 수 있도록 하는 구성은 예전부터 있었습니다. 그리고 클라우드가 도입되면서 여러 대의 서버에 서로 다른 역할을 부여하는 형태의 구성이 많아졌습니다. 이는 서버 수준에서 장애가 발생할 것을 가정하기 때문입니다.

서버 1대에 다양한 역할을 할당하는 경우를 생각해 봅시다. 해당 서버가 정지하면 그 서버가 제공하는 수많은 기능을 제공할 수 없게 됩니다. 그러나 만약 여러 서버로 기능을 분할했다면 어떤 서버가 정지해도 그 서버가 제공하는 기능을 제외한 부분은 문제 없이 동작할 수 있습니다. 큰 서버를 하나만 만드는 것과 작은 서버를 여러 대 만드는 것은 서버 사용 요금에 큰 차이가 없습니다.

---

3 http://techblog.netflix.com/2014/10/fit-failure-injection-testing.html
4 https://github.com/Netflix/SimianArmy/wiki/Chaos-Monkey

따라서 클라우드로 인프라를 구축하는 경우, 서버 1대가 하나의 역할과 기능만 제공하도록 서버를 분할하는 방향으로 나아가고 있습니다.

여러 서버의 효율적인 관리

확장성을 확보하려면 여러 대의 서버에 역할을 분산해야 합니다. 따라서 엔지니어가 다뤄야 하는 서버 수가 많아집니다. 서버가 여러 대로 늘면 서버를 1대만 구축·운용하는 것과 비교했을 때 구축·운용에 들어가는 비용이 크게 오릅니다.

따라서 여러 대의 서버를 효율적으로 관리할 수 있는 방법이 필요해졌습니다.

더 체계적인 인프라 구성 관리

지금까지 설명한 흐름을 정리하면 클라우드의 등장을 계기로 다음과 같은 현상이 일어났다고 할 수 있습니다.

- 애플리케이션 개발자들이 인프라 부분을 다루게 되면서 인프라 구축을 위한 접근 방법과 도구들이 발전했음
- 확장성을 확보하려고 여러 대의 서버를 효율적으로 구축·운용하는 방법이 필요해졌음

그 결과 인프라 구성 관리라는 개념이 주목받게 되었습니다. 사람이 직접 수작업해서 재현 및 관리가 어려운 방법보다 더 체계적인 접근법이 필요해진 것입니다. 인프라 구성 관리를 체계적으로 하기 위해 **프로그래머블**Programmable**하게 인프라를 관리**한다는, 클라우드에 있던 원래의 특성이 중요해진 것입니다.

인프라 구성 관리에 애플리케이션 개발의 개념과 방법이 이식되었습니다. 인프라 코드화를 비롯해 코드 리뷰, 풀 리퀘스트를 기반으로 하는 워크플로, 자동 테스트, 지속적 통합 등의 도입이 대표적인 예입니다. 이들은 다음 절에서 자세히 소개하겠습니다.

6.1.3 현재: 빠른 시스템 개발과 운용

IT가 도입되기 시작한 시대의 시스템 개발은 전표 입력과 집계, 장표 작성처럼 기존에 사람이 직접 하던 일을 대체하는 비교적 쉬운 목표를 갖고 있었습니다. 하지만 현재 시스템 개발의 경우 어느 정도 목적은 있지만, 구체적으로 무엇을 만들지 분명하게 정해지지 않은 경우가 많습니다.

이런 상황에서는 애자일 개발처럼 시스템을 빠르게 배포하고 피드백을 받으면서 불확정적인 상황을 개선하는 것이 중요합니다. 자주, 신속하게 배포하려면 **Dev(애플리케이션 개발 측)**와 **Ops(인프라 구축 · 운용 측)**가 협조해서 비즈니스상의 가치를 빨리 전달해야 합니다. 이것을 **데브옵스**DevOps라고 합니다.

그림 6-3 데브옵스를 기반으로 둔 시스템 개발과 운용

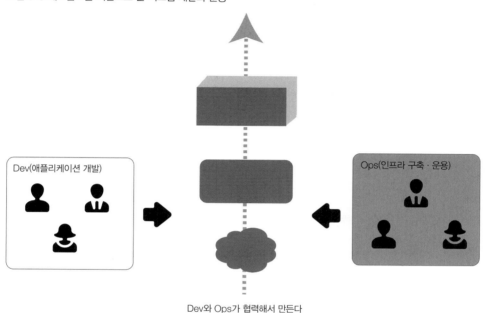

Dev와 Ops가 협력해서 만든다

빠른 배포가 불가능한 경우

상상하기 쉽게 몇 가지 예를 살펴봅시다. 사용자의 반응을 확인하고 싶어 작은 웹 서비스를 발표한다고 했을 때, 개발에 3일 정도가 걸리고 개발되었다고 해도 서버 준비에 2주일이 걸린다면 최종 배포 시기는 2주일 이후입니다.

또 다른 예를 생각해 봅시다. 애플리케이션 개발 측은 소스 코드를 수정해서 매일 배포하고 싶은 열망이 있습니다. 하지만 배포 작업이라고 간단히 말해도 실제로는 컴파일, 단위 테스트, 패키징, 배포deploy, 인수 검사, 문서 작업처럼 여러 개의 세부 업무를 해야 합니다. 이러한 배포 작업을 모두 수동으로 했을 때 3시간씩 걸린다면 매일 배포할 수 있을까요? 한두 번 하는 것이

라면 모를까, 매일 3시간씩 작업한다면 부하가 너무 많이 걸립니다. 결과적으로 이러한 상황에서는 배포 빈도가 3일에 한 번, 일주일에 한 번 정도가 될 것입니다.

따라서 지속해서 빨리 배포하려면 체계적인 구성 관리와 자동화가 반드시 필요합니다.

인프라 엔지니어가 데브옵스 시대를 살아가는 방법

현재 시스템 개발에서는 빠른 배포가 중요한 과제입니다. 클라우드 등장 이후 인프라 엔지니어에게는 발전한 도구들과 관례를 활용해서 유연하고 빠른 시스템 개발·운용에 대응할 수 있는 기술을 요구합니다. 따라서 다음 절부터는 이러한 도구와 관례를 소개하겠습니다.

또한 데브옵스를 실현하려면 기술 요소뿐만 아니라 조직 구조, 문화 등의 문제도 함께 개선해야 합니다. 조직 전체가 시스템 개발·운용에 재빨리 대응하려면, 개발·운용 팀을 포함해 많은 조직 개선이 필요하기 때문입니다. 그러나 이 책을 읽는 독자는 대부분 조직 개선과 무관해서 조직 개선 관련 이야기를 해도 의미 없는 경우가 많을 것입니다. 따라서 이 책에서는 데브옵스를 실현하기 위한 기술 요소를 주로 다루겠습니다.

일단 비즈니스 측 요구에 빠르게 대응할 수 있도록 데브옵스를 실현하는 기술을 익혀야 합니다. 그리고 이후에 조직 문제를 검토하고 개선할 수 있는 입장이 되면, 그러한 기술을 뒷받침할 수 있는 개선 방안을 내놓고 실천하는 것이 좋습니다.

6.2 코드로서의 인프라

앞에서 인프라 엔지니어를 둘러싼 환경과 배경 등의 개념을 살펴보았습니다. 이번에는 좀 더 나아가서 구체적인 도구와 관례를 소개하겠습니다. 일단 '코드로서의 인프라'를 살펴봅시다.

6.2.1 '코드로서의 인프라'란

'코드로서의 인프라Infrastructure as Code'라는 용어를 들어본 적 있나요? 이는 인프라를 코드로 다룬다는 개념입니다. 다음과 같은 장점이 생깁니다.

- 인프라 관련 작업을 자동화해서 업무를 효율화할 수 있습니다.

- 코드를 기반으로 인프라 관리를 할 수 있습니다.

일단 첫 번째 장점은 인프라 관련 작업을 자동화해서 업무를 효율화할 수 있다는 것입니다. 물론 효율화할 수 있다는 것 말고도 장점이 있습니다. '코드로서의 인프라' 덕분에 본질적으로 변하는 부분은 코드를 기반으로 인프라를 관리할 수 있다는 것입니다. [그림 6-4]를 살펴봅시다.

그림 6-4 코드로서의 인프라

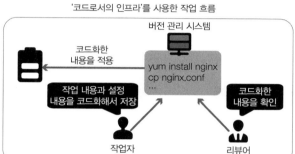

코드화되지 않은 기존 현장에서는 사람이 직접 눈으로 구성 결과를 확인하고 문서를 직접 공유하는 등으로 구성 관리를 실행했습니다. 배포 작업을 사람이 직접 하고, 제대로 결과가 나오는지 눈으로 확인하면서 작업 내용을 하나하나 수동으로 문서화했습니다. 쉽다고 생각할 수 있겠지만 사람이 하는 이상 작업에 실수가 발생할 수 있습니다. 예를 들면 문서 작성 시의 실수로 서버의 실제 상태와 문서가 일치하지 않는 상황도 발생할 수 있습니다.

만약 작업 내용을 코드화했다면 코드를 기반으로 쉽게 구성 관리를 실행할 수 있습니다. 코드화한 내용을 버전 관리 시스템으로 관리하면 내용 변경 확인과 복원도 쉽게 할 수 있습니다. 그리고 적절한 도구를 사용하면 코드화한 내용을 기계적으로 적용할 수 있습니다. 필요하다면 코드화한 내용을 자동 테스트하거나, 검증 환경에 적용하는 것도 쉽게 할 수 있습니다. 또한 서버의 현재 상태도 서버에 로그인하지 않은 채 코드만 보고 알 수 있게 됩니다.

이처럼 코드화를 기반으로 코드 리뷰, 코드 버전 관리, 자동 테스트 등의 효율적인 구성 관리 방법과 관례를 적용할 수 있습니다. 이러한 접근 방법은 애플리케이션 개발자가 하던 것들입니다. 애플리케이션 개발 현장에서는 예전부터 당연히 코드를 다루어 왔으므로 코드 관리를 포함한 구성 관리가 발달했습니다.

기존에는 애플리케이션 개발 현장에서만 활용했던 관례지만, 최근 몇 년 동안 적용 범위가 크게 확대되었습니다. 앞에서 언급했던 것처럼 애플리케이션 개발자가 인프라 부분을 다루기 시작했기 때문입니다. 애플리케이션 개발자가 인프라 부분을 다루면서 애플리케이션 개발에서 사용되던 관례를 인프라 부분에 적용한 것입니다.

6.2.2 '코드로서의 인프라'와 관련된 도구의 계층 분류

'코드로서의 인프라'를 실현하는 도구는 다양합니다. 개념을 쉽게 이해할 수 있도록 일단 3개의 계층으로 분류합니다. 여기서는 계층 각각의 성질과 어떤 도구가 속하는지 등의 순서로 알아보겠습니다.

이번 절의 내용은 Velocity 2010에서 리 톰슨^{Lee Thompson}이 발표한 프로비저닝 툴체인^{Provisioning Toolchain}[5]이라는 프리젠테이션 속 정의를 기반으로 분류했습니다.

그림 6-5 프로비저닝 툴체인

오케스트레이션(Orchestration) 계층 — 애플리케이션 서비스 배포 (Application Service Deployment)

구성(Configuration) 계층 — 시스템 구성 (System Configuration)

부트스트래핑(Bootstrapping) 계층 — 클라우드 혹은 가상 머신 이미지 실행 (Cloud or VM Image Launch) / OS 설치 (OS Install)

부트스트래핑 계층

가장 아래에 있는 부트스트래핑^{Bootstrapping} 계층은 OS 설치에 해당합니다. 가상 머신이나 클라우드에서는 OS 설치 대신 이미지 실행에 해당한다고 할 수 있습니다. 이 계층에 속한 도구로는 앞에서 언급한 Kickstart와 Cobbler가 있으며 클라우드의 경우 AWS 또는 오픈스택^{OpenStack}[6] 등이 있습니다.

---

5 http://conferences.oreilly.com/velocity-mar2010/public/schedule/detail/14180
6 오픈소스 클라우드 구축 소프트웨어(https://www.openstack.org/)

클라우드 대부분은 클라우드 자원을 웹 브라우저 화면 등에서 접근할 수 있는 관리 콘솔과, 명령으로 조작할 수 있는 API를 제공합니다.

다음은 명령으로 조작할 수 있는 API를 이용하는 AWS 명령줄 인터페이스[7]의 예입니다. EC2 인스턴스를 실행하는 명령입니다.

```
$ aws ec2 start-instances --instance-ids i-1348636c
{
    "StartingInstances": [ {
        "InstanceId": "i-1348636c",
        "CurrentState": {
            "Code": 0,
            "Name": "pending"
        },
        "PreviousState": {
            "Code": 80,
            "Name": "stopped"
        }
    }]
}
```

클라우드 자원을 다룰 경우 다음 같은 이유로 최대한 API를 사용해 조작하고 작업 로그를 남기는 것이 좋습니다.

- 웹 브라우저의 관리 콘솔은 이전 작업을 재현하기가 어려움
- 웹 브라우저의 관리 콘솔은 시간이 지날 경우 호환성이 사라질 가능성이 높음

두 번째 이유는 물론 API에도 일어날 수 있는 일입니다. 하지만 API가 변경될 가능성은 웹 브라우저의 관리 콘솔 UI가 변경될 확률보다 적습니다. API 사용자는 해당 API를 자동화 프로세스에 사용할 것입니다. 그런데 API 제공 측이 API의 호환성을 무너뜨리도록 변경하면 자동화 프로세스 전체에 문제가 발생할 수 있습니다. 그래서 API 제공 측도 이러한 점을 고려해 호환성에 문제가 되는 변경을 자제합니다.

---

7 https://aws.amazon.com/ko/cli/

NOTE_ JSON을 쉽게 다루게 해 주는 도구

클라우드 API 대부분은 JSON을 기반으로 처리합니다. 따라서 API를 잘 다루려면 JSON 데이터를 효율적으로 다루어야 합니다.

JSON 데이터를 명령줄에서 다룰 때 jq[8]를 사용하면 편리합니다. sed, awk처럼 필터 적용이나 수정이 쉬워집니다. 이 기능을 사용하지 않더라도 데이터를 명령줄에 예쁘게 출력해 주는 것만으로 충분히 편리한 프로그램입니다.

웹 브라우저에서 JSON 데이터를 확인할 때는 크롬 확장 프로그램인 JSONView[9] 등을 검토해 보기 바랍니다.

구성 계층

구성Configuration 계층은 주로 OS 실행 후의 미들웨어 설치와 설정에 해당합니다. 이 계층을 지원하는 도구로는 Puppet[10], Chef[11], Ansible[12], Itamae[13] 등이 있습니다. 서버 관리 구성 도구로 들어 본 것이 있다면 대부분 구성 계층에서 사용하는 도구입니다.

구성 계층의 관리 도구는 다음과 같은 공통 특징이 있습니다.

- 선언적 성질: 최종적으로 어떤 상태가 되어야 하는지가 중요하며, 어떻게 하는지는 중요하지 않다.
- 추상적 성질: 내부적으로 어떻게 실행되는지 몰라도, 알아서 상세히 처리해 준다.
- 멱등적 성질: 몇 번을 실행해도 같은 결과가 나온다.
- 수렴적 성질: 놔두면 알아서 처리한다.

이러한 특징을 [그림 6-6] 기반으로 설명하겠습니다. 도구 사용자는 동작(**어떻게 할 것인가?**)을 작성하는 것이 아니라 최종 상태(**무엇을 할 것인가?**)를 작성합니다.

nginx 설치를 예로 들면 'nginx를 설치해'가 아니라, 'nginx가 설치되어 있다'라고 선언적으로 작성하는 것입니다. 이렇게 하면 상세 동작은 도구가 알아서 해 줍니다. 멱등적 성질 때문에 도구를 몇 번이나 실행해도 최종 목적 상태로 수렴합니다.

---

8 https://stedolan.github.io/jq/
9 https://chrome.google.com/webstore/detail/jsonview/chklaanhfefbnpoihckbnefhakgolnmc
10 https://puppetlabs.com/
11 https://www.chef.io/
12 http://www.ansible.com/
13 http://itamae.kitchen/

그림 6-6 구성 관리 도구의 특징

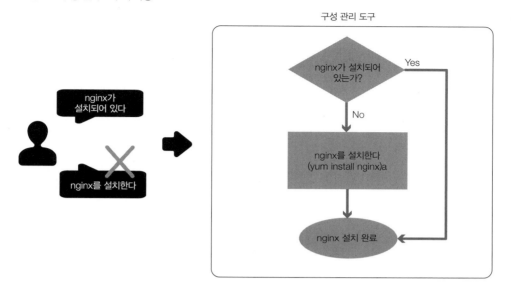

이러한 성질 덕분에 구성 관리 도구를 아주 쉽게 설정할 수 있습니다. 멱등적 성질과 수렴적 성질 때문에 현재 상태를 따로 신경 쓰지 않아도 됩니다. 이는 다른 엔지니어(또는 과거의 자신)에게 작업 내용을 넘겨줄 때 큰 효과를 발휘합니다. 서버의 현재 상태를 따로 파악하지 않아도 구성 관리 도구가 같은 상태로 서버를 구성해 주기 때문입니다.

구성 관리 도구가 지원하는 기능은 앞에서 설명한 특징을 모두 갖췄습니다. 그런데 도구가 제공하지 않는 기능을 직접 사용자화하는 경우에는 주의해야 합니다. 예를 들어 구성 관리 도구 중에는 특정 상황을 처리하는 복잡한 셸 명령이나 범용 프로그래밍 언어를 사용하는 경우도 있습니다. 사용자화할 때는 이러한 셸 명령이나 범용 프로그래밍 언어를 활용해서 멱등적 성질과 수렴적 성질을 담보하게 하고, 그렇지 않을 경우에는 두 가지 성질을 담보하지 않는다는 것을 기억해야 합니다.

이러한 사용자화 구성 같은 부분을 신경 쓰지 않으면 이후 도구를 실행했을 때 여러 번 같은 처리를 반복 실행해 서버에 이상을 일으키는 등 예상치 못한 사태를 초래할 수 있습니다.

이와 같은 주의 사항을 포함해서 구성 관리 법칙을 완전히 따르도록 무언가를 설계하면 비용이 많이 들어갑니다. 그래서 **불변 인프라**Immutable Infrastructure라는 개념이 생겨났습니다. 이와 관련된 내용은 이후에 설명하겠습니다.

[표 6-1]은 구성 관리 도구를 비교한 것입니다.

표 6-1 구성 관리 도구

도구	첫 번째 배포일	정의 구문	학습 비용	유연성	특성
Puppet	2005년	독자 언어	높음	높음	오래된 만큼 관련 자료가 많음
Chef	2009년	Ruby	높음	높음	유연하며 적용 범위가 넓음
Ansible	2012년	YAML	중간	중간	YAML 기반이라 간단함
Itamae	2014년	Ruby	낮음	중간	Ruby 기반이면서 Chef보다 간단함

Puppet은 위에서 언급한 것들 중 가장 오래된 구성 관리 도구입니다. 설정 내용은 독자적인 언어를 사용합니다. 유연성이 높지만 잘 다루려면 독자적인 언어를 따로 학습해야 합니다.

Chef는 구성 관리 도구가 발전하던 시기에 등장했습니다. DSL 설정을 루비Ruby 기반으로 작성할 수 있으므로 루비가 익숙한 엔지니어에게는 굉장히 쉬운 도구입니다. 다양한 기능이 있지만 따로 학습해야 하는 개념들이 많다는 단점도 있습니다.[14]

Ansible은 파이썬 기반의 구성 관리 도구입니다. 설정 내용을 YAML로 나타내므로 설정을 간단히 작성할 수 있습니다. 다만 YAML로 작성하기 힘든 반복, 조건 분기 등의 제어는 작성하기가 좀 복잡합니다.

Itamae는 Chef의 영향을 받은 구성 관리 도구입니다. Chef에서 어쩔 수 없이 복잡해지는 설정을 최대한 간단하게 정의할 수 있도록 구문이 추가되어 있습니다.

오케스트레이션 계층

부트스트래핑, 구성 계층에서는 서버 자체의 처리 및 설정을 담당합니다. 오케스트레이션 Orchestration 계층에서는 여러 개의 서버에 관한 전체적인 시스템 구성 관리를 담당합니다. 예를 들면 다음 같은 처리입니다.

- 애플리케이션 배포하기
- 클러스터 구성 추가 및 제거하기
- 로드밸런서 아래에 서버 추가 및 제거하기

---

14 Chef에서는 Recipe, Cookbook, Knife와 같은 요리 용어가 사용됩니다. 그래서 구글 등으로 검색했을 때 프로그래밍과 관계 없는 것이 나오는 경우가 많습니다. 이때는 'chef ruby' 등의 키워드를 추가해서 함께 검색하기 바랍니다.

- 감시 도구의 감시 대상 추가 및 제거하기

오케스트레이션 계층의 도구는 크게 두 가지로 나눌 수 있습니다. 서버 목록을 직접 지정해 줘야 하는 도구와 자동으로 서버를 알아내 서버 목록을 따로 지정해 주지 않아도 되는 도구입니다.

그림 6-7 오케스트레이션 계층의 도구(왼쪽: 서버 목록 필요. 오른쪽: 서버 목록 불필요)

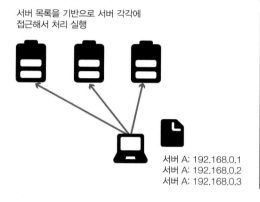

서버 목록을 기반으로 서버 각각에
접근해서 처리 실행

서버 A: 192.168.0.1
서버 A: 192.168.0.2
서버 A: 192.168.0.3

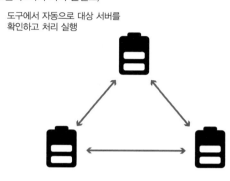

도구에서 자동으로 대상 서버를
확인하고 처리 실행

서버 목록을 필요로 하는 타입의 도구는 루비로 만든 Capistrano[15]와 파이썬으로 만들어진 Fabric[16]입니다. 이들을 **배치 도구**라고 합니다. 서버 목록을 기반으로 여러 서버에 SSH 접속해서 미리 정의한 처리를 실행할 수 있습니다.[17] 세부 기능에는 차이가 있지만 할 수 있는 작업에는 큰 차이가 없으므로 익숙한 프로그래밍 언어로 만들어진 도구를 선택하면 좋습니다.

이어서 Fabric으로 만들어진 배포 코드를 간단히 살펴봅시다. 다음처럼 셸 명령어를 거의 그대로 활용할 수 있으므로 도구를 잘 모르는 사람도 쉽게 읽을 것입니다.

```
def deploy():
    code_dir = '/srv/django/myproject'
    with cd(code_dir):
        run("git pull")
        run("touch app.wsgi")
```

15 http://capistranorb.com/
16 http://www.fabfile.org/
17 도구에 따라서 데이터베이스를 기반으로 서버 목록을 설정하게 할 수도 있습니다.

서버 목록이 필요하지 않은 타입의 도구로는 Serf[18]와 Consul[19] 등이 있습니다. Serf나 Consul에는 gossip 프로토콜을 기반으로 두는 자동 클러스터 구성 기능이 있습니다.

클러스터에 서버를 추가·제거하거나 서버에 장애가 발생하면 이벤트가 발생합니다. 이때 어떠한 처리를 실행하도록 이벤트 핸들러를 지정합니다. Serf는 클러스터 구성과 관련된 기본 기능만 제공합니다. Consul은 Serf의 기능을 포함하며, 그 밖에 추상도가 높은 서비스 상태 감시, HTTP/DNS 인터페이스, Key-Value 저장소 기능 등을 제공합니다.

Serf와 Consul 등이 등장한 배경은 서버가 동적으로 증감하는 경우가 많아졌다는 데 있습니다. 부하 상황에 따라 서버를 자동으로 증가·감소시키는 클라우드의 오토스케일 기능 때문이라고도 할 수 있습니다.

서버가 자주 증가·감소하지 않는다면 서버 목록을 명시적으로 지정해서 사용하는 도구로도 충분합니다. 서버 목록을 명시적으로 지정하면 서버를 쉽게 구분할 수 있다는 장점도 있습니다. 하지만 서버의 증가·감소가 많은 환경에서는 서버 목록을 따로 관리하는 데 많은 비용이 들어갑니다. 따라서 Serf나 Consul 등의 도구를 활용하면 서버 목록 유지와 관련된 시간과 노력을 크게 줄일 수 있습니다.

사실 지금까지 언급한 도구는 하나의 계층에 딱 매핑되지 않으며 대부분 여러 계층에 걸쳐 있습니다. 예를 들어 Vagrant는 VirtualBox처럼 가상 환경 설정을 코드로 정의하는 CLI를 제공합니다. 이는 부트스트래핑과 구성 계층 모두에 속합니다.

도구 선정 기준

지금까지 굉장히 많은 도구를 소개했습니다. 물론 언급하지 않은 도구들도 있습니다. 그렇다면 이 도구들 중에서 자신에게 적절한 도구를 어떻게 선택할 수 있을까요?

다양한 선택 기준이 있습니다. 자신이 소속된 조직에 익숙한 기술이 사용되었는지도 하나의 기준입니다. 이 분야는 매우 빠른 속도로 발전하고 있습니다. 반대로 말하면 아직 완벽하지 않을 수도 있고, 의도하지 않은 동작이나 오류를 만날 수도 있다는 뜻입니다. 따라서 직접 도구의 소스 코드를 확인하고 코드를 수정할 수 있어야 합니다.

---

18 https://serfdom.io/

19 https://www.consul.io/

조직에 이미 작업 플로가 정의되었을 경우 해당 작업 플로 안에서 이 도구를 사용할 수 있는지도 하나의 선정 기준입니다. 이미 사용하는 플로 또는 환경을 새로 구축하려면 비용이 많이 들어가므로, 가능한 범위부터 서서히 도입하는 것이 좋습니다. 따라서 도구를 도입할 때 기존 환경에 여러 라이브러리를 추가해야 한다면 좀 더 신중하게 판단하는 것이 좋습니다.

6.2.3 '코드로서의 인프라'로 마이그레이션하는 흐름

지금까지는 따로 이야기하지 않았지만 셸 스크립트도 설정을 코드화하는 방법 중 하나입니다. 일부 현장에서는 셸 스크립트로 자동화하는 경우도 있을 것입니다. 하지만 셸 스크립트의 가독성과 유지 보수성을 고려했을 때 앞에서 소개한 도구를 사용할 수 있는 상황이라면 사용하는 것이 좋습니다.

셸 스크립트 또는 코드화되어 있지 않은 인프라는 [그림 6-8]처럼 '코드로서의 인프라'로 마이그레이션하는 것이 효율적입니다.

그림 6-8 '코드로서의 인프라'로 마이그레이션하는 흐름

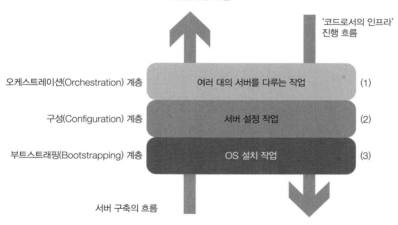

1 셸 스크립트 또는 코드화되지 않은 내용을 오케스트레이션 계층 도구로 마이그레이션

2 구성 계층 도구로 마이그레이션

3 부트스트래핑 계층 도구로 마이그레이션

보통 애플리케이션 배포 또는 클러스터 구성의 추가 및 제거와 관련된 오케스트레이션 계층의 마이그레이션이 가장 쉽게 바꿀 수 있는 처리입니다. 이어서 미들웨어 설치 또는 설정 변경과 관련된 구성 계층의 마이그레이션이 중간 정도 난이도 처리고, 서버 자체의 증가 및 감소와 관련된 부트스트래핑 계층의 마이그레이션은 어려운 처리입니다. 쉽게 바꿀 수 있는 계층부터 개선하는 것이 비용 대비 효과가 좋습니다.

Capistrano나 Fabric과 같은 도구는 구성 계층의 도구와 비교했을 때 학습 비용이 낮아 도입하기 쉽다는 장점이 있습니다. Capistrano나 Fabric은 셸 명령어, 셸 스크립트를 사용하므로 비교적 인프라 엔지니어가 이해하기 쉬운 영역입니다. 반면에 구성 계층의 도구는 오케스트레이션 계층보다 개념을 포함해 기억해야 하는 것이 많으므로, 초기 학습 비용이 조금 높습니다. 이러한 이유로 오케스트레이션 계층의 처리부터 코드화하는 것이 좋습니다.

그렇다면 셸 스크립트와 코드화되지 않은 내용 중 어떤 것을 먼저 마이그레이션하는 것이 좋을까요? 일단 셸 스크립트가 마이그레이션하기 쉽습니다. 코드화되지 않은 내용은 일단 코드를 작성하는 작업을 해야 하므로 조금 어렵습니다. 하지만 셸 스크립트는 이미 코드가 작성되어 있으므로 이를 대체하면 그만입니다.

또한 셸 스크립트로 만들어진 부분은 이미 많이 사용되는 워크플로일 것입니다. 실행 빈도가 높은 부분부터 개선해야 효과를 빠르게 볼 수 있습니다. 따라서 셸 스크립트부터 마이그레이션하는 것이 좋습니다.

6.2.4 '코드로서의 인프라'로 마이그레이션하는 사례

도구를 도입할 때는 계층들의 특징과 성질 등을 이해하는 것이 좋습니다. 그래야 마이그레이션 처리에 어떤 도구를 사용하면 좋을지 적절하게 판단할 수 있습니다.

그렇다면 필자의 경험을 사례로 들어 보겠습니다. 오케스트레이션과 부트스트래핑 계층에서 실행되는 미들웨어 관련 설정을 구성 계층으로 마이그레이션했을 때입니다.

그림 6-9 '코드로서의 인프라'로 마이그레이션하는 사례

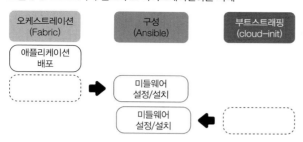

[그림 6-9]는 업무를 목적으로 '코드로서의 인프라'를 진행했습니다. 초기에는 미들웨어 설치와 설정에 Fabric과 부트스트래핑 계층의 cloud-init[20]을 사용했습니다. Fabric과 cloud-init은 셸 명령어를 사용하므로 학습 비용이 낮았습니다. 당시에는 Ansible이 없었으며, Puppet과 Chef는 도입 학습 비용이 높을 것이라고 판단했습니다.

하지만 코드화한 설정의 유지 보수 작업에 시간이 걸리기 시작했습니다. Fabric은 멱등적 성질을 지원하지 않으므로 자칫 잘못 실행하면 서버의 상태에 따라 예상하지 못한 결과가 나왔습니다.

멱등적 성질을 보장하는 Fabric 추가 라이브러리 Cuisine[21]도 사용해 보았는데 원래 오케스트레이션 계층에서 사용하는 것을 전제로 하는 도구라서 다루기가 조금 힘들었습니다. 그리고 cloud-init은 서버가 동작할 때 실행되므로 실행 후 미들웨어 설정 변경을 추적할 수 없다는 문제가 있었습니다.

이때 Ansible이 출시되었습니다. 그래서 미들웨어 관련 설정을 모두 Ansible로 마이그레이션했습니다. 초기에는 학습 비용이 높아 마이그레이션을 제대로 진행하지 못했지만, 궤도에 오르고 나서는 분산되어 있던 미들웨어 설정을 Ansible에 집약할 수 있었습니다. 결과적으로 이전보다 코드화의 유지 보수 비용을 상당히 줄일 수 있었습니다.

---

20 http://docs.aws.amazon.com/ko_kr/AWSEC2/latest/UserGuide/user-data.html
21 https://github.com/sebastien/cuisine

6.3 시스템 개발과 관련된 세 가지 관례

『실용주의 프로그래머』(인사이트, 2014)[22]라는 유명한 책이 있습니다. 이 책은 다음 주제를 소개합니다.

- 버전 관리
- 테스팅(단위 테스트)
- 프로젝트 자동화

이 책은 애플리케이션 개발 사례와 개념을 보여주지만 인프라 구축 · 운용에도 충분히 활용할 수 있습니다. '코드로서의 인프라'를 전제로 하면 이 세 가지 관례를 적용할 수 있습니다. 테스트 또는 프로젝트 자동화를 효율적으로 하려면 코드화가 필수고, 그러한 테스트와 프로젝트 자동화는 버전 관리를 기반으로 합니다.

그림 6-10 소프트웨어 개발과 관련된 세 기둥

앞에서 언급한 책은 사실 나온 지가 오래 되어, 버전 관리 도구 장에서 CVS가 예로 사용되는 등 언급되는 기술 요소가 오래되긴 했습니다. 하지만 책에 있는 개념은 지금도 충분히 사용되는 것이므로, 관심 있다면 살펴보기 바랍니다.

이번 장에서는 3개의 사례를 인프라 계층에 적용해서 설명하겠습니다.

6.3.1 버전 관리

3개의 관례 중 가장 먼저 다룰 것은 **버전 관리**입니다. 버전 관리가 이루어지지 않으면, 지속적인 테스팅과 프로젝트 자동화에서 트라이 앤드 에러Try and Error가 제대로 이루어지지 않습니다. 원래 상태를 알기 힘들 정도로 수정한 상태라면 문제가 발생할 경우, 원래대로 되돌리고 싶을 것입니다. 그런데 버전 관리를 하지 않으면 복원하기 어렵습니다.

---

22 역자주_ 원서는 『The Pragmatic Programmer: From Journeyman to Master』(Addison–Wesley, 1999)입니다.

버전 관리의 목적

버전 관리 시스템을 사용하는 목적은 다음과 같습니다.

- 원하는 시점의 상태로 되돌리기
- 변경 이력과 이유 추적하기

원하는 시점의 상태로 되돌릴 수 있을 때의 효과는 따로 말할 필요도 없을 것 같습니다. 변경 이력과 이유를 추적하는 것은 버전 관리 시스템의 큰 장점입니다.

다른 사람의 작업은 물론이고 자신의 작업도 몇 달 지나면 왜 수정했는지 이유를 잊어버리게 됩니다. 이때 버전 관리 시스템으로 이유까지 관리하면, 이후에 작업 이유를 확인해서 무언가를 하는 데 도움이 됩니다. 또한 버전 관리 시스템을 이슈 추적 시스템Issue Tracking System과 연계해서 사용하면 더 효율적으로 이유를 추적할 수 있습니다.

버전 관리 시스템에는 브랜치 · 머지 기능을 활용해 버전을 병렬로 관리할 수 있는 기능 외에도 다양한 기능이 있습니다. 다만 인프라 계층의 경우, 애플리케이션 개발 정도로 복잡한 버전 관리까지는 필요 없습니다. 인프라 코드의 변경 이력과 이유만 관리하면 됩니다.

버전 관리 대상

버전 관리가 중요하다는 것은 이해했을 것입니다. 그렇다면 버전 관리의 대상은 무엇일까요? 기본적으로는 서버 설정 파일, 인프라를 나타내는 코드, 자동화를 위한 스크립트가 관리 대상입니다.

파일을 수동으로 복사해서 백업하며 버전을 관리하는 곳도 있습니다. 하지만 버전 관리 시스템을 활용하면 원하는 시점의 상태로 되돌릴 수 있으며, 변경 이력과 이유까지 추적할 수 있습니다. 따라서 훨씬 효율적으로 관리할 수 있습니다.

그림 6-11 버전 관리 대상

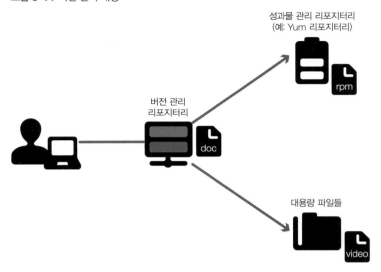

성과물 관리 리포지터리
(예: Yum 리포지터리)

rpm

버전 관리
리포지터리

doc

대용량 파일들

video

코드를 기반으로 생성할 수 있는 성과물은 버전 관리 대상으로 지정하지 않아도 됩니다. 매번 처음부터 생성하는 데 시간이 오래 걸린다면 성과물을 관리하는 리포지터리를 따로 만들어서 사용하는 것이 좋습니다. 예를 들어 RPM 파일을 생성하는 spec 파일만 버전 관리 대상으로 두고 spec 파일로 생성되는 RPM 파일은 Yum 리포지터리에 등록해 두는 경우도 있습니다.

버전 관리 시스템에 따라서 차이는 있지만, 보통 바이너리 파일은 버전 관리 대상으로 적합하지 않습니다. 바이너리 파일의 버전 차이는 텍스트 형식으로 출력해도 큰 의미가 없으며 리포지터리의 용량만 압박할 뿐입니다. 바이너리 파일의 크기가 크지 않고 코드와 밀접한 관련이 있다면 구성 관리를 간단하게 할 수 있도록 버전 관리 시스템으로 관리하는 것도 좋습니다. 하지만 동영상처럼 대용량인 바이너리 파일은 따로 관리하는 것이 좋습니다. 예를 들어 NFS, Amazon S3 등의 파일 시스템을 이용해 관리하고, 필요할 때 버전 관리 시스템상의 파일에서 참조하는 형태로 사용하면 됩니다.

버전 관리 시스템

버전 관리 시스템은 다음 두 가지로 구분할 수 있습니다.

- 집중형 버전 관리 방식
- 분산형 버전 관리 방식

그림 6-12 버전 관리 시스템의 종류

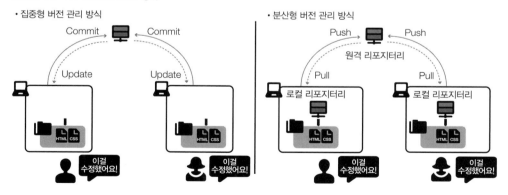

---

23 https://docs.chef.io/data_bags.html#encrypt-a-data-bag-item
24 http://docs.ansible.com/ansible/playbooks_vault.html
25 Ansible Vault와 이름이 비슷하지만 전혀 다른 것입니다. https://www.vaultproject.io/

전자의 대표적인 도구는 **Subversion**입니다. 중앙에 있는 하나의 리포지터리에 데이터가 저장되어 있으며, 엔지니어는 모두 이러한 중앙 리포지터리에 조작을 실행합니다.

후자의 대표적인 도구로는 **Git**이 있습니다. 각 엔지니어에게 로컬 환경에 각각 분산된 완전한 리포지터리가 있으며 이러한 로컬 환경의 리포지터리를 조작합니다. 엔지니어끼리 공유하는 경우에는 원격 서버의 리포지터리(원격 리포지터리)를 사용합니다. GitHub를 포함해서 여러 호스팅 서비스가 원격 리포지터리를 제공합니다.

따로 제약이 있는 경우가 아니라면 분산형 버전 관리 방식을 추천합니다. 집중형 버전 관리 방식보다 브랜치 생성 또는 머지 처리가 가볍고 빠르게 설계되어 있습니다. 따라서 브랜치를 사용해 작업 내용을 쉽게 리뷰할 수 있습니다. 그리고 분산형 버전 관리 방식은 풀 리퀘스트를 지원하는 경우가 많으므로, 이후에 언급하는 풀 리퀘스트를 사용한 워크플로를 채택하기 쉽다는 장점도 있습니다.

버전 관리 시스템과 다른 시스템 연동하기

버전 관리 시스템은 그 자체로도 편리하게 사용할 수 있는 시스템이지만 다른 시스템과 연동하면 전체적으로 더 효과적인 시스템을 구축할 수 있습니다. 다른 시스템과 연동할 때는 **훅**Hook이라는 기능을 사용합니다.

그림 6-13 버전 관리 시스템의 훅 기능

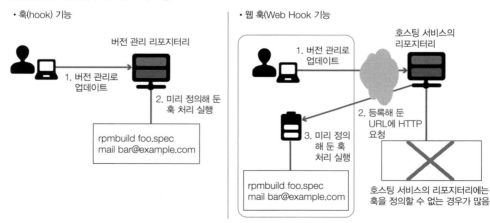

버전 관리 시스템에는 변경을 저장한 시점 등에 특정 처리를 실행하게 만드는 훅이라는 기능이 있습니다. 호스팅 서비스에서는 버전 관리 시스템 표준 훅 기능을 사용할 수 없는 경우가 많지만, 대신 **웹 훅**이라는 기능을 제공하므로 이를 사용하면 됩니다. 웹 훅은 미리 등록한 URL에 저장 시점의 정보가 포함된 HTTP 요청을 전송하는 기능입니다.

훅 기능을 활용하면 버전 관리 시스템에 저장하는 시점에서 테스트나 배포 등을 실행할 수 있습니다. 또한 이전에 언급했던 예처럼 spec 파일을 기반으로 RPM을 생성하는 처리 등도 자동으로 할 수 있게 됩니다.

6.3.2 테스팅

인프라 부분이 적정하게 코드화되어 버전 관리를 할 수 있게 되면 그 코드가 제대로 동작하는지 확신할 수 있게 테스트 도입을 검토하는 것이 좋습니다. 이번 절에서는 테스팅의 개요와 테스팅을 위한 도구들을 소개하겠습니다.

테스트 목적

테스트는 의도한 대로 동작하는지 확인하는 것입니다. 수동이든 자동이든 아예 테스트를 안 하는 경우는 없습니다(테스트를 하지 않으면 제대로 동작하는지 판단할 수 없으니까요).

또한 항상 의도한 대로 동작하는지 확인하는 것도 중요합니다. 여기서 **항상**이란, 구현 당시 제대로 동작하고 이후에 어떤 부분을 수정했을 때도 제대로 동작한다는 의미입니다. 이를 **회귀 테스트** 또는 **리그레션 테스트**Regression Test라고 합니다.

따로 수정하지 않았는데 외부 환경의 변화에 영향을 받아 의도한 대로 동작하지 않는 경우도 있습니다. 예를 들어 Yum 리포지터리에서 관리되는 모듈의 버전이 높아져 기존 시스템이 동작하지 않는 경우도 있습니다.

테스트 분류

테스트는 여러 가지 관점에서 분류할 수 있습니다. 가장 기본적으로는 누가(사람 또는 머신) 하는가에 따라 구분할 수 있습니다.

- 수동 테스트
- 자동 테스트

수동 테스트는 사람이 눈으로 확인하면서 수동으로 실행 및 확인하는 테스트입니다. 수동 테스트는 테스트하는 사람의 경험을 기반으로 예상치 못했던 관점에서 문제를 깨닫는 경우가 있습니다. 하지만 단순한 테스트를 여러 번 하다 보면 피로해져서 실수가 발생하는 경우도 있습니다.

반면에 **자동 테스트**는 기계가 실행하는 테스트입니다. 테스트만 준비하면 시간과 상관없이 계속해서 실행할 수 있습니다. 단, 기계에게 시킬 테스트 내용을 작성해야 하고 테스트를 실행하는 시스템 등을 구축해야 합니다.

수정이 많은 경우에는 초기 비용이 들더라도 자동 테스트를 할 수 있도록 체계를 구축하는 것이 좋습니다. 반대로 한 번 구축한 이후 별로 변경하지 않을 경우에는 자동 테스트 체계를 구축하는 데 더 많은 비용이 들어갈 수 있습니다. 최근에는 시스템 개발 시 계속 구성을 수정하면서 조정하는 경우가 많습니다. 따라서 자동 테스트가 중요한 역할을 합니다.

이외에도 [그림 6-14]처럼 어느 정도 규모로 테스트하는가에 따라서 테스트를 분류하기도 합니다.

- 단위 테스트(유닛 테스트, Unit Test)
- 통합 테스트(Integration Test)
- 인수 테스트(Acceptance Test)

그림 6-14 테스트 분류

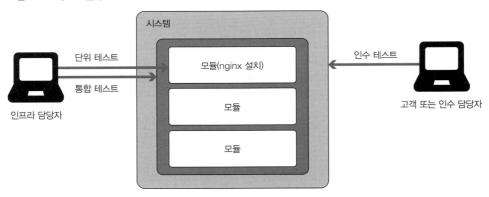

단위 테스트는 작은 단위(유닛)를 대상으로 하는 테스트입니다. 작은 단위가 무엇인지는 명확하게 정해져 있지 않지만 앞에서 언급한 구성 관리 도구를 기준으로 말하면 하나의 모듈('nginx 설치' 등) 정도에 해당합니다.

통합 테스트와 **인수 테스트**는 더 큰 범위에서 코드가 예상했던 대로 서버를 설정하는지 테스트하는 것입니다. 통합 테스트는 서버 내부의 상태를 테스트하는 **화이트박스 테스트**지만, 인수 테스트는 서버 외부에서 동작을 테스트하는 **블랙박스 테스트**입니다. 인수 테스트는 준비·실행하는 사람이 내부 구현을 신경 쓰지 않습니다. 외부에서 보이는 동작에만 주목하면 됩니다.

애플리케이션 계층과 비교했을 때 인프라 계층의 테스트에서는 단위 테스트보다 통합 테스트가 중요합니다. 단위 테스트로 확인할 수 있는 것들은 서버 구성 관리 도구의 '선언적 성질'과 '수렴적 성질' 때문에 거의 테스트하지 않아도 되기 때문입니다.

또한 인프라 계층에서는 네트워크를 비롯해 수많은 외부 환경을 고려해야 합니다. 따라서 기능 테스트 수준이 아닌 통합 테스트 수준에서 확인하는 것이 좋습니다.

Serverspec

인프라 테스트 도구로는 Serverspec[26]을 예로 들 수 있습니다. Serverspec은 루비 테스트 프레임워크인 RSpec 형식으로 인프라 계층을 테스트할 수 있으며, 주로 통합 테스트를 지원합니다. 특정 구성 관리 도구에 의존하지 않으므로 어떤 도구를 사용해도(또는 어떤 도구도 사용하지 않고 직접 인프라를 구축했다고 해도) 테스트를 작성할 수 있다는 장점이 있습니다.

다음은 Serverspec을 사용한 테스트 코드입니다. 이는 httpd가 설치되었는지와 실행되는지 테스트하는 코드입니다.

```
describe package('httpd')
  it { should be_installed }
end
describe service('httpd')
  it { should be_enabled }
  it { should be_running }
end
describe port(80) do
  it { should be_listening }
end
```

26 http://serverspec.org

이와 같은 수준의 테스트는 서버 구성 관리 도구 대부분이 표준 기능으로 제공합니다. 단, 표준 기능으로 제공하는 것들은 구성 관리 도구 자신을 테스트하는 범위로 한정하는 경우가 많습니다. Serverspec으로 테스트해야 하는 대상은 단위 테스트 수준보다 통합 테스트 수준, 조건 분기 등을 포함해 복잡한 구성이 필요한 경우에 사용하면 좋습니다.

Serverspec의 원래 목적은 '인프라의 상태를 테스트'하는 것이 아니라 '인프라의 상태를 기술한 코드를 테스트'하는 것입니다. 코드 리팩터링을 지원하며 코드의 불안정한 부분을 테스트하는 기능도 지원합니다. 따라서 코드화를 가속시키는 성격의 도구입니다. 단, 지금까지 인프라를 코드로 다루지 않아 익숙하지 않은 조직에서는 그렇게 활용하는 것이 부담스러울 수 있습니다. 이때는 일단 인프라의 현재 상태를 테스트하는 도구로 사용하는 것이 좋습니다.

'현재 인프라의 상태가 이렇게 되어 있어야 한다'라는 요건을 Serverspec 테스트로 작성하다 보면, Serverspec의 사용 방법에 익숙해질 것입니다. 루비로 테스트를 작성할 수 있으므로, 익숙해지면 유연하고 읽기 쉬운 테스트 코드를 쉽고 빠르게 작성할 수 있습니다. 그리고 새로 추가하는 인프라 계층의 코드는 테스트 코드도 함께 준비하기 바랍니다.

그렇게 차근차근 Serverspec 테스트 코드를 만들다 보면 이후에 인프라를 나타내는 코드를 리팩터링할 때 리팩터링이 제대로 되었는지 쉽게 테스트할 수 있습니다.

6.3.3 프로젝트 자동화

버전 관리가 이뤄지고 테스트 환경이 갖춰지면, 이들을 자동으로 실행하고 싶은 흐름으로 자연스럽게 이어집니다. 이번 절에서는 프로젝트 자동화를 설명하겠습니다

자동화의 목적

자동화를 하면 얻을 수 있는 장점으로 다음과 같은 것들이 있습니다.

- 작업 간소화
- 작업 균일화
- 작업 체계화

작업 간소화는 가장 알기 쉬운 장점입니다. 사람이 직접 작업할 때는 사람이 작업하는 만큼 시간이 소모되지만, 자동화하면 그 시간 동안 다른 작업을 할 수 있습니다. 병렬로 실행할 수 있는 자동화 코드라면 머신의 수를 늘리는 것만으로도 추가 작업 시간 단축을 기대할 수 있습니다.

작업 균일화라는 장점도 빼놓을 수 없습니다. 사람이 직접 작업하면 실수가 나올 수 있으며, 피로가 쌓이면 작업을 제대로 못할 수도 있습니다. 하지만 자동화된 작업이라면 그런 걱정을 하지 않아도 됩니다.

작업 체계화도 자동화했을 때 발생하는 장점입니다. 머신은 지시한 대로밖에 동작하지 않습니다. 따라서 자동화하려면 작업 내용을 체계화해야 합니다. 이럴 때 작업 내용을 스크립트 등으로 체계화하면 스크립트는 그 자체로 사람들이 공유할 수 있는 문서가 됩니다. 물론 체계화·자동화된 스크립트가 있더라도 모든 사람이 작업을 한 눈에 보고 알 수 있는 것은 아니므로, 사람이 읽을 것을 가정해 추가 문서를 만들어야 합니다. 하지만 어쨌든 문서의 양을 크게 줄일 수 있습니다.

자동화 대상

그럼 무엇을 자동화해야 좋을까요? 물론 사람이 직접 하는 모든 일은 자동화의 대상입니다. 하지만 한 번만 하는 작업은 자동화해도 이득이 거의 없을 것입니다. 물론 자동화해서 코드로 체계화하면 '코드로서의 인프라'에서 설명한 것처럼 인프라 구성 관리를 발전시키는 발판이 될 수 있습니다. 하지만 자동화의 우선순위는 여러 번 사용할 수 있는, 복잡해서 사람이 직접 하다 보면 실수할 수 있는 작업입니다. 이러한 것부터 자동화하기 바랍니다.

이전에 언급한 Serverspec 등의 테스트 코드가 미리 준비되어 있다면, 테스트 코드를 자동화하는 것이 가장 쉽게 검토할 수 있는 대상입니다. 테스트 코드가 없어도 코딩한 내용을 실행해 주는 것만으로도 충분한 장점이 될 수 있습니다. 코드화한 것이 제대로 실행된다면 그것 자체가 일종의 테스트라고 할 수 있기 때문입니다.

지속적 통합

자동화의 대표적인 예는 **지속적 통합**Continuous Integration, CI입니다. 지속적 통합은 애플리케이션의 빌드나 테스트를 몇 번이든 자동으로 실행해 주는 관례입니다. 원래 애플리케이션 계층에서 많이 사용하는데, 최근에는 이를 인프라 계층에 적용하려는 움직임이 있습니다.

지속적 통합을 실행하는 계기는 크게 다음 두 가지로 구분할 수 있습니다.

- 이벤트 구동
- 정기 실행

그림 6-15 지속적 통합의 계기

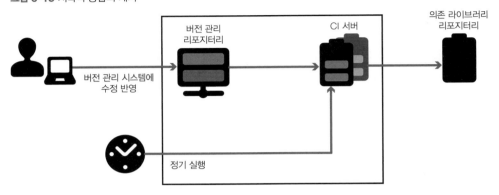

이벤트 구동 Event Driven은 버전 관리 시스템의 수정 등과 같이 특정 이벤트를 계기로 합니다. 버전 관리와 연동한 실행 외에도 특정 사이트의 수정, 장애·유지 보수 복구 등 각종 이벤트를 활용할 수 있습니다.

cron처럼 **정기적으로 실행**하는 형태도 있습니다. 특히 애플리케이션 계층 테스트 중 단위 테스트는 정기적으로 실행할 때의 장점이 거의 없습니다. 하지만 인프라 계층의 Serverspec과 같은 통합 테스트는 정기적으로 실행하면 여러 장점을 얻을 수 있습니다.

테스트를 정기적으로 실행하면 '의존 라이브러리에 접근할 수 없다', '버전이 높아져 호환성이 사라졌다' 등의 외부 환경 변화를 빨리 감지할 수 있습니다. 외부 환경 변화는 조직 외부에서 발생하므로 조직 내부에서는 알아차리기 힘들며, 문제의 원인을 확인할 때도 전혀 신경 쓰지 않는 경우가 많습니다. 따라서 정기적으로 실행해서 변화를 감지하는 체계를 갖춰 놓는 것이 좋습니다.

지속적 통합(이하 CI)과 관련된 대표적인 도구 3개를 소개하겠습니다.

- Jenkins[27]

---

27 http://jenkins-ci.org/

- Travis CI[28]
- CircleCI[29]

Jenkins는 자바로 만들어진 지속적 통합 도구로 들어 본 사람이 많을 것입니다. 웹 브라우저를 통해 CI 환경을 설정할 수 있고 명령어 한 줄로 도구를 실행할 수 있는 등, 지속적 통합의 진입 장벽을 크게 낮추는 데 기여해 폭발적으로 보급되었습니다. 일반적인 PC에 CI 환경을 간단하게 구축할 수 있으므로, CI를 처음 해 본다면 Jenkins부터 시작하는 것이 쉽습니다.

Travis CI와 **Circle CI**는 모두 SaaS이며 CI 환경 유지 보수에 많은 비용이 들어갑니다. 자세한 내용은 나중에 설명하겠지만 CI를 기반으로 배포 플로를 구성할 때 CI 환경 유지 보수가 꽤 중요합니다. SaaS 서비스를 잘 활용하면 신속하고 확실하게 CI 환경을 정비할 수 있으므로 본질적인 작업에만 집중할 수 있습니다. 또한 Travis CI는 GitHub와 연동할 수 있으므로 GitHub를 사용한다면 Travis CI를 먼저 검토하는 것이 좋습니다. 반대로 GitHub를 사용하지 않는다면 Circle CI도 함께 검토하는 것이 좋습니다.

6.4 데브옵스를 지원하는 관례 도구

앞에서 다루었던 버전 관리, 테스트, 프로젝트 자동화는 예전부터 있었던 개발 방법 관례입니다. 그리고 여기서 더 나아가 다양한 관례와 도구를 사용할 수 있습니다. 이번에는 이들 중 몇 가지를 소개하겠습니다.

6.4.1 지속적 전달

일단 처음에 소개할 것은 **지속적 전달**Continuous Delivery입니다. 지속적 통합이 주로 엔지니어를 대상으로 빌드와 테스트를 실행하는 것이라면, 지속적 전달은 사용자에 제공(인도)할 때까지 모든 것을 포함한 관례라고 할 수 있습니다.

---

28 https://travis-ci.org/
29 https://circleci.com/

그림 6-16 지속적 전달

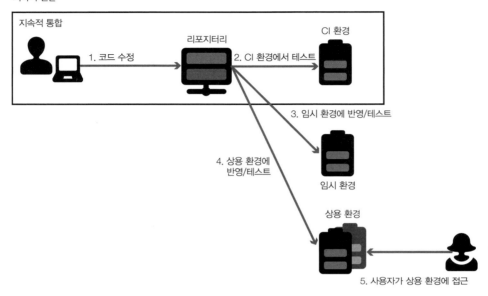
지속적 전달

이번 장의 앞부분에서 언급했던 것처럼 불확정 상황에서 피드백을 얻으려면 빨리 배포하는 것이 중요합니다. 따라서 엔지니어의 지원을 목표로 하는 지속적 통합에서 끝나는 것이 아니라 지속적 전달까지 실천해서 사용자에게 비즈니스 가치를 전달해야 합니다.

물론 지속적 통합 없이 지속적 전달을 실천하는 것은 매우 어렵습니다. 현실적으로 빌드와 테스트 자동화가 먼저 이루어지고, 테스트로 확인한 것을 '임시staging 환경' 또는 '상용production 환경'에 반영하는 흐름이 만들어질 것입니다. 이때 임시 환경은 회사 내부에서 검증을 목적으로 사용하는 환경이며, 상용 환경은 회사 외부의 사용자가 실제로 접속하는 환경을 의미합니다.

모든 것을 자동화할 필요는 없습니다. 적당하게 수동 조작이 있어도 됩니다. 상용 환경에 반영할 때는 사람이 직접 확인해야 하는 조직 운영상의 규칙이 있는 경우도 있습니다. 상용 환경에 반영되는 것까지 자동으로 이루어지면 심리적으로 불안을 느끼는 조직이 있기 때문입니다. 다만 수동 조작하는 부분은 빠른 배포 과정 중 보틀넥이 될 수 있습니다. 따라서 보틀넥이 문제된다면 그런 부분을 조금씩 자동화하는 것이 좋습니다.

6.4.2 시대에 맞는 배포 방법

지속적 전달을 구성하는 요소의 하나로, 클라우드 시대에 맞는 배포deployment 방법들이 많이 등
장했습니다. 이번에는 두 가지 배포 방법을 소개합니다.

- 블루 그린 배포
- 불변 인프라(Immutable Infrastructure)

블루 그린 배포

블루 그린 배포란 같은 환경 2개를 준비하여 두 환경을 로드밸런서와 라우터로 전환하면서 사용
하는 방법입니다. '블루'라는 환경과 '그린'이라는 환경을 전환하므로 블루 그린 배포라는 이름
이 붙었습니다.

일단 처음에는 블루 환경을 상용 환경으로 활성화합니다. 그리고 어떤 버전을 올려 그린 환경
에 먼저 적용하고, 문제가 없으면 그린 환경을 활성화합니다.

그림 6-17 블루 그린 배포

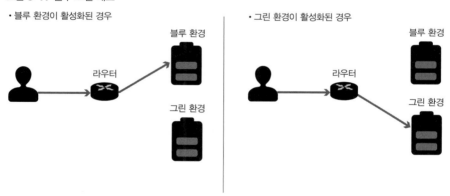

블루 그린 배포로는 상용 환경에 미치는 영향을 줄이고 버전을 올릴 수 있다는 것과, 문제가 발
생한 경우 전환하기만 하면 쉽게 돌릴 수 있다는 장점이 있습니다. 그러나 상용 환경을 2개나
준비해야 하므로 비용이 2배가 된다는 단점이 있습니다.

불변 인프라

배포 방법과 관련된 다른 개념으로 **불변 인프라**Immutable Infrastructure를 소개합니다. 불변 인프라란 서버를 불변Immutable하는 것으로 다루는 개념입니다. 변경이 필요한 경우에는 아예 새로운 서버를 구축합니다.

그림 6-18 불변 인프라

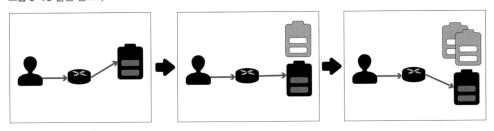

서버를 불변하는 것으로 다룰 경우 가장 큰 장점은 '서버를 항상 깨끗Clean한 상태로 유지할 수 있다'는 것입니다. 특별한 목적을 위해 특정 서버에서 뭔가 변경했을 경우 서버 사이에 차이가 생길 수 있으며, 이러한 부분이 쌓이면 서버에 어떤 차이가 있는지 알기 어려워집니다. 이 상태에서 보안 업데이트 등을 위해 yum update를 실행했을 때, 몇몇 서버에서 이상이 발생해 재실행이 제대로 되지 않는 경우는 자주 발생하는 문제입니다.

서버를 특별하게 변경하지 않으면 해당 서버가 깨끗하다고 확신할 수 있습니다. 따라서 앞에서 언급한 특정 서버만 동작이 다른 경우 등의 불안을 해소할 수 있습니다.

서버가 깨끗하다면 배포 프로세스를 간단하게 구성할 수 있습니다. 따라서 서버 구성에 복잡한 도구를 사용할 필요도 없어집니다. 이전에 언급했던 것처럼 Chef, Ansible 등의 구성 관리 도구는 멱등적 성질과 수렴적 성질이 있습니다. 이러한 성질은 매우 편리하지만 멱등적 성질을 완전히 따르도록 하려면 의외로 큰 비용이 들어갑니다. 하지만 서버가 불변 인프라를 따른다면, 멱등적 성질 자체를 고려할 필요가 없습니다. 아예 새로운 서버를 구축하고 깨끗한 상태에서 변경하기 때문입니다.

기존 운용 플로와의 균형을 고려해서, 어떤 부분에 불변 인프라를 적용할지 검토해야 합니다.
필자의 경우 애플리케이션의 버전을 올릴 때는 서버를 새로 교체하지 않습니다. 기존 방법대로
원래 서버에 애플리케이션을 교체하는 작업 정도만 실행합니다. 이는 필자가 다루는 시스템에
서 채택한 프로그래밍 언어와 애플리케이션의 종류에 따른 특성이 영향을 주기 때문입니다.

필자가 소속된 회사는 주요 프로그래밍 언어로 자바를 채택하고 있습니다. 자바 웹 애플리케이
션은 의존 라이브러리를 포함해서 WAR 파일이라는 패키지로 저장합니다. 따라서 서버 환경
에서 라이브러리, 미들웨어 의존 문제가 거의 발생하지 않습니다. 또한 문제가 발생해도 이전
버전의 WAR 파일로 되돌리면 원래 버전으로 완벽하게 돌아가므로 복구도 쉽습니다. 한편 자
바 애플리케이션이 동작하는 자바 실행 환경 자체, 톰캣 등의 미들웨어, OS 커널 버전을 올려
야 할 때는 깨끗한 환경을 구성하려고 서버를 교체하는 방향으로 운용합니다.

그림 6-19 불변 인프라 적용 범위

---

30 불변 인프라 개념을 처음 언급한 것은 채드 파울러(Chad Fowler)의 블로그(https://chadfowler.com/2013/06/23/immutable-deployments.html)입니다.

현재 다루고 있는 시스템의 특성을 고려해서 비용 대비 효과가 좋을 것 같다고 기대되는 것부터 적용하기 바랍니다.

6.4.3 개발부터 운용까지의 플로 지원

그렇다면 관점을 조금 바꿔서 개발부터 운용까지의 플로를 지원하는 도구를 소개하겠습니다.

시스템 구축/운용에는 몇 가지 다른 단계나 환경이 있지만 기본 플로와 플로 내부에서 사용할 수 있는 도구는 다음과 같습니다.

1 Vagrant나 Docker를 사용해 로컬 머신에 개발 환경 구축

2 어느 정도 구현이 정해지면 Packer 등을 사용해 이미지 생성

3 2에서 생성한 이미지를 상용 환경에 배포

그림 6-20 개발부터 운용까지의 흐름

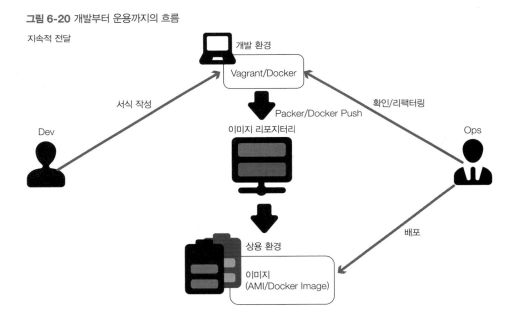

도구 각각은 나중에 설명하겠지만 이와 같은 도구들을 잘 활용하면 빠르고 통일감 있는 환경을 구축할 수 있습니다. 그리고 이러한 도구를 사용하면 애플리케이션 개발 측(Dev)과 인프라 구축 · 운용 측(Ops) 사이에서 활발한 커뮤니케이션을 할 수 있습니다. 예를 들어 Dev 측이

Vagrant 또는 Docker로 구축한 개발 환경을 그대로 상용 환경으로 배포하는 전략을 구축 · 검토할 수도 있고, 반대로 Ops 측의 노하우와 상용 환경으로 배포할 때의 제약을 도구에 반영할 수도 있습니다.

Vagrant

일단 Vagrant[31]부터 소개하겠습니다. Vagrant는 어느 정도 인지도가 있으므로 이름을 들어봤거나 사용해 본 사람도 있을 것입니다.

Vagrant는 통일감 있는 인터페이스로 가상 머신을 다루는 도구입니다. 이후에 설명하는 프로비저닝 기능 등 몇 가지 기능으로 가볍게 로컬 환경을 구축할 수 있습니다. VirtualBox 위에서 가상 머신을 다루는 것이 기본이지만, 대응하는 플러그인을 사용하면 VMware와 AWS 등의 가상 머신도 다룰 수 있습니다.

Vagrant는 단순하게 가상 머신 동작과 종료를 제어하는 것뿐만 아니라, 다음 같은 편리한 기능도 몇 가지 제공합니다.

- 프로비저닝 기능
- 폴더 공유 기능
- Vagrant 환경 공유 기능(Vagrant Share)

프로비저닝 기능이란 가상 머신의 동작과 동시에 정해진 순서들을 실행하는 기능입니다. 순서들을 정할 때는 셸 스크립트를 사용하는 방법 외에 Chef, Ansible과 같은 구성 관리 도구를 사용하는 방법도 있습니다. 따라서 단순하게 가상 머신을 동작시키는 것 이외에 미들웨어 설치와 설정 등도 자동으로 할 수 있으므로 개발 환경 준비에 들어가는 노력을 크게 줄일 수 있습니다.

폴더 공유 기능은 Vagrant를 실행한 호스트 측과 가상 머신 측이 특정 폴더를 자동으로 공유하는 기능입니다. 이를 활용하면 개발 작업은 원래 PC에서 하고, 실제 동작 확인은 가상 머신 쪽에서 할 수 있습니다.

Vagrant에는 Vagrant Share라는 환경 공유 기능도 있습니다. 이는 HTTP/SSH와 같은 웹을 통해 각 개인의 Vagrant 환경으로 접근할 수 있는 기능입니다. 기존에는 어려웠던 원격 엔지니어 환경 확인을 쉽게 할 수 있어 팀으로 개발할 때 큰 도움이 됩니다.

----

31 https://www.vagrantup.com

Packer

Packer[32]는 가상 머신 이미지를 생성하는 도구입니다. 여기서 이미지란 VirtualBox 또는 VMWare에서 사용하는 이미지 외에 AWS AMI 등도 포함합니다. Vagrant를 사용한 경험이 있는 사람이라면 Packer를 Vagrant 이미지 생성에 사용하는 도구라고 생각해도 좋을 것입니다.

그렇다면 왜 Packer와 같은 이미지 생성 도구가 필요한 것일까요? 빠른 배포를 위해서입니다. 기본 상태의 OS 또는 머신 이미지에서 시스템으로 사용할 수 있는 형태까지 매번 구축하는 것은 굉장히 시간이 오래 걸리는 일입니다. 그래서 어느 정도 초기 설정된 상태를 기반 이미지(골든 이미지Golden Image)로 저장해 두고 필요할 때 미세 조정해서 빠르게 배포하는 방법은 이전부터 존재했습니다. 하지만 여기서 문제가 되는 것이 바로 골든 이미지를 만드는 비용입니다. 이미지 생성 자체는 복잡한 작업이 아니지만 단조롭고 귀찮은 일이어서 우선도가 떨어지기 때문입니다.

Packer를 사용하면 이미지 생성을 쉽고 빠르게 할 수 있습니다.

그림 6-21 Packer를 사용한 골든 이미지 생성

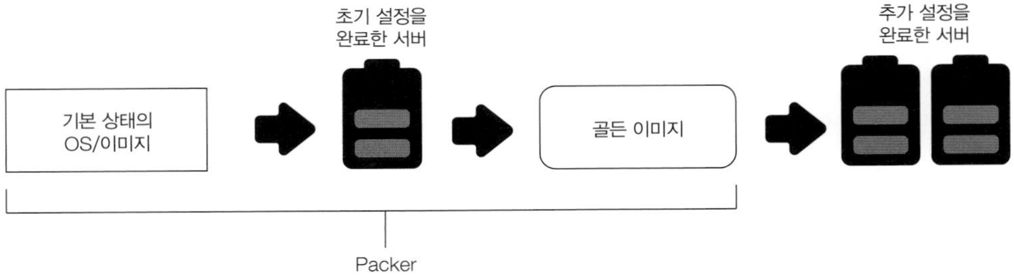

Packer도 Vagrant와 마찬가지로 프로비저닝 기능을 제공하므로 이미지를 유연하게 구축할 수 있습니다. 또한 멀티 플랫폼을 지원하는 이미지 만들기 기능과 병렬 빌드 기능 등도 제공합니다.

---

32 https://www.packer.io/

데브옵스를 지원하는 도구는 여러 가지인데 이 중에서 같은 조직이 제공하는 도구들이 있습니다. 이 도구들을 조합하면 도구 각각의 부족한 점을 보완할 수 있습니다.

예를 들어 이전에 언급했던 Vagrant, Packer, Serf, Consul, Vault와 인프라 구축·운용 관리 도구 Terraform[33]을 제공하는 HashiCorp[34]가 있습니다. 더 효율적인 구성 관리를 검토한다면 이러한 도구들을 고려해 보기 바랍니다.

그림 6-22 해시코프 도구들

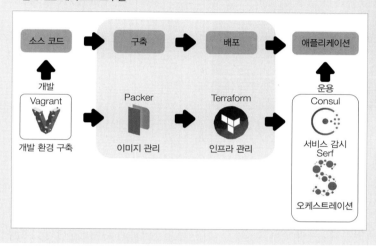

Docker

3번째로 소개할 것은 Docker[35]입니다. Docker는 오픈 소스 컨테이너형 가상화 소프트웨어입니다. 최근 트렌드 중 하나이므로 들어 본 적 있는 사람도 많을 것입니다.

VirtualBox 등의 가상 머신과 Docker에서 채택한 컨테이너의 차이를 정리하면 [그림 6-23]과 같습니다. 가상 머신은 호스트 OS 위에 **하이퍼바이저**라는 가상화 제어 프로그램을 둡니다. 하이퍼바이저를 중간에 두고 게스트 OS를 동작시키며, 그 위에서 애플리케이션 등의 프로세스가 동작합니다.

---

33 https://www.terraform.io/
34 https://hashicorp.com/
35 https://www.docker.com/

반면에 컨테이너에서는 프로세스가 모두 호스트 OS 위에서 동작합니다. 그리고 프로세스 각각은 **컨테이너**라는 단위로 격리됩니다.

그림 6-23 가상 머신과 컨테이너의 차이

Docker를 사용하면 미들웨어와 라이브러리들이 서로 간섭하지 않는 완전히 격리된 환경을 구현할 수 있습니다. 또한 가상 머신과 달리 빠르게 컨테이너를 실행할 수 있습니다. 컨테이너가 동작하는 환경이라면 어디서든지 실행·운용할 수 있으며, Docker 이미지는 가상 머신 이미지보다 가벼워서 이동성Portability도 좋습니다.

그러나 상용 환경에서 실제로 운용하려면 아직 주의해야 하는 부분들이 많습니다. 가장 큰 문제는 'Docker 컨테이너 자체를 관리하고 감시하는 것', '기존의 배포 순서 또는 운용 플로와 달라지는 점이 있으므로 일부 타협해야 한다는 것'입니다. 이러한 문제는 Docker 자체가 발전하고 Docker를 둘러싼 환경이 발전하면 서서히 해결될 것입니다. 상용 환경처럼 엄격히 운용해야 할 필요가 없는 개발 환경, CI 환경에서는 Docker의 장점을 충분히 살릴 수 있습니다.

6.4.4 워크플로 개선

마지막으로 다룰 주제는 앞에서 언급했던 자동화와 관련된 워크플로 개선입니다. 최근 주변 도구가 발전함에 따라 지금까지 상상하지 못했던 조합을 실현할 수 있게 되었습니다.

이번에는 기반이 되는 개념을 설명한 후 두 가지 특징적인 예를 살펴보겠습니다.

웹 기반 커뮤니케이션

워크플로 개선의 토대가 되는 것은 커뮤니케이션을 더 효율적으로 공유하고 시각화하는 것입니다. 시스템이 복잡해지면서 더 많은 사람들이 시스템 개발·운용에 참여하게 되었습니다. 소규모 팀에서는 그냥 커뮤니케이션하면 되므로 크게 신경 쓰지 않았지만, 많은 사람이 참여할 때는 커뮤니케이션을 공유하고 시각화하는 것이 중요합니다.

그래서 웹 기반의 워크플로가 자연스럽게 발전했습니다. 웹은 별도의 소프트웨어 없이 웹 브라우저만으로 사용할 수 있습니다. 개인 머신 외에도 'http://' 같은 퍼머링크^{Permalink}를 통해 쉽게 접근할 수 있는 공통 장소에 정보를 저장한다는 특징도 있습니다.

웹 기반의 시스템을 적절하게 사용하면 웹 브라우저만으로 접근해서 워크플로를 관리할 수 있으며, 퍼머링크로 커뮤니케이션 대상을 특정할 수 있어 커뮤니케이션 비용이 줄어듭니다.

그림 6-24 웹 기반의 워크플로

풀 리퀘스트를 트리거로 삼는 워크플로

풀 리퀘스트는 코드를 중심으로 커뮤니케이션하기 위한 기능입니다. 풀 리퀘스트를 사용하면 코드 리뷰 또는 머지 처리를 웹 브라우저로 할 수 있게 됩니다. 원래는 GitHub에서 제공하는 기능이었는데 지금은 주요 Git 호스팅 서비스와 도구 대부분에서도 같은 기능을 사용할 수 있습니다.

이러한 풀 리퀘스트를 좀 더 발전시키려는 노력이 진행되었습니다. 코드 리뷰나 머지로 끝나는 것이 아니라, 머지 처리를 트리거로 삼는 지속적 전달 워크플로를 구축하려고 한 것입니다. 미리 특정 브랜치를 지속적 통합 대상으로 해 두고, 해당 브랜치에 코드를 머지하면 곧바로 빌드를 실행하는 것입니다.

그림 6-25 풀 리퀘스트를 트리거로 삼는 워크플로

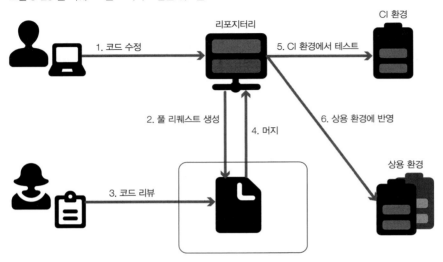

이 방법을 사용하면 변경 내용과 그 내용을 상용 환경에 반영하는 일련의 흐름을 웹에서 한번에 확인할 수 있습니다. 머지 처리와 배포 작업은 담당자 이외의 사람이 내용을 확인하기 어렵습니다. 하지만 이처럼 시각화한 워크플로를 만들어 두면 누구나 상황을 쉽게 파악할 수 있습니다.

챗옵스

챗옵스ChatOps란 채팅 기반으로 작업을 실행하는 것입니다. 좀 더 자세하게 설명하면 채팅에서 미리 정의한 메시지를 전송하면 메시지에 따라 작업을 실행하는 봇bot을 정의합니다. 경우에 따라서는 다른 서버와 연동하는 경우도 있습니다.

채팅 서비스에 따라서 챗옵스의 구현 방법이 다양합니다. GitHub에서는 범용적으로 봇을 다룰 수 있는 Hubot[36]이라는 프레임워크를 제공합니다.

---

36 https://hubot.github.com/

그림 6-26 챗옵스

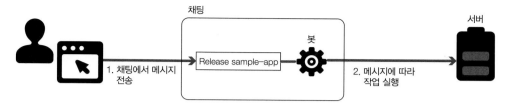

챗옵스의 장점은 다음과 같습니다.

- 단순한 명령으로 누구나 작업을 실행할 수 있음
- 작업 상태를 시각적으로 쉽게 확인할 수 있음

배포 작업과 같은 운용은 원래 운용 담당자의 일입니다. 하지만 누구든지 작업을 실행할 수 있는 챗옵스 환경을 만들면 단순한 수정은 운용 담당자 없이도 할 수 있습니다. 예를 들어 디자이너가 이미지를 교체했을 경우 직접 배포 작업을 실행해서 변경 내용을 확인할 수 있습니다. 이 예에서도 충분히 느낄 수 있지만 챗옵스를 사용하면 빠른 배포에 도움이 됩니다.

작업 상태를 시각적으로 확인하는 부분은 이전에 언급했습니다. 프로젝트에 참여하는 모든 사람들이 볼 수 있는 채팅에서 프로젝트와 관련된 이벤트를 시각적으로 확인할 수 있게 되면 정말 많은 장점들이 생겨납니다.

인프라 엔지니어의 경력 관리

지금까지 인프라 엔지니어에게 필요한 기초 지식, 설계, 구축, 운용, 보안, 데브옵스 관련 내용들을 살펴보았습니다. 이 장에서는 인프라 엔지니어로서 앞으로 나아가는 데 필요한 역할과 경력 관리 등을 살펴보겠습니다.

7.1 인프라 엔지니어에게 필요한 힘

인프라 엔지니어에게 필요한 힘이라면 무엇이 떠오르나요? 리눅스를 깊게 알거나 기술적으로 어려운 것을 아는 것일까요? 물론 그러한 힘도 필요하지만 그 이상으로 기술의 근본을 이해하는 기초 능력이 튼튼해야 합니다.

기초 능력이 튼튼한 상태에서 특수 기능을 활용할 수 있는 방법을 함께 배운다면 시너지 효과를 내서 엔지니어의 경력에 큰 이득을 안겨 줍니다.

필자는 인프라 엔지니어에게 필요한 세 가지 기초 능력이 다음과 같다고 생각합니다.

- 커뮤니케이션하는 힘(청취하는 힘, 보고하고 공유하는 힘)
- 가설을 만드는 힘(구성을 이해하고 가설을 만들며 검증하는 힘)
- 개선하는 힘(+코드를 작성하는 힘)

IT에서는 각각의 전문직에 있는 사람들이 함께 일을 합니다. 클라이언트와 직접 접하는 엔지니어도 있을 것입니다. 또한 회사 내부, 다른 부서에서 의뢰를 받을 수도 있습니다. 당연히 회사에 상사도 있을 것입니다. 이런 환경에서는 **커뮤니케이션하는 힘**이 중요한 능력입니다.

가설을 만드는 힘은 아는 지식을 기반으로 구성을 이해하고 해결을 위한 가설을 만들며 그것을 실행하는 힘입니다. 당연히 매우 중요한 능력입니다.

개선하는 힘은 기존의 관습에 얽매이지 않고 항상 새로운 관점으로 무언가를 개선해 나가는 능력입니다. 최근 중요도가 높아진 능력은 **코드를 작성하는 힘**이라고 할 수 있습니다. '코드로서의 인프라Infrastructure as code'처럼 인프라 구축 과정을 코드로 만들 수 있으면 재사용이 쉬워지고 기존 작업을 재현하기 쉬우므로 엔지니어의 시간과 노력을 줄일 수 있습니다.

7.1.1 커뮤니케이션하는 힘

커뮤니케이션하는 힘이라고 하면 우선 클라이언트와의 소통(청취하는 힘)을 떠올리는 경우가 많을 것입니다. 하지만 필자는 회사 상사 또는 동료와의 커뮤니케이션도 중요하다고 생각합니다. 특히 상사와의 커뮤니케이션은 인프라 엔지니어의 능력을 평가하는 기준입니다. 엔지니어는 보통 엔지니어 관점에서 상대에게 의견을 전달하는 경우가 많은데 엔지니어끼리는 괜찮지만 상사, 경영층, 클라이언트에게 보고할 때는 상대에게 눈높이를 맞추어 보고하는 것이 좋습니다.

청취하는 힘

청취하는 힘은 매우 중요합니다. 그 이유는 **클라이언트의 요구를 기술적으로 변환해야 하기 때문**이라고 할 수 있습니다.

청취하는 힘은 문제가 발생했을 때 활용됩니다. 이때는 클라이언트가 굉장히 초조해하며 뭔가를 빨리 처리하려고 합니다. 이런 상황에서 상대로부터 적절한 정보를 끌어내려면 높은 청취 능력이 필요합니다.

왜냐하면 클라이언트가 처음 말한 정보는 잘못되거나 주관이 들어 있어 정확한 정보가 아닐 수 있기 때문입니다. 이러한 정보의 단편에서 문제점을 추측하고 찾아 나가야 합니다.

문제점을 빨리 찾는 것은 어렵습니다. 보통 닥치는 대로 문제 후보를 세우고 클라이언트에게 하나하나 확인해 보라고 합니다. 그러나 클라이언트에게 신뢰받는 인프라 엔지니어들 대부분은 가정을 확실하게 세우고 최대한 가능성 있는 후보를 선택해서 클라이언트가 최대한 빠르게 문제를 해결할 수 있도록 합니다.

문제를 빠르게 해결할수록 클라이언트의 신뢰가 높아집니다. 단, 이러한 능력을 기르는 데는 정답이란 것이 없습니다. 굳이 정답이라고 한다면 다방면의 지식과 경험을 쌓고, 이를 기반으로 가설을 만드는 능력과 추론하는 능력을 키우는 것이라고 조언하고 싶습니다.

보고하고 공유하는 힘

가설이나 추론에 익숙해지는 데도 문제가 있습니다. 팀으로 일할 때 사실과 가설이 섞여 버리는 경우입니다. 지금 말하는 것이 사실인지, 가설인지 상대방에게 제대로 전달하지 못하면 여러 가지 문제가 발생할 수 있습니다.

예를 들어 어떤 로그에 '디스크를 인식할 수 없다'고 나왔다고 합시다. 이는 사실입니다. 이를 기반으로 디스크가 고장 났다, PCI 버스에 문제가 있다, 케이블에 문제가 있다, RAID 컨트롤러에 문제가 있다, 마더보드에 문제가 있다 등과 같은 가설을 세울 수 있습니다. 그런데 만약 팀에서 대책을 세울 때 '디스크에 문제가 있는 것 같아요'라고만 이야기하면, '디스크를 빨리 교체하죠!'라는 대답이 돌아올 것입니다. 이렇게 되면 다른 가능성을 검토하지 않을 수도 있습니다. 따라서 내가 **지금 말하는 것이 사실인지, 가설인지 확실하게 전달**해야 합니다.

그리고 발견한 사실들을 사업 부문의 사람들 또는 클라이언트에게 보고해야 합니다. 이때 가장 주의해야 하는 부분이 **보고서의 관점**입니다. 엔지니어의 관점이 아니라 상대에게 맞는 관점을 생각해 봐야 합니다. 즉, 상대가 어떤 것에 신경 쓰는지(불안해 하는지) 파악한 후 보고서를 통해 그 부분(불안해 하는 부분)을 해소할 수 있도록 작성해야 합니다.

필자도 과거에는 최대한 기술적으로 정확하게 보고하는 것이 좋다고 생각했습니다. 하지만 그것만으로는 상대가 불안해하는 부분을 해소시킬 수 없었습니다. 때에 따라서는 기술적으로 정확한 표현보다, 상대가 이해할 수 있는 간략한 표현을 사용하는 것이 상대방의 불안을 쉽게 해소시킬 수 있는 경우도 있습니다. 불안을 없애도록 거짓말을 하라는 것이 아닙니다. 보고서의 목적은 상대방이 이해할 수 있게 하는 것이므로 너무 정확성만 추구하지 말라는 의미입니다.

원활한 커뮤니케이션이 이루어지려면 상대방을 잘 이해해야 합니다. 이는 하루 아침에 이뤄지는 것이 아니라 꾸준히 노력해야 하는 부분입니다. 엔지니어의 힘이라고 하면 기술력만 생각하는 경우가 많지만, 평소 **상대방을 이해하려고 노력하는 것**도 엔지니어의 중요한 힘입니다.

7.1.2 가설을 만드는 힘

구성을 이해하려면 네트워크, 서버, 가상화 계층, 미들웨어, 애플리케이션 등을 잘 알아야 합니다. 그런데 새로운 기술들이 계속 나오므로 현재 인기 있는 기술도 몇 년 후 시대에 뒤처졌다는 평가를 받을 수 있습니다. 따라서 새로운 것을 찾는 능력, 그것을 먼저 해 보려는 **도전 정신**이 중요합니다. 실패를 기반으로 얼마나 많은 안티 패턴을 아는지도 구성을 이해하는 데 중요한 역할을 합니다.

인프라에 문제가 발생하면 원인을 찾고 대책을 세워야 합니다. 원인을 찾으려면 일단 가설을 만들어야 하는데, 가설이 얼마나 제대로 되어 있느냐에 따라 원인을 찾는 시간이 결정됩니다. 따라서 가설을 만드는 힘이 굉장히 중요합니다. 가설을 만들지 못하면 검증 방법을 정할 수 없으며, 의미 없는 검증을 포함해 마구잡이로 일하게 되므로 효율이 떨어집니다.

가설을 만드는 힘에는 다양한 기반이 포함되어 있습니다. 그중에서 가장 중요한 기반은 많은 경험입니다. 사람은 경험한 것 이외의 것을 제대로 추측하지 못합니다. 물론 모든 것을 직접 경험하는 것은 어려우므로 다양한 경험을 한 엔지니어에게 이야기를 듣고 공부하는 것도 좋습니다. 또한 스터디 등에 참여해서 다른 회사, 다른 사람들의 경험을 흡수하는 것도 도움이 됩니다.

가설을 세우고 원인을 찾는 단계를 정리하면 다음과 같습니다.

1 사실을 파악합니다(보고된 내용을 100% 믿으면 안 됩니다).
2 재현할 수 있는지 확인합니다.
3 '재현 결과'와 '정상 시점 결과'의 차이를 정리합니다.
4 가설을 많이 세운 후 가설이 틀렸다는 것을 증명(검증)합니다.
5 마지막으로 남은 가설이 원인입니다.

보통 원인을 가정하고 해당 원인이 정답이라는 증거를 찾는 방법이 많이 사용됩니다. 시간이 없을 때는 이러한 방법을 사용하는 것이 당연하지만 때로는 잘못된 결론을 내리는 경우도 있습니다.

예를 들어 어떤 호스트 서버에서 부하가 높아졌다고 가정합시다. 어떤 게스트가 원인인지 분석한 결과 가장 부하가 높았던 가상 서버를 원인으로 판단하고 해당 서버를 정지·격리했습니다. 하지만 부하는 계속해서 상승했습니다. 원인은 호스트 측의 서비스 과부하였습니다. 이는 게스트 측 부하가 원인이라고 생각하고 증거를 찾을 경우 결코 도달할 수 없는 결론입니다. 따라서 항상 자신의 가설이 틀릴 수 있다는 것을 생각하고, 여러 가설을 생각한 뒤 **'가설이 잘못된 것'**을 증명하는 것이 원인을 찾는 지름길이라고 생각합니다.

좋은 가설을 세울수록 더 빨리 원인에 다가갈 수 있습니다. 좋은 가설이란, 확인 단계가 적으며 합리적인 결론을 낼 수 있는 가설입니다. 또한 선택지에서 많은 가능성을 한 번에 제거해 버릴 수 있는 가설도 좋은 가설입니다. 좋은 가설을 빠르게 세울수록 좋은 엔지니어가 될 수 있습니다.

참고로 방대한 지식과 경험이 있는 숙련된 엔지니어는 정답을 한 번에 맞추는 경우도 있습니다. 이는 과거의 경험을 기반으로 가설을 빠르게 검증할 수 있기 때문입니다. 가설을 너무 빨리 검증하기 때문에 한 번에 결론을 내는 것처럼 보이는 것입니다. 기본은 가설의 검증입니다. 경험이 적은 엔지니어 중 '한번에 결론을 낼 수 있게 해야겠다'라고 목표를 세울 때가 있는데, 결국 아무런 결론을 낼 수 없는 경우가 많으므로 주의해야 합니다. 차근차근 가설을 세우고 검증하며 실력을 쌓기 바랍니다.

여기서는 장애를 예로 들었지만 장애뿐만 아니라 운용할 때 발생할 수 있는 모든 일도 마찬가지입니다.

7.1.3 개선하는 힘(+코드를 작성하는 힘)

개선에는 일반적인 업무 능력 외에 다른 능력이 필요합니다. 개선은 모두를 이해시키고 원하는 방향으로 이끄는 힘이라고 할 수 있습니다.

개선할 때는 언제나 크고 작은 마찰이 발생합니다. 마찰이란 접촉하고 있는 면이 이동할 때, 이동하는 방향의 반대 방향으로 작용하는 힘입니다(물리 수업에서 마찰을 배웠을 것입니다). 사람도 마찬가지로 여러 사람이 팀에서 일하고, 생각의 차이가 있으므로 이해를 구하기 힘든 경우가 있습니다. 일상적인 커뮤니케이션을 기반으로 서로의 업무와 역할을 이해하다 보면, 적은 노력으로도 쉽게 움직일 수 있는 부드러운 팀이 될 수 있습니다.

최근에는 애플리케이션 엔지니어 덕분에 인프라 업계의 기술 대부분이 '코드화'되었습니다. 즉, 인프라 엔지니어의 일하는 방식에 '코드화'라는 선택지가 하나 더 늘어난 것입니다. 실제로 향후 인프라 분야의 주류가 될 것으로 전망하는 클라우드의 장점 중 하나는 프로그래머블하다는 것입니다. 대책을 실행할 때도 코드로 만들어 사용하면 재사용성이 높아진다는 장점이 있습니다.

'코드화'는 코드를 작성하는 것뿐만 아니라 그러한 코드의 유지 보수, 태스크 관리, 기록 방법 등도 더 효율적이고 쉽게 한 것입니다. 따라서 이러한 기술을 도입하면 적절한 관리도 할 수 있으며, 애플리케이션 계층의 엔지니어와 원활하게 소통할 수 있습니다. 개선하는 힘의 중요한 사례입니다.

물론 코드화 자체의 오버헤드가 크므로, 모두 코드로 만드는 것은 힘들다고 생각합니다. 작업의 재사용성 등을 고려하면서 차근차근 실시하기 바랍니다. 자세한 내용은 6장에서 설명했으므로 해당 부분을 참고하기 바랍니다.

7.2 인프라 엔지니어의 생존 전략(경력 관리)

필자는 엔지니어가 기술만 알아서는 안 된다고 생각합니다. 특히 경력 관리와 관련해서는 기술 이외의 요소가 필요합니다. 이번 절에서는 구체적으로 인프라 엔지니어의 향후 경력 관리를 살펴보겠습니다.

7.2.1 혁신의 전파 이론에 따른 엔지니어의 위치

일단 거시적인 관점에서, 혁신의 전파 이론[1]에서 제시하는 성향 분류에 따라 자신이 어떤 위치에서 일을 하고 싶은지 생각해 봅시다.

그림 7-1 혁신의 전파 이론에 따른 성향 분류

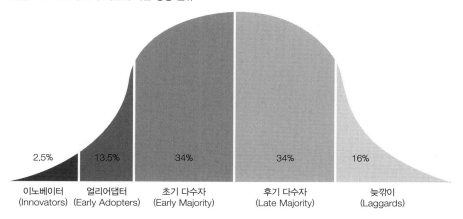

2.5%	13.5%	34%	34%	16%
이노베이터 (Innovators)	얼리어댑터 (Early Adopters)	초기 다수자 (Early Majority)	후기 다수자 (Late Majority)	늦깎이 (Laggards)

어떤 선택지가 좋은지는 개인에 따라서 다를 수 있습니다. 성향 분류에 따른 엔지니어의 위치를 구체적으로 설명하면 [표 7-1]과 같습니다.

표 7-1 성향 분류에 따른 엔지니어의 위치

성향 분류	설명
이노베이터	새로운 기술 개발과 도입을 위해 길을 여는 사람입니다. 독창적인 아이디어로 기존의 개념에 얽매이지 않고 새로운 기술을 개발하거나 도입하는 길을 여는 선도자 역할을 합니다.
얼리어댑터	새로운 기술을 사용해 새로운 서비스, 클라이언트, 시장을 개척하는 사람입니다. 힘든 일이지만 그 이상의 즐거움을 얻을 수 있습니다.
초기 다수자	시장이 생기면 새로운 시장을 따라가는 사람입니다. 가장 많은 패턴으로 실패가 없으며 새로운 것을 한다는 느낌도 받을 수 있습니다.
후기 다수자	기존 기술에서 전문가가 되어 가는 사람입니다. 앞으로 10년 이상은 문제 없이 먹고 살 수 있을 것입니다. 기본은 거의 변하지 않으며, 전문가는 계속 필요하기 때문입니다. 하지만 10년 후 처음부터 새로운 일을 하려면 굉장히 어려울 수 있습니다. 조금씩이라도 최신 기술을 익혀 두기 바랍니다.
늦깎이	가장 보수적으로 기술을 채용하는 사람입니다. 서비스를 안정적으로 제공하는 데 가장 필요한 위치입니다. 상품화가 완료된 서비스를 안정적으로 장기간 제공하고 싶을 때는 이 선택이 좋습니다.

----

1 1962년 에버렛 M. 로저스(Everett M. Rogers)가 제창한 혁신 보급과 관련된 이론입니다. 상품 구입에 관한 고객 태도를 다섯 가지로 분류했습니다.

필자 개인적으로는 얼리어댑터와 초기 다수자가 엔지니어에게 좋은 위치라고 생각합니다. 여기에 속하면 새로운 것도 접할 수 있으며 재미있고, 함께 하는 동료들을 많이 만날 수 있습니다. 스터디 활동이 활발한 사람들도 여기에 속합니다. 그리고 엔지니어는 실패할 때 성장한다는 말이 있습니다. 여기에 속하는 사람들은 많은 실패를 하게 될 것이지만 그 경험이 엔지니어로서의 성장을 이끌 것입니다. 안티 패턴[2]을 배우는 것이 멀리 돌아가는 길이라고 생각할 수 있지만 의외로 실무에 익숙해지는 지름길입니다.

NOTE_ 혁신의 전파 이론에 관한 다른 설명[3]

혁신의 전파 이론에 관한 성향 분류를 [표 7-2]처럼 설명하기도 합니다. 참고하기 바랍니다.

표 7-2 혁신의 전파 이론에 관한 다른 설명

혁신의 전파 이론에 관한 성향 분류	설명
이노베이터(Innovators)	혁신수용자, 기술애호가
얼리어댑터(Early Adopters)	선각수용자, 선각자
초기 다수자(Early Majority)	전기 다수 수용자, 실용주의자
후기 다수자(Late Majority)	후기 다수 수용자, 보수주의자
늦깎이(Laggards)	지각수용자, 회의론자

7.2.2 엔지니어링 조직 내부에서의 위치

엔지니어링 조직을 생각해 봅시다. 이상적인 운용 센터를 구현할 때 필요한 조직의 구조를 그림으로 나타내면 [그림 7-2]와 같습니다.

[그림 7-2]는 운용 부문과 관련된 것이지만 인프라 엔지니어를 포함한 엔지니어링 부문에서 공통으로 사용할 수 있는 내용입니다. 그러면 이를 엔지니어링 부문 전체로 확대해서 살펴봅시다.

---

2 역자주_ 안티패턴(Anti-pattern)이란 실무에서 많이 사용되는 패턴이지만, 비효율적이고 비생산적인 패턴을 의미합니다.
3 편집자주_ 옮긴이가 추가로 설명하는 컬럼입니다.

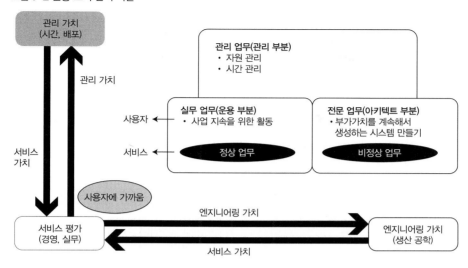

그림 7-2 운용 조직 안의 역할

엔지니어링 조직의 세 가지 역할

엔지니어링 조직에는 **실무 부대, 전문 부대, 관리 부대**라는 세 가지 역할이 있습니다. 실무 부대는 운용 세그먼트라고 하며, 사업 지속을 위한 정상 업무[4]를 담당합니다. 전문 부대는 비정상 업무를 주로 하며, 관리 부대는 시간 관리와 자원 관리를 주로 담당합니다.

클라이언트와 가까운 입장에서 의견을 듣는 실무 부대가 업무의 핵심입니다. 그리고 이들을 유지하는 데 관리 부대와 전문 부대가 있습니다. 관리 부대(관리자)가 우수한 사람들이라고 생각하는 경우가 많지만, 관리도 어디까지나 하나의 역할이며 시간 관리와 자원 관리를 담당할 뿐입니다. 그리고 전문 부대의 역할은 정상 업무에서 다룰 수 없는 업무, 새로운 부가 가치를 창출하는 시스템을 만드는 것입니다.

서비스 가치

[그림 7-2]에는 서비스 가치, 엔지니어링 가치, 관리 가치라는 3개의 지표가 있습니다. 이 중에서 클라이언트와 접해 있는 서비스 가치가 실질적으로 가장 중요합니다. 클라이언트와 가까

---

4 역자주_ 정상 업무(또는 정상 작업)란 생산 라인이 실행하는 직접 생산과 관련된 작업, 매일 반복되는 일상적인 작업을 의미합니다. 루틴 워크(Routine Works)라고도 합니다. 이외의 일은 모두 비정상 업무입니다.

우므로 클라이언트의 목소리를 가장 많이 들을 수 있기 때문입니다. 만약 서비스 가치 평가가 낮다고 생각한다면 클라이언트의 경향 등을 정리해서 회의 때 보고해 보세요. 그것만으로도 많은 부분이 변할 것입니다.

그렇다고 해서 클라이언트의 사정과 욕망만 중시해서는 안 됩니다. 클라이언트의 요청이 항상 적절하다고는 할 수 없기 때문입니다. 과잉 품질 요청이 있을 수도 있고, 비용이 부족하니 필요한 부분을 넣지 말아 달라는 요청이 있을 수도 있습니다. 이것을 보충하는 새로운 제안을 하려면, 새로운 노하우와 사례 등의 지식이 필요합니다.

Know-Why

'노하우Know-How'라는 용어는 많이 들어 보았을 것입니다. 하지만 노하우만으로는 부족할 수 있습니다. 'Know-Why'의 'Why'가 없으면 왜 그것을 하는지 알 수 없기 때문입니다. "왜 그러한 방법을 선택해야 하는가?"가 'Why'로 축적할 수 있는 기술입니다. 'How'만 축적해서는 기술력이 오른다고 할 수 없습니다. 클라이언트의 '이렇게 하고 싶다'라는 제안에 '왜 그렇게 해야 하는가?'를 생각하며 최적의 제안을 떠올릴 수 있어야 합니다.

조직 내부 입장에서 실무, 전문, 관리 중 어디를 향해 나아갈지 꼭 생각해 보기 바랍니다.

7.2.3 인프라 엔지니어 이외의 위치

지금은 인프라 엔지니어라도 과거에는 다른 직종을 담당했던 독자가 있을 것입니다. 또한 이후에는 다른 직종에 도전하고 싶은 사람도 있을 것입니다. 계속 인프라 엔지니어로 일하고 싶은 사람이라도 **주변에 어떤 직종이나 엔지니어가 있는지 의식하는 것**은 앞으로의 경력 관리를 생각했을 때 중요합니다.

인프라 엔지니어 이외의 직종

인프라 엔지니어 이외에 어떤 직종이 있을까요?

엔지니어만 생각해도 애플리케이션 엔지니어, 고객 지원, 기술 영업자, 아키텍터 등이 있습니다. 또한 엔지니어의 지식을 기반으로 영업, 마케팅, 분석, 컨설턴트, 이밴절리스트로 전향하는 경우도 많습니다. 또한 프로젝트를 관리하는 프로젝트 관리자라는 직종도 있습니다.

보통 2개 이상 분야의 전문 지식이 있으면 경력 관리 측면에서 좋다고 합니다. 어떤 특정 분야에 해박한 사람은 많아도 두 가지 분야에 해박한 사람은 적습니다. 3개, 4개로 점점 전문 분야를 늘리면 요구하는 기술에 관한 자신감이 충족될 확률이 높아진다고 할 수 있습니다.

기술과 영업, 영업과 마케팅처럼 비슷한 분야를 조합하는 경우도 있고, 의외성을 노리는 조합도 있을 것입니다. 자신이 어떤 일을 하고 싶은지, 클라이언트와 시장이 어떤 경력을 원하는지, 최종적으로 자신이 하는 일의 대가를 어느 정도까지 높이고 싶은지 등을 생각하며 결정하는 것이 좋습니다.

7.2.4 엔지니어와 경영, 마케팅, 영업

한 가지 더 말하고 싶은 것이 있습니다. **엔지니어도 경영, 마케팅, 영업을 배워야 한다는 것**입니다. 특히 사업 논리를 배우는 것은 굉장히 중요합니다.

엔지니어들은 경영·사업하는 사람들이 자신의 고민을 몰라준다고 자주 이야기합니다. 이는 엔지니어와 경영·사업하는 사람들의 관점이 다르기 때문입니다. 경영층은 항상 회사의 존속, 회사 이념, 브랜딩, 이익, 인재 등의 투자 계획들을 생각합니다. 또한 대표 이사는 주주들에게 회사를 설명해야 하는 책임이 있습니다. 사업 책임자라면 사업부의 이익을 고려해야 합니다.

이야기의 관점이 맞지 않는 하나의 예로 택시에 타는 경우를 들어보겠습니다. 택시를 타고 "어디어디로 가주세요"라고 이야기했다고 합시다. 택시 기사는 길을 잘 알고 있으므로 "어느 아파트의 어떤 골목을 지나서 있는 곳 맞죠?" 등을 물어볼 것입니다.[5] 하지만 목적지를 잘 모르는 사람은 옆에 어떤 아파트가 있는지 등을 알지 못합니다. 따라서 택시 기사에게 모든 것을 맡길 수밖에 없습니다. '맡기다'라는 행동은 수많은 불안감을 만들어 냅니다.

엔지니어와 사업 책임자 그룹(경영 그룹) 사이에도 비슷한 일이 일어납니다. 사업 책임자의 일은 이익이 나오도록 하기 위해 사업을 어떻게 움직일지 생각하는 것입니다. 그리고 이를 위해 자신이 모르는 분야를 엔지니어에게 맡깁니다.

그런데 엔지니어가 자신에게 "서버가 중지되면 큰 문제가 발생해요. 따라서 서버 확장 구성과 백업이 필요해요"라고 말하면 어떻게 생각할까요? 방금 전 택시 기사와 같은 상황이 되어 버린

---

5 역자주_ 물론 최근에는 내비게이션이 있지만, 택시의 내비게이션이 없던 시절을 가정해 봅시다.

것입니다. '큰 문제'가 어느 정도의 불이익을 초래하는지 경영진이 이해할 수 있는 표현으로 전달해야 합니다. 만약 다음과 같이 제안한다면 어떨까요?

> "이 시스템은 하루에 1,000만원을 벌고 있으며, 이 서버가 중지되면 전체에 장애가 발생하고 복구에 12시간 정도 걸립니다. 따라서 500만원의 경제적인 손실과 신뢰적인 손실이 발생할 수 있습니다. 따라서 매달 50만원 정도 투자해서 대책을 세워야 하는데 결제하시겠어요?"

앞 제안은 비즈니스에 주는 영향을 명시하며 대책 비용을 전달합니다. 이렇게 표현하면 경영 그룹은 "그럼 그렇게 하세요"라며 결제해 줄 것입니다. 물론 다른 요인들 때문에 거절할 수도 있습니다. 위험을 감수하는 것도 경영이기 때문입니다.

이처럼 자신의 업무를 비즈니스와 관련지어 설명하면 경영 그룹과의 마찰을 최소화할 수 있으며, 경영진이 되어서도 현장의 의견과 상사의 의견을 잘 설명할 수 있을 것입니다.

이 절에서는 인프라 엔지니어에게 초점을 맞춰 앞으로 어떻게 나아갈 것인가를 소개했습니다. 전문 영역을 어떻게 늘릴지, 어떻게 이노베이터가 될 수 있는지, 조직 내부에서 어떤 위치를 목표로 하는지, 사업 책임자와 어떻게 이야기하는지 등을 생각하며 향후 자신의 경력 관리를 고려해 보기 바랍니다.

지금 소개한 내용이 조금이라도 독자의 경력 관리에 도움이 될 수 있기를 바랍니다.

INDEX